〈현재 멕시코의 행정구역 : 31개의 주와 1개의 수도〉

깊은 멕시코

부정당한 문명

* 이 책은 멕시코 문화부 산하 국립문화예술재단의 번역지원프로그램(*PROTRAD*)의 지원으로 출판되었습니다.

Esta publicación se realizó con el apoyo de la Secretaría de Cultura del Gobierno Mexicano a través del Fondo Nacional para la Cultura y las Artes con el estímulo del Programa de Apoyo a la Traducción (PROTRAD).

* 이 책은 2019년 대한민국 교육부와 한국연구재단의 지원을 받아 출판되었습니다.

(NRF-2019S1A5B5A07110853)

깊은 멕시코
부정당한 문명

기예르모 본필 바타야

박수경 옮김

EDITUS

* 일러두기

- 에스파냐어 인명과 지명은 국립국어원의 '외래어 표기법'을 따라 표기하되,
  에스파냐어 철자로 표기된 여러 원주민 언어는 원음에 가깝게 표기하려
  노력했다.
- 국가명 및 지역명의 경우 해당 지역의 언어로 된 명칭을 따랐다.
- 와스테카, 믹스테카, 사포테카 등의 경우 에스파냐어 형용사의 남성형과
  여성형으로 모두 활용되나, 여성형 명사인 문화를 수식하는 것으로 보고
  여성형으로 통일하여 표기했다.
- 원문에서 부연 설명을 위해 사용한 줄표와 소괄호는 그대로 옮겼고, 강조 및
  외래어 표기를 위해 사용한 이탤릭체는 문맥에 맞게 수정하였다.
- 단행본과 정기간행물 등에는 겹낫표를, 논문과 글에는 홑낫표를 써서
  표기했다.

개정판 서문

개정판을 내기로 마음을 먹으면 항상 글을 수정하고 싶은 유혹을 받는다. 이번에는 그 유혹을 떨쳐냈다. 덜어낼 부분도 덧붙여야 할 부분도 없는 완벽한 책이라고 생각해서가 아니라 이 책을 구상할 때부터 의문, 누락, 덧칠로 빼곡해서, 더 탄탄하고 폭넓은 논의로 발전시켜야 할 열린 텍스트가 될 것이 분명하다고 생각해서였다. 그러나 그러한 한계를 넘어서기 위해 다른 책을 써야 했다는 생각도 든다. 지금 상황에서는 이 개정판이 원래 생각한 그대로의 열린 텍스트인 것 같다. 만약 지금 논의를 정돈하고, 선택지들을 만들려고 한다면 지적이고 정치적인 자극을 줄 수 있는 이 책의 가치가 퇴색될지 모른다. 우리가 만들어가야 할 미래와 현재를 다시 성찰하려고 애써 부채처럼 펼쳐놓고자 한 여러 대안을 내 판단에 따라 접어버리는 셈이 될 것이다. 게다가 한 권의 책은 제 나름의 일생을 살아가며 자신의 길을 만들어가기 때문에 한번 마침표를 찍은 후에는 저자에게조차 그 길을 바꾸려고 끼어들 권리는 없다는 것이 많이들 하는 이야기다. 그래서 나는 이 책에 더는 손을 대지 않기로 했다.

다만 이 짧은 서문을 덧붙일 기회를 이용해서 최근의 몇 가지 사건들을 되짚어보고, 이 책의 관점에서 그 사건들을 다루어볼까 한다. 이 책이 출판된 해와 그로부터 오랜 시간이 지나지 않아서 멕시코는 기묘한 순간들을 경험했다. 특히 1988년 7월 6일 선거[1] 즈음이었다. 선거 이후 수개

---

1   1987년 개정된 선거법에 따라 멕시코 상하원 의원과 대통령 선거가 동시에 진행되었다. 선거 결과는 여당의 승리였으나, 선거법 개정으로 야권 세력의 정치 참여

월 동안 "이 나라는 변화했다", "멕시코가 달라졌다"와 같은 말들이 돌았다. 사회 전반이 들썩였다. 일부는 벅찬 감동에 들썩였고, 다른 일부는 두려움에 들썩였다. 그러나 멕시코에 대한 단일한 이미지를 만들어낸 비전과 확신을 반드시 다시 살펴보아야 한다는 점은 우리 모두 받아들일 준비가 되어 있었다. 7월 6일 벌어진 사건은 실제로 다른 멕시코를 보여주었다. 적어도 상상의 멕시코 너머에 무엇이 있는지 보려고 하지 않던 사람들에게는 그랬다. 이런 질문이 맴돈다. 예전에는 야당을 상상할 수도 없었지만, 지금은 야당에서 다시 돋아난 희망 속에서 수백만 명의 멕시코인이 시위에 참여하려고 줄곧 모여든다. 이보다 더할 수 없을 만큼 다양한 조건에 처한 그들이 그렇게 모여들 수 있는 힘은 결국 어디에서 나오는가? 촌락, 마을, 바리오[2]로 이루어진 깊은 멕시코는 또 다른 멕시코가 강요한 상상의 정치 활동 테두리에 갇혀 있었다. 지배적이지만 뿌리도 피와 살도 없는, 실재하지 않는 또 하나의 멕시코가 가둬두고 있었던 깊은 멕시코가 정말 어디까지 깨어났는지 우리는 묻고 있다.

내가 알기로 잘 알려지지 않은 한 가지 사실이 있다. 매우 중요한 의미가 있는 일이라고 생각하는데, 카르데나스 대통령[3]의 제안이 많은 사람에게 희망으로 받아들여졌다는 사실이다. 그것은 부정확성과 불완전함 그리고 많은 모순적 측면에도 불구하고, 어디까지일지 모르지만 어쨌든

가 확대되었고, 멕시코 혁명 이후 40년 넘게 줄곧 집권하고 있던 제도혁명당(Partido Revolucionario Institucional, PRI)의 입지가 흔들리는 계기가 되었다.

2   바리오(barrio)는 도시의 하위 행정 구역으로 '동네', '촌'으로 옮길 수 있다. 그러나 멕시코의 바리오는 거주민 간의 강한 유대감을 바탕으로 하며 긴 역사적 전통을 갖는 경우가 많다. 이러한 사회문화적 특징을 고려하여 원음 그대로 옮긴다.

3   1988년 야당 후보로 대통령 선거에 출마한 콰우테목 라사로 카르데나스(Cuauhtémoc Lázaro Cárdenas)를 지칭한다. 멕시코 혁명 이후 대통령으로 재임 (1934~1940)한 라사로 카르데나스 대통령의 아들로 두 사람을 혼동해서는 안 된다.

뒤로, 이전의 어떤 지점으로 되돌릴 수 있다는 희망으로 여겨졌다. 그것은 이미 걸어온 길을 되돌아가서 새롭게 시작하자는 초대장이었다. 어떤 사람들은 이것을 반동적 제안이라고 말할 것이다. 다른 편에서 보자면 그렇지 않다. 수중에 아무것도 없이, 심지어 존재를 부정하는 침략을 당한 사람들의 시선에서는 그렇지 않다. 그들의 시선에서 바라보면 되돌릴 필요가 있다. 마침내 출구를 향해, 재앙이 아닌 다른 곳으로 이어지는 올바른 길을 따라 가려면 반드시 필요한 일이다. 나라면 내가 이 책에서 견지한 기본적인 입장에 따라서 최근 선거에서 발생한 일을 해석할 것이다. 상상의 멕시코에 기반을 두고 도입하려 했던 발전 모델이 명백하게 좌절되었음을 사회 주요 부문들이 경험하고 느끼고 있다는 점이 정치적으로 드러난 것이다(그것을 드러내는 한 가지 방식이 선거다). 되돌아간다는 것은 진정으로 뿌리내린 국민주의의 회복을 의미할 것이다(그리고 사람들이 ― 여기에는 청년층도 포함되는데 ― 형식적인 허례허식을 억지로 치르는 것과는 완전히 다른, 벅차오르는 마음으로 함께 국가를 부른 것은 헛된 일이 아닐 것이다).

이와 달리 주요 원주민 거주 지역이 제도혁명당의 전통적인 텃밭이라는 점을 투표 결과가 확인시켜준 것은 동전의 이면이다. 원주민은 이 체제를 지탱하는 버팀목일까? 그들은 이 체제에서 가장 만족스러운 수혜자일까? 원주민은 "눈앞의 것만 보면서", 말하자면 미래지향적인 사회 모델의 대안을 기획하는 정치적 프로그램과는 아무 상관없이, 바로 눈앞에 보이는 것에 투표했다는 아르투로 와르만[4]의 해석에 나는 고개를 끄덕인다. 투표는 바로 지금 이곳을 위한 자원에 더 가까워 보여서, 도로건설을

---

4   아르투로 와르만(Arturo Warman, 1937~2003)은 멕시코의 인류학자로 1988년 당선된 카를로스 살리나스 데 고르타리(Carlos Salinas de Gortari) 대통령이 국립인디헤니스타연구소(INI)의 소장으로 임명했다. 제도혁명당의 당원으로서, 정치 활동과 인류학자로서 연구 활동을 함께해나갔다.

마무리하고, 학교를 짓고, 수도를 설치하고, 토지등록과 더불어 조상 대대로 겪은 일상적인 문제들, 삶의 매 순간을 짓누르는 문제들을 풀어나갈 수 있게 해주는 여러 소규모 지원 프로그램을 운영 관리하겠다는 공약에 표를 던진다. 다른 것들은 여전히 상상의 멕시코가 단련하여 덧씌운 세계, '다른 사람들' 문제다. 깊은 멕시코를 정치적으로 결집시킬 만한 동력에 닿을 만큼 깊숙이 파고들려면 정당들은 훨씬 더 근원적인 곳에 이르러야 할 것이다. 1988년 한 걸음 더 나가기는 했지만, 그때를 기점으로 멕시코가(들리는 목소리와 보이는 얼굴만으로 드러나는 일부분이 아닌 총체적인 멕시코가) 실제로 달라졌다고 생각하는 것은 근시안적 오류일 것이다.

최근의 사회 정치적 과정의 중요성을 과소평가할 생각은 없다. 중앙 집권적이고 도시 중심적인 엘리트 중심의 비전을 상대화하고 보충하려는 것뿐이다. 그런 비전에 따라 내 주위에서 발생하는 일들이 여기저기 모든 곳에서 일어난다. 멕시코 혁명이 그랬듯이 1988년 선거에서도 매우 다양한 동기가 한곳으로 모였고, 중장기적으로 보자면 반드시 공존하리라 보기 어려운 동기들이 연결되어 수렴되었다. 그러나 분명히 중요한 의미를 지니는 사건들이었다. 광범위한 부문에서 어떤 의식이 깨어났는데, 나는 그것을 모순에 대한 양심의 가책이라고 이름 붙이려 한다. 이런 의식이, 단단히 뿌리박고 있어서 흔들리지 않는 것처럼 보였던 확신에 의문을 제기한다. 멕시코를 설명하는 방식을 재검토하고, 잘려 나간 일부를 보완하여 멕시코의 현실을 온전한 모습으로 되돌리고, 미래의 가능성을 재설정하려는 지적 태도가 엿보이기 시작한다. 다행히 교조주의는 한풀 꺾이고 있다. 다원주의 편에 더 가까이 자리 잡은 지적 공간이 존재한다. 지금처럼 이 나라를 거꾸로 세워두는 대신 재건이라는 과제 앞에 확고한 발걸음을 내디디려면 이 순간을 활용해야 한다. 우리에게 그럴 능력이 있을까?

이 새로운 변화 대부분은 상상의 멕시코가 가지는 한계 안에 머물러 있지만, 이 책의 3부에서 간단히 언급하고 지나간 몇 가지 아이디어의 폭을 넓히고 시의적절하게 발전시키게 될 것이다. 그리고 언급조차 하지 않은 몇 가지 측면을 덧붙였다면 좋았을 것이다. 여러 독자와 어느 평론가는 마지막 두 개 장이 불충분하다는 지적을 했다. 나도 그렇게 생각한다. 우리의 미래에 대해 개인이 담당할 부분이 있기는 하지만, 그것은 그저 개인의 기여일 뿐 미래를 성찰하는 일은 모두가 나누어져야 할 몫이라고 생각하면서도, 나는 개인적으로 이 주제에 더 매달릴 생각이다. 논쟁을 시작해야 하고 그 논쟁에 어울리는 공간과 규모를 마련해야 한다. 내 생각을 논하자는 것이 아니다(사실 이 책에 담긴 많은 아이디어는 내 것이 아니라 논의의 범위를 넓히려고 내가 양심의 가책 없이 빌려온 다른 사람의 것임을 밝힌다). 만약 내 아이디어라고 할 만한 것이 존재한다면 그것은 오로지 현실을 이해하고자 하는 고민에서 비롯된 것이며, 분석과 논쟁의 대상이 되어야 하는 중요한 것은 그런 현실과 그 현실의 문제들이다. 우리는 우리의 현실을 진정으로 인정하는 데에서 출발할 때에만 상상에 맞선 도전을 할 수 있다. 그리고 편견이 드러나는 그때, 우리의 식민화된 사고가 해방되는 그때, 우리가 우리 자신을 들여다보고 사고한다는 결정을 다시 하는 그때, 우리 역사의 주인공이 누구인지 그리고 우리 미래를 이루는 데 반드시 필요한 요소가 무엇인지 발견하게 될 것이다. 바로 그것이 깊은 멕시코다.

G.B.B.
1989년 4월 멕시코시티에서

초판 서문

이 책의 목적은 두 가지다. 첫 번째 목적은 멕시코 어디에나 있는 다양한 형태의 '원주민적인 것lo indio'5의 파노라마를 보여주는 것이다. 원주민적인 것이란 메소아메리카 문명civilización mesoamericana의 존속을 뜻한다. 메소아메리카 문명은 오늘날 (이른바 원주민 집단이라고 불리는) 특정한 마을들에서 구현되지만, 마찬가지로 사회 다수 영역에서 다양한 방식으로 표출된다. 그러한 영역들이 여기서 깊은 멕시코México profundo라고 부르는 것을 형성한다. 두 번째 목적은 깊은 멕시코를 인정하는 데서 출발하여 더 폭넓은 성찰을 위한 논의를 제안하는 것이다. 이곳에 메소아메리카 문명과 서구 문명이 공존하는 것은 우리의 역사 속에, 현재에, 그리고 특히 미래를 위하여 어떤 의미를 지니는지에 관한 논의가 된다. 이 논의는 우리 멕시코인 모두와 관련된다.

어려운 상황을 헤쳐나가고 있는 이때, 즉각적인 해결책을 요구하는 온갖 종류의 (경제·정치·사회적) 문제들과 직면하고 있는 이때, 문명의 문제를 성찰하는 것이 시의적절하지 않은 것처럼 보일 수 있다. 긴급한 현실적 요구 앞에서 문명을 사유하는 것이 무슨 의미가 있는가? 그러나 나

---

5 indio 혹은 indígena는 모두 '원주민'으로 옮겼다. 인도로 가는 항로를 찾다가 아메리카 대륙에 도착하게 된 에스파냐인들은 그곳을 인도라고 착각하고 그곳의 주민을 indio라고 불렀으며, 잘못된 명칭이 고착되었다. 독립 이후 멕시코 사회는 메소아메리카 문명의 계승자를 부르는 이름인 indio에 담긴 경멸적이고 차별적 의미를 벗겨내고, 문화적 차이만을 강조하기 위해 indígena라는 용어를 사용하기 시작했다. 이 책에서는 두 용어가 혼재되어 있다.

깊은 멕시코

는 의미 있다고 믿는다. 매우 깊은 의미가 있다고 생각한다. 동시다발적으로 나타나서 커져버린 문제들로 골머리를 앓고 있다 해도, 오히려 두 개 문명의 현존이 우리에게 제기하는 풀리지 않는 딜레마 안에서 이런 당면 문제들을 파악하자는 제안을 하려 한다. 그런 딜레마 안에서 이해하지 않으면 그 문제들은 서로 괴리되어 부분적으로 이해될 뿐이다(따라서 아무리 좋은 결과가 나온다 해도 결국 제각각 별개의 문제들로 남아 부분적으로 해결될 수 있을 뿐이다). 두 개의 문명은 두 가지 문명 프로젝트, 이상적 사회의 두 가지 모델, 서로 다른 두 가지 가능 미래를 의미하기 때문이다. 멕시코의 방향을 다시 잡기 위해 어떤 결정을 하든지, 현재의 위기에서 빠져나갈 희망에서 어느 길로 접어들든지, 그것은 두 가지 문명 프로젝트 가운데 하나를 지지하고, 다른 하나는 거부하는 선택이 되기 마련이다.

멕시코의 지난 500년은 서구의 문명 프로젝트에 따라 나라를 끌고 가려는 사람들과 메소아메리카 계통에 속하는 삶의 방식에 뿌리내린 채 버티려는 사람들 사이의 영속적인 투쟁의 역사이다. 서구의 문명 프로젝트는 유럽 침략자들과 함께 도착했지만, 독립과 함께 물러나지는 않았다. 권력을 잡은 새로운 집단들, 처음에는 크리오요criollo, 그다음에는 메스티소mestizo가 서구의 프로젝트를 결코 단념하지 않았다. 그들은 단념한 적이 없다. 크리오요와 메스티소 사이의 차이와 그들을 분열시키는 갈등은 문명화라는 하나의 프로젝트를 진전시키는 최선의 방법을 두고 나타난 이견을 보여주었을 뿐이다. 그 모델의 수용으로, 국민 다수가 공유하지 않는 (혹은 다른 관점에서 공유하는) 서구 문명의 규범, 열망, 목적에 따라 구성되는, 소수에 의한 국가가 멕시코 사회 내부에 설립될 여지가 생겨났다. 우리나라의 지배적 프로젝트를 구현하고 추진하는 그 부문을 나는 이 책에서 상상의 멕시코México imaginario라고 부를 것이다.

깊은 멕시코와 상상의 멕시코는 5세기 동안 대립해온 갈등 관계에 있다. 상상의 멕시코가 내놓은 서구의 프로젝트는 메소아메리카 문명을 배제하거나 거부해왔다. 말하자면 두 가지 프로젝트와 다르면서도, 그것을 거름으로 삼은 새로운 프로젝트를 향해 한 걸음 내디디려는 점진적인 융합을 보여줄 수렴점은 만들어지지 않았다. 오히려 메소아메리카 문명 프로젝트와 서구 문명 프로젝트를 각기 구현하는 집단들은 항상 대립해왔다. 때로는 폭력적 형태의 대립이었지만, 문명의 각 모체가 가진 깊은 원리를 실천하는 일상생활의 행위들에서 나타나는 지속적 대립이었다.

그러한 대립은 문화적 요소들 사이에서 발생하는 것이 아니라 그런 문화적 요소를 운반하고 사용하고 발전시키는 사회집단들 사이에서 일어난다. 지난 500년 내내 지속적으로 대립해온 것은 서로 다른 두 개의 문명에 가담한 집단들이다. 대립의 원인은 멕시코 사회의 식민적 기원에 있다. 식민적 기원으로 인하여 사회계층 피라미드의 하단에는 메소아메리카 문명을 구현하며 깊은 멕시코를 지탱하는 마을들이 버티고 있는 반면, 멕시코의 지배집단과 지배계급은 서구 프로젝트의 가담자이자 추진자인 동시에 상상의 멕시코의 창조자가 되었기 때문이다. 한쪽 극단에 권력과 서구 문명이 한 쌍을 이루고, 다른 쪽 극단에 속박과 메소아메리카 문명이 한 쌍을 이루고 있는 것은 우연의 일치가 아니라 지금까지 멕시코 사회 내에서 폐기되었던 식민역사의 필연적 결과이다. 모든 식민사회가 가지고 있는 본질적 특징은 침입자 집단, 즉 피지배 마을들의 문화와는 다른 문화에 속한 집단이 삶의 모든 질서에서 내재적으로 우월함을 이념적으로 긍정하고, 그리하여 피식민자의 문화를 부정하고 배제한다는 데 있다. 멕시코의 탈식민화는 미완성이다. 에스파냐로부터 독립을 쟁취했으나 내적 식민구조를 제거하지 못했다. 1821년부터 권력을 쥔 집단들은 서구의 문명 프로젝트를 단념하지 않았고, 식민자의 관점과 본질적으로 다르지 않은 멕시코에 대한 왜곡된 비전을 극복하지도 못했기 때문이다.

깊은 멕시코

그리하여 다양한 국가 프로젝트는 언제나 서구 문명의 틀에만 맞춰져왔다. 그런 국가 프로젝트에 기반하여 독립 이후 멕시코 역사 여러 시기에 걸쳐 멕시코 사회를 조직하려고 해왔고, 그럴 때마다 깊은 멕시코의 현실은 들어설 곳이 없었으며, 오로지 극복되어야 할 뒤처짐과 장애물의 상징으로만 응시되었다.

다른 한편 깊은 멕시코는 자신이 예속된 지배 조건에 따라 매우 다양한 전략을 구사하여 저항한다. 깊은 멕시코는 수동적이고 정적인 세계가 아니라 영속적 긴장 상태에서 살아간다. 깊은 멕시코의 마을들은 자신의 문화를 끊임없이 창조하고 재창조하며, 변화하는 압력에 맞춰 그 문화를 조정하고, 그들만의 고유의 영역을 단단히 하며, 외지의 문화적 요소를 자기 것으로 만들어 자신들의 필요에 맞게 조정하며, 고유의 자기 정체성을 표현하고 혁신하는 방법으로서의 집단행동을 주기적으로 반복한다. 다시 말해 그들은 수백 년 동안의 저항을 통해 갈고닦아온 전략에 따라 침묵하거나 봉기한다.

상상의 멕시코가 내놓은 프로젝트에 균열이 간 지금, 멕시코를, 멕시코의 프로젝트를 다시 생각하지 않을 수 없다. 실제 우리가 누구이고, 앞으로 나가기 위해 실제 가지고 있는 것이 무엇인지 고려하지 않고 위기에 대한 해결책을 찾으려 하는 것은 무책임한 동시에 제 발로 불구덩이로 뛰어드는 일과 다름없을 것이다. 눈앞에 깊은 멕시코를 두고 계속 눈을 감고 있을 수는 없다. 메소아메리카 문명의 생생한 현존이 보여주는 이 잠재력을 계속 외면하거나 부정할 수 없다. 멕시코 사회 다수가 가진 고유의 잠재력에서 출발해 그들이 머무르는 현실이 변화할 수 있는 조건을 만들어야지, 그 현실을 다른 것으로 교체하는 데 힘과 자원을 계속 소모해서는 안 될 것이다. 그 창조적인 힘은 식민지배에 의해 부정당했고, 생존을 위한 저항의 하나로 축소된 탓에 잠재력을 전 영역으로 펼칠 수 없었다.

　말하자면 멕시코가 가진 문명의 딜레마에 관하여 성찰하자는 이 책의 제안은 우리 멕시코인이 계승한 모든 유산을 활동 자본으로 통합할 새로운 국가 프로젝트를 정식화할 필요성을 제기하는 것이다. 유산이란, 자연자원만이 아니라 국민nación[6]을 이루는 다양한 마을들이 이어받은 역사적 유산인 지식과 기술을 통해 그 자연자원을 이해하고 활용하는 다양한 형태이기도 하다. 또한 그 유산은 수백만 동포 개개인의 노동력만이 아니라 깊은 멕시코에서 유지되어온 생산과 소비의 조직 형태이기도 하다. 그러한 조직 형태가 깊은 멕시코를 존속시켜왔다. 또한 그 유산은 멕시코에서 (발전시키는 것 이상으로) 공들여 축적해온 서구 전통에 속하는 지식만이 아니라, 깊은 멕시코의 수천 년 경험의 결실인 지식의 향연이기도 하다. 마지막으로 우리는 멕시코의 부정당한 문명이 보유한 거대한 문화적 잠재력을 꽃 피울 수 있는 길을 모색하기를 요구한다. 아무런 효과가 없다는 최종 평가가 내려지고 있는 상상의 멕시코 자리를 단번에 영원히 대신할 현실적 프로젝트, 다름 아닌 우리의 프로젝트를 건설하는 일은 그러한 부정당한 문명을 밀쳐내고서가 아니라 그 문명을 통해서 가능하기 때문이다.

　이 책은 3부로 구성된다. 1부에서는 오늘날 멕시코에 현존하는 메소

6　이 책에서는 동일한 문화와 언어를 공유하는 집단을 지칭할 때 pueblo(마을)를 사용하며, 상상의 멕시코에 의해 창조되는 가상의 공동체 혹은 각기 다른 역사문화적 전통을 보유한 집단들이 공존하는 국가로서 멕시코를 지칭할 때 nación을 사용한다. nación은 원칙적으로 '국민', 경우에 따라 '국가'로 옮겼다. 영어 nation의 개념과 그것의 한국어 번역을 둘러싼 복잡한 논의에서 에스파냐어 nación도 떨어져 있지 않다. 더구나 nación은 에스파냐어권 세계의 역사적 맥락에서 또 다른 의미를 지닌다. 복잡하게 얽힌 개념의 역사와 언어권 고유의 용법을 모두 고려한 마땅한 번역어를 찾기는 불가능하다. 번역어의 채택이 아니라 이 책의 내용을 통해 그 의미가 전달되길 바란다.

아메리카 문명의 전반적 모습을 보여줄 것이다. 메소아메리카 문명은 경관, 고유명, 사람들의 얼굴 등 멕시코의 어디에나 있는 부정할 수 없는 존재이다. 메소아메리카 문명의 출현과 발전을 유럽 침략 시기까지 간략히 설명하는 것으로 그에 상응하는 역사적 깊이를 부여하려 한다. 지금 이곳에 우리가 보유한 것, 미래를 건설하기 위해 반드시 필요한 것 대부분은 수천 년의 역사를 품고 있기 마련이다. 그 후에 오늘날 원주민 마을들의 문화 속에 살아 있는 모습 그대로 메소아메리카 문명을 압축적이고 종합적으로 묘사하는 데 집중할 것이다. 구체적인 각각의 문화가 가지는 개별적 특징을 보여주는 독자성을 넘어, 단일한 이미지를 구성하려 한다. 이와 동시에 메소아메리카 계통의 문화들이 가진 내적 응집력을 보여주려는 노력도 할 텐데, 그런 문화들에 가담하는 마을들이 하나의 세계관을 유지하고 있다는 점에서 내적 응집력이 설명된다. 메소아메리카 문명의 가장 깊은 가치들, 그들의 모든 행위에 의미를 부여하는 문화적 모태를 이루는 가치들이 하나의 세계관에 함축되어 있다.

이어서 멕시코 사회 내에서 스스로 원주민이라고 여기지 않는 집단들에도 메소아메리카 문명이 현존함을 탐색할 것이다. 여기서 탈원주민화의 증거가 나타난다. 즉 식민지배 과정에서 본래의 집단 정체성을 상실한 것이다. 그러나 자신을 메스티소와 동일시하는 전통적 농민공동체의 현실이 입증하듯이 정체성의 변화가 반드시 원주민 문화의 상실을 내포하는 것은 아니다. 역사적으로 식민권력을 뒷받침해온 도시에서조차 원주민 문화가 존재함을 찾아낼 수 있는데, 예전에 진행된 과정에서 유래된 형태(원주민 바리오의 존재)부터 최근의 사회적 현상이 빚어낸 형태(시골에서 도시로의 이주)까지 다양하게 나타난다.

1부는 멕시코 사회의 또 다른 부문들에서 발생하는 일을 간략히 살펴보는 것으로 마무리하는데, 이 부문들이 서구의 문명 프로젝트를 추진하는 상상의 멕시코를 구현한다. 그 집단들의 문화가 가진 특성들 가운데 일부만 보여주게 될 테지만, 깊은 멕시코와 모순적인 관계를 드러내는 특성을 보여주려고 특히 애쓸 것이다. 메소아메리카의 문화적 모태를 중심으로 조직된 삶을 살아가는 대다수 주민의 숨겨진 얼굴을 드러내는 데 집중했기 때문이다.

이러한 엑스레이 사진으로 보여주는 멕시코는 너무나 다양한 문화들로 이루어져서 연속적인 하나의 장면을 만들어내지 못하는 이질적이고 다원적인 나라의 모습이다. 공통 척도 안에서 서로 다른 발전 정도를 가진 사회들에 관한 이야기가 아니다. 그것과는 거리가 멀다. 즉 서로 다른 두 개 문명의 문화적 형태들을 나누는 구분선이 뚜렷한 윤곽으로 그려진다. 그 두 개 문명은 상호 침투하기는 했지만 결코 융화된 적이 없다. 상상의 멕시코를 이루는 부문이 자신들의 프로젝트에 나머지 주민을 따르게 만드는 지배라는 조건에서 문화적으로 다른 두 가지 세계가 서로 연결된다. 2부에서 다룰 멕시코 문화의 딜레마가 여기에 있다.

그리고 우리가 머물고 있는 지금 이곳에 어떻게 도달하게 되었는지, 멕시코 사회가 그 자체의 본질적인 부분을 부정하면서, 발전이 아닌 교체 프로젝트에 거듭 매달리게 된 역사적 궤적이 무엇인지 이해해보려 한다. 지난 500년 역사를 시기마다 정리할 생각은 아니다. 결정적인 순간들과 전반적 흐름을 부각시켜서 누에바에스파냐[7] 부왕령의 크리오요들이 독립을 꿈꾸기 시작한 때부터 오늘날까지 외부의 식민 프로젝트가 시대 상황에 맞춰 꾸준히 현재화되면서 이어져온 상황을 설명해보려는 것뿐이다. 이렇게 역사를 선택적으로 재기술함으로써, 잇달아 등장한 지배 집단

---

7   누에바에스파냐(Nueva España)는 '새로운 에스파냐'를 뜻한다. 유럽인은 유럽의 지명에 '새로운'을 뜻하는 형용사를 덧붙여 아메리카 대륙의 지명으로 삼은 경우가 많다.

들이 메소아메리카 계통의 마을들과 그들의 문화를 어떻게 위협해왔는지 이해할 수 있게 된다. 지배 집단들은 메소아메리카 계통의 마을들과 그들의 문화를 부정하며 내놓은 질서에 그들을 예속시키려는 시도를 반복해왔다.

식민지배에 대해 깊은 멕시코가 내놓은 대답을 간략하게 살펴보는 것으로 2부를 마무리할 것이다. 무기를 들고 방어하고 반란을 일으키는 것부터, 표면적으로는 보수적으로 보이는 전통적 행위에 대한 애착에 이르기까지 저항의 형식은 매우 다양하게 변화해왔고, 그 모든 저항의 형태가 결국 영속적이고 완강한 한 투쟁의 여러 단면임을 보여주려 했다. 본래의 모습으로 남으려는 각 마을의 투쟁이자 모두의 투쟁이며, 자신들의 역사에서 주인공의 자리를 반납하지 않겠다는 결정이다.

앞 장에서 다룬 내용을 바탕으로 3부에서는 멕시코의 현재 상황과 미래에 대한 성찰을 제안하려 한다. 우리가 물려받은 멕시코를 양면적으로 소개할 것이다. 한 면에는 그동안 추진되어온 발전 모델의 균열이 있다. 그 모델이 가져온 결과가 재앙적인 데도 다시 한번 그 모델을 밀어붙여보겠다고 애쓰는 데 아슬아슬한 위험이 도사리고 있다. 그 이면에는 바로 지금 우리가 가진 것이 있다. 우리는 그것으로 우리의 진정한 미래를 건설해야 한다. 이러한 측면들을 고려하여 새로운 국가 프로젝트를 정립하는 데 가능한 대안들을 계획한다. 새로운 국가 프로젝트는 우리의 현실을 감추는 것이 아니라 드러내는 문명 프로젝트의 틀에 맞춰져야 한다. 3부의 내용은 피할 수 없는 긴급한 논쟁을 위한 기록이다. 그러한 논쟁에서는 민주주의의 문제를 최우선으로 삼아야 한다. 그러나 어설프게 서구를 투사한 형식적이고 고분고분한 민주주의가 아니라 실질적 민주주의를 다루어야 한다. 실질적 민주주의는 우리의 역사에서 비롯되어야 하고 멕시코 사회의 풍성하고 다양한 구성에 응답해야 한다. 또한 이것은 문명의 문제이기도 하다.

이 책은 1985년 5월부터 1987년 4월 사이에 준비되고 집필되었다. 그 기간 동안 나는 사회인류학고등교육연구소Centro de Investigaciones y Estudios Superiores en Antropología Social, CIESAS[8] 소속 연구원으로 주로 이 책을 집필하는 데 몰두했다. 집필 첫해에는 주제에 명료하게 접근하여 하나의 논리를 만들어나가게 해줄 분석 모델을 마련하는 데 전념했는데, 멕시코의 역사적 현실과 오늘날의 현실이 보여주는 너무나 다양하고 다변하는 양상을 다루려면 책에 일관성을 부여할 하나의 논리가 필요했다. 분석 모델은 「종족형성과정연구에서 문화통제이론」[9]이라는 글에서 정식화되었다. 이 글 초안을 바탕으로 1986년 1월부터 10월까지 CIESAS 박사과정에서 같은 주제로 세미나를 진행했다. 세미나 참가자들의 기여와 비판을 바탕으로 최종본을 작성하였다.

독자들은 이 책의 여러 부분에서 문화통제이론을 참고한 흔적을 발견할 것이다. 이 책 전반에 문화통제이론이 녹아들어 있지만, 의미를 명확하게 하려고 어쩔 수 없는 부분에서만 내가 개념화한 종족집단grupo étnico과 종족정체성identidad étnica을 비롯하여 고유문화cultura propia와 외지문화cultura ajena, 문화통제control cultural, 저항과정proceso de resistencia, 전유

---

8 이 책의 저자인 기예르모 본필 바타야와 곤살로 아기레 벨트란(Gonzalo Aguirre Beltrán), 앙헬 팔레름(Ángel Palerm)이 1973년 9월에 설립한 국립연구소로, 기예르모 본필 바타야는 1976년부터 1980년까지 소장을 역임했다. 현재 멕시코 전역 7곳에 설치되어 있다.

9 이 글은 1987년 발표된 후 여러 학술지에 다시 게재되었으며, 현재는 CIESAS 홈페이지에서 전자파일로 제공하고 있다. Guillermo Bonfil Batalla, La teoría del control cultural en el estudio de procesos étnicos, *Papeles de la Casa Chata*, 3, 1987, pp.23~43 참고.

과정proceso de apropiación, 혁신과정proceso de innovación, 강제적 도입imposición, 처분enajenación, 삭제supresión와 같은 용어를 사용했다. 비전문가 독자를 상정하고 이 책을 썼기 때문에 여기서 문화통제이론을 개진하지는 않았다. 일반 독자에게 그런 이론적이고 방법론적 논의는 난해할 수 있으며 이 책을 시작할 때 내가 염두에 둔 목표에 전혀 기여하지 못하리라고 생각했다.

같은 이유로 각주와 참고문헌을 덧붙이지 않았다.[10] 학계에서는 각주와 정확한 참고문헌을 학술물의 엄정함을 증명하고 진지함을 부여하는 방법이라고 전제하지만, 여기서는 사회과학 연구과제의 외형적 습관에서 벗어나 더 자유로운 방식으로 집필하기로 마음을 먹었다. 학술서를 읽는 데 익숙한 독자보다 대중에게 더 소박하고, 더 간결하고, 더 직접적으로 다가가기 위해서다. 여기서 다루는 주제들 가운데 더 깊이 살펴보고 싶은 것이 있다면 이 책 말미의 부록을 참고하길 바란다. 이 책에 담긴 멕시코에 대한 비전의 토대를 마련하는 데 내가 참고한 자료들의 출처를 알려주는 것도 부록의 역할이다. 기본적인 참고문헌과 가장 최근에 찾아본 문헌만 수록했는데, 이런 책의 의도란 결국 수년에 걸쳐 매우 다양한 출처에서 얻은 많은 자료를 종합하는 것이기 때문이다. 내가 이리저리 일반화를 하고 사실관계를 확인하느라 참고한 자료들의 출처를 하나하나 정확히 밝히려고 아무리 노력해봐야, 그 노력은 불성실한 일이 될 수밖에 없거나, 결국 아무 쓸모없는 일이 되었을 것이다. 전문가라면 큰 수고를 들이지 않고도 이 책에서 시도하는 종합적 분석이 어떤 지점에서 부정확할 수밖에 없는지 알 것이다. 어쩔 수 없는 부정확함이 나의 논의를 뒷받침해주는 큰 그림들을 완전히 쓸모없는 것처럼 보이게 하지는 않을 것이

---

10 저자가 각주를 달지 않은 것과 같은 이유로 비전문가 독자들을 위해 옮긴이주를 덧붙인다. 이 책의 모든 각주는 옮긴이주이다.

라 믿을 뿐이다.

　다른 이야기로, 아이디어와 관련해서, 내가 단독 저자로 이름을 올
리기는 하지만 이 책이 나라는 한 개인의 책이 아니라는 점을 알고 있다.
이 책은 이중적 의미에서 집단의 산물이다. 먼저 많은 사람이 수년 전부
터 학술적이고 정치적인 관점에서 깊은 멕시코를 살펴볼 필요성을 느끼
고 있었다는 점에서 그렇다. 우리는 더 나은 미래를 향한 길들을 찾으려
면 피할 수 없는 답과 열쇠가 그곳에 있다는 확신을 가지고 있다. 나는 같
은 길을 걷는 많은 동료와 친구의 성찰, 자료, 직관을 양심의 가책 없이 훔
쳐냈다. 이 책의 오류와 한계에 대해 그들에게 책임을 물을 수는 없지만,
그래서 이 책은 그들의 것이기도 하다. 또한 수백만 명의 멕시코인이 자
신들의 삶으로 깊은 멕시코에 생명을 불어넣는다는 의미에서 집단의 산
물이기도 하다. 이 두 번째 의미는 더 견고하고 풍요롭다. 그들은 끊임없
는 혁신을 통해 일상적 실천, 생각, 희망 속에서 여전히 자신들이 한 가지
문명 프로젝트의 운반자라는 확신을 가능하게 한다. 나는 그들로부터 배
우고 싶었다. 내가 배운 것을 더듬더듬 번역한 이 책을 오로지 그들에게
바친다. 멕시코의 원주민에게.

1985~1987년
아반다로Avándaro와
멕시코시티ciudad de México에서

차례

1부
부정당한 문명

깊은 멕시코는 멕시코 인구 대부분을 차지하는 매우 다양한 마을, 공동체, 사회 부문으로 구성되어 있다. 메소아메리카 문명에 기원을 두면서 세계를 이해하고 삶을 조직하는 방식을 운반하는 집단들이 그것들을 하나로 묶으면서 멕시코 사회의 나머지와 구분한다. 메소아메리카 문명은 광대하고 복잡한 역사적 과정을 거쳐 지금처럼 단련되었다. 일부 원주민 마을들이 강한 내적 응집력으로 보존해온 문화부터 도시의 여러 부문에 다양한 방식으로 퍼져 있는 수많은 개별적 특성까지 그 문명의 현재적 표현은 매우 다양하다. 메소아메리카 문명은 부정당한 문명이지만, 그 현존을 인정하지 않을 수 없다.

〈메소아메리카의 경제 체계 속 하위 지역 구분〉

① 북서 경계지역
② 서부 멕시코
③ 바히오 지역
④ 중앙멕시코
⑤ 멕시코만 저지대 — 북부
⑥ 멕시코만 저지대 — 중부
⑦ 멕시코만 저지대 — 중남부
⑧ 멕시코만 저지대 — 남부
⑨ 게레로
⑩ 남부 고지대(오아하카)
⑪ 태우안테펙 지협과 내륙의 해안 저지대
⑫ 치아파스와 과테말라 고지대
⑬ 소코누스코 — 태평양 연안
⑭ 마야 저지대 — 북부
⑮ 마야 저지대 — 남부
⑯ 메소아메리카 동부

멕시코만

치첸

모타과강

나카라과 호수
니코야만

태평양

아리디아메리카

파누코강
레르마강
레오나디아스
발사스강
물라
테오티우아칸
테오티우아칸
훌룰라
쿠에르나바카
울마지마코

이가강

I. 수천 년의 문명을 품은 땅

기본적인 사실에서 출발하자. 역사를 통틀어 인류가 창조해낸 많지 않은 문명 가운데 하나가 오늘날 멕시코라고 불리는 땅에서 출현하여 발달했다. 메소아메리카 문명이다. 그 문명에서 멕시코의 원주민적인 것이 유래했다. 그것이 출발점이자 가장 깊숙한 뿌리이다.

학교를 다닌 사람이라면 식민지 시대 이전 세계에 대해 들어본 적이 있을 것이다. 주요 고고학 유적지들은 국민적 상징으로 기능하며, 어떤 식으로든 영광스럽게 여기는 과거 덕분에 일시적으로나마 자부심을 느낀다. 그러나 그 과거는 죽은 것으로 살아간다. 전문가들이 다루는 사안이나 관광객을 끌어모으는 강력한 자석 같은 것으로 살아간다. 그리고 무엇보다 지금 이곳 우리 멕시코인들이 머무르는 곳과 동일한 장소에서 예전에 발생한 멀고 먼 어떤 것으로 여겨진다. 연결고리는 각기 다른 시대에 **그들**과 **우리**가 같은 땅을 점유하고 있다는 사실 뿐이다. 역사적인 연결, 즉 연속성은 인정되지 않는다. 유럽인이 침략했을 때 그들은 ─ 누군가의 눈에는 ─ 살해당했고 ─ 다른 누군가의 눈에는 ─ 구원받고 죽은 것으로 여겨진다. 오직 폐허만이, 돌로 남은 폐허든, 살아 있는 폐허든, 폐허만이 남은 셈이다. 우리는 그러한 과거를 받아들이고, 그것을 **이 땅의** 과거로 사용하지만, 저 깊은 곳에서부터 **우리의** 과거였던 적은 없다. 원주민인 **그들과**, 원주민적인 것일 뿐이다. 그렇게 말함으로써 그들과 우리 사이의 골이 패고, 우리의 우월성을 드러내며 그들을 염려해주는 것으로 그 골은 더 깊어진다. 과거에 대한 그러한 부인과 부정은 돌이킬 수 없는 총체적 역사의 단절에 실제로 일치하는가? 원주민 문명은 죽었고, 혹시나 그 잔재가 남아 있다 해도 그것에는 현재도, 가능한 미래도 없기 때문에 500년 전에 소멸을 선고받은 사라진 화석에 불과한 것일까? 이러한 질문에 대한 대답을 다시 생각해볼 필요가 있다. 왜냐하면 오늘날의 멕시코와 우리가 건설하고자 하는 멕시코에 대한 긴급한 또 다른 많은 질문과 답이 그 대답에 달려 있기 때문이다.

문명의 단련

세계 다른 대부분의 국가 영토에서 그랬듯이 수천 년에 걸쳐 수많은 독자적인 사회가 우리 영토를 경유하고, 우리 영토에 등장한 뒤 사라지는 것을 지켜봐왔다. 그런 개별 사회들을 포괄적인 용어로 **마을**¹이라고 부를 수 있다. 그러나 다른 곳과 달리 여기에는 고유 문명의 출현과 발전을 가

---

1 pueblo는 '도시', '마을'을 비롯하여 그곳의 '주민'을 뜻하며, 넓은 의미로 독립 국가를 지칭할 때 사용되는 단어이기도 하다. 여기서는 pueblo를 원칙적으로 '마을'로 옮겼으며, 주로 복수형인 '마을들'로 옮겼다. 이 책에서는 메소아메리카 문명을 이루는 원주민 사회 단위를 지칭할 때 주로 복수형인 pueblos를 사용하는데, 원주민 사회 내부의 다양성을 적시하기 위하여 번역어에서도 복수형을 사용했다. '마을'은 좁은 의미에서 '거주지'를 넘어서, 동일 지역에 오랜 시간 거주하며 역사적 문화적 경험을 공유하는 공동체의 의미를 지닌다. 그러나 이 책에서 '공동체(co-munidad)'는 '마을(pueblo)'을 이루는 하위단위를 의미한다. pueblo를 '민족' 혹은 '종족'으로 옮기고, 고유명과 함께 사용될 때 '족(族)'으로 옮기는 경우가 있으나, 이 책의 주제인 16세기 이전부터 오늘날까지 연속성을 가지고 존속되고 있는 메소아메리카 지역의 정치사회 조직을 지칭하는 데 '민족' 혹은 '종족'을 사용하는 경우 정치·사회·행정적 의미가 퇴색되고 문화적 범주로 축소되는 경향이 있으므로 여기서는 단수형인 pueblo로 사용되는 경우에만 맥락에 따라 '민족', '민중' 등으로 옮겼다.

능하게 했던 문화적 연속성이 있다.

알려진 바에 따르면 적어도 3만 년 전부터 지금의 멕시코 땅에 인간
이 거주했다. 초기 집단은 야생 동식물을 사냥하고 채집하여 살아갔다.
일부는 매머드, 마스토돈, 낙타, 말처럼 멸종된 몸집 큰 동물들을 사냥했
던 것으로 보이고, 또 다른 일부는 아마 이주라는 환경적 요인으로 인하
여 몸집이 작은 동물을 사냥하고 고기를 잡으며 채집에 더 많이 의존했던
것으로 보인다. 몸집이 큰 동물은 기원전 7000년 경 멕시코 땅에서 멸종
되었는데, 기후변화가 그들의 생존을 불가능하게 했으리라 추측한다.[2] 초
기 인류 집단과 관련된 화석과 석기 그리고 그들이 죽인 몸집 큰 동물들
의 뼈에 붙어 있는 몇 점의 무기가 발견되었다. 그들은 유목집단으로 살
아가기 위하여 매우 넓은 영토를 필요로 했고, 동굴이나 잠시 몸을 피할
만한 곳에서 머물다가 얼마 지나지 않아 그곳을 떠나곤 했다.

동물이 사라지고 채집에 더 의존하게 되면서 동물의 가축화와 뒤이
어 식물의 재배라는 중요한 과정이 시작된 것이 분명하다. 이러한 농경의
발명이 가져온 결과가 메소아메리카 문명의 출현이다. 그것은 장기적인
과정이었지 즉각적인 변화는 아니었다. 농경은 기원전 7500~5000년 사
이 중앙 멕시코 지역의 유역들과 반건조 기후 분지 지대들에서 시작된다.
그 시기 콩, 호박, 우아우틀리, 알레그리아,[3] 고추, 밀토마테,[4] 과혜,[5] 아과
카테[6]를 재배하기 시작한다. 그리고 옥수수 재배를 빼놓을 수 없다. 옥수
수 재배는 중요한 진전이 이루어졌음을 의미하는데, 메소아메리카 문명

---

2   아메리카 대륙에 서식했던 낙타와 말의 조상은 베링 해협을 통해 다른 대륙으로
     이동했으나 정작 아메리카 대륙에서는 멸종하여, 유럽 접촉 시기 아메리카 대륙
     에는 소와 말 등의 가축이 존재하지 않았다.

3   우아우틀리(huautli)와 알레그리아(alegria)는 비름과에 속하는 선줄맨드라미(Ama-
     ranthus cruentus)를 부르는 이름으로 씨앗과 잎을 먹는다.

과 떼어내려 해도 뗄 수 없이 결합된다. 작물화는 다른 식물과 마찬가지로 옥수수의 형태를 완전히 바꾸어버렸다. 그리고 다른 주요 작물과 비교하여 옥수수는 훨씬 다양한 기후대와 해발고도에서 자랄 수 있게 적응했다. 옥수수 속대는 자연적으로 씨를 퍼트리지 못하기 때문에 옥수수가 번식하려면 반드시 인간의 개입이 있어야 한다는 점을 기억해야 한다. 사실상 옥수수는 인간, 즉 메소아메리카인의 창조물인 것이다. 그래서 메소아메리카인은 마야 키체인[7]의 "사건에 관한 책", 『포폴 부*Pop Wuj*』가 시적으로 읊듯이 옥수수 인간이다.

> 그렇게 옥수수를 찾아냈고, 그것으로 인간을 만들기로 했다. 창조자는 피도 옥수수로 만들었다. [……] 신들은 우리의 첫 번째 어머니와 아버지를 만들 생각을 했고, 팔과 다리 같은 몸은 노란 옥수수와 하얀 옥수수로 만들었다. 그렇게 네 명의 인간이 탄생했다. 옥수수로 만든 인간이었다.
>
> – 아드리안 I. 차베스Adrián I. Chávez의 판본[8]

---

4   밀토마테(miltomate)는 가지과의 식물로 토마티요(tomatillo) 혹은 녹색 토마토라고도 불린다. 라틴아메리카에서 사용되는 녹색 살사 소스의 주재료이다.

5   과헤(guaje)는 콩과 식물이다.

6   아과카테(aguacate)는 아보카도의 현지 이름이다. 라틴아메리카가 원산지인 많은 식물을 학명이 아닌 일상적 이름으로 부를 때 영어식으로 부르는 경우가 많으나 여기서는 가급적 현지에서 사용하는 발음으로 표기하였다.

7   마야 키체(maya kiché)인은 마야족에 속하는 키체어를 사용하며 오늘날 과테말라 고원지대에 거주한다.

8   『포폴 부』는 키체인의 구술 기록으로 다양한 판본이 존재한다. 판본에 따라 Pop Wuj, Popol Vuh, Popol Wuj 등 다양하게 표기된다. 국내에서는 『마야인의 성서 포폴 부』(고혜선 옮김, 문학과지성사, 1999; 여름언덕, 2005)로 번역되었다. 여기서는 초판 번역본의 p. 121을 참고하여 일부 수정하였다.

옥수수와 농경이 바로 중요해진 것은 아니었다. 결국 그렇게 되기는 했지만, 옥수수의 발명가들은 여전히 채집과 사냥을 주로 했고, 작물의 비중이 점점 커지기는 했지만 부차적인 식량으로 사용했다. 테우아칸[9] 인근에서 발견된 기원전 3000년경 소규모 촌락의 거주자들은 영양분의 20퍼센트만을 작물에서 얻었고, 50퍼센트는 채집을 통해서, 나머지는 사냥으로 얻었다. 그럼에도 불구하고 그들은 정주생활을 했으며, 점점 더 다양한 작물을 재배했고, 식용을 위해 개를 키우기도 했다. 기원전 2000년부터 1500년 사이에 정주화 과정은 정점에 이르렀고, 작물은 섭취하는 음식의 절반을 차지하기에 이른다. 옥수수의 생산성이 헥타르당 200~250킬로그램에 이른 것이 분명하다는 사실 덕분에 이러한 변화는 신빙성을 얻었다. 이러한 사실은 옥수수 재배가 채집보다 더 높은 생산성을 가졌음을 의미한다. 그즈음 정주 촌락이 나타나기 시작하고, 기원전 2300년경에는 토기도 제조된다. 그때(기원전 1500년)를 메소아메리카 문명의 시작이라고 볼 수 있다. 그즈음 베라크루스Veracruz주 남부 온대 지역에서 메소아메리카 문명의 모태 문화로 여겨지는 올메카Olmeca 문화가 태동된다.

여기에 기원부터 16세기 초까지 메소아메리카 문명 발전의 파노라마를 아주 도식적으로라도 펼쳐놓겠다는 것은 아니다. 그 파노라마는 복잡한 분화 과정으로 이루어져 있는데, 고고학의 발굴과 역사학의 발견으로 그러한 분화 과정에 관한 자료가 계속 새롭게 나타나고 있다. 여기서는 전문가들이 몇 단계로 연대기적 시대 구분을 해왔다는 점을 지적하는 것으로 충분할 것이다. 아주 일반적인 큰 틀에서는 그러한 시대 구분이 메소아메리카의 여러 지역에서 일치한다. 덕분에 기원전 2000년부터 대

9   테우아칸(Tehuacán)은 멕시코 푸에블라(Puebla)주에 위치하는 지역으로, 가장 오래된 옥수수 재배의 흔적이 발견되어 '옥수수의 요람'이라는 별칭으로도 불린다.

략 기원후 200년까지를[10] 전고전기período preclásico 또는 형성기período formativo라고 부른다. 기원전 800년부터 기원전 200년 사이에 올메카 문화가 절정에 이르고, 아마도 초기 비문들inscripciones이 나타나고, 나중에 메소아메리카의 다른 여러 마을이 완성하게 될 달력이 만들어지며, 오늘날 우리가 그 정교한 기술과 조형적 아름다움에 놀라게 되는 기념비적 조각물이 제작된다.

모태문화의 영향은 여러 곳에서 확인된다. 베라크루스주 북부에서는 레모하다스Remojadas라고 불리는 문화가 발전하여 나중에 토토나카인[11]들에 의해 계승된다. 오아하카Oaxaca주에서는 사포테카zapoteca 문화가 태동한다. 유카탄Yucatán 반도에서는 마야 문화로 발전하게 될 초석이 놓이는데, 이것은 올메카 문화의 영향으로 보인다. 이 시대가 끝날 무렵이 되면 마야 문화는 다른 문화와 혼동되지 않는 고유의 모습을 띠게 될 것이다. 이 시대 중앙 분지들에서는[12] 계단식 경작지, 수로, 저수지, 치남파chinampa를 이용한 집약적 농업을 여러 곳에서 발전시킨다. 이는 고고학자들이 신권정치라고 명명해온 사회조직 형태가 출현한 덕분일 것이다. 전고전기가 끝났을 때 메소아메리카 문명의 기초가 자리를 잡게 되었고, 그때부터 그 문명의 주요 문화들이 형태를 갖추게 된다.

....

10 원문에는 '기원후 2000년'으로 표시되어 있으나, 기원후 200년의 오기로 바로잡는다.

11 토토나카(totonaca)인은 베라크루스주와 푸에블라주 북부에 거주하며 기원후 10세기 이후 전성기를 맞이하였다. 오늘날까지 토토나카어를 사용하며 관습을 지켜나가고 있다.

12 멕시코 유역(Cuenca de México)은 멕시코 분지(Valle de México), 쿠아우티틀란 분지(Valle de Cuautitlan), 아판 분지(Valle de Apan), 티사유카 분지(Valle de Tizayuca) 등 4개의 분지로 나뉜다. 4개 분지 가운데 하나를 지칭하는 멕시코 분지는 오늘날 멕시코시티 지역을 의미하는 반면 멕시코 중앙 분지는 4개의 분지를 통틀어 일컫는 말로 현재 멕시코 영토의 중앙부를 의미한다.

기원후 200년경 고전기período clásico가 시작될 때, 테오티우아칸Teo-
tihuacan 문화도 시작되어, 그 후 5세기 동안 넓은 지역으로 확장되었고, 그
영향력은 에스파냐인이 도착할 때까지 지속되었다. 고원지대의 중앙 분
지들에서 이루어진 집약적 농업과 예속된 마을들에서 받는 공물 덕분에
절정기의 테오티우아칸은 아마도 그 시기에 세계에서 가장 많은 인구가
사는 도시였을 것이다. 그때부터 지금까지 중앙 분지들은 멕시코 국경을
넘어설 정도로 광활한 영토의 정치경제적 지주로서의 중요성을 유지해
오고 있다.

　연결지점으로서 중앙 분지들이 누린 권력의 초기 기반은 자연환경
의 특징을 긍정적으로 활용한 데 있었다. 그들은 산재되어 있는 다수의
주민을 통제하는 사회조직 형태를 발전시키고, 메소아메리카 농업기술
을 활용함으로써 자연환경을 활용할 수 있었다. 다시 말해 금속 도구·쟁
기·바퀴 그리고 짐을 실어 나르는 동물 없이 상대적으로 소규모의 노동력
만으로 효율성 높은 집약적 농업이 이루어졌다. 치남파를 만드는 데 멕시
코 유역의 호수가 활용되었는데, 치남파에서 이루어지는 경작은 생산성
이 매우 높았으며, 단물층에 염수가 스며들지 못하도록 대규모 치수사업
을 했고, 호수들 자체가 교통로로 기능하여 유역에 자리 잡은 여러 지역
사이에서 사람과 물자의 이동을 쉽게 만들었다. 분지를 둘러싼 산자락에
는 계단식 경작지를 조성했고, 수자원 활용을 극대화하기 위하여 수로를
만들었다. 중앙 분지들은 지리적 위치 덕분에 매우 다양한 기후 지역에서
생산되는 산물의 집합소가 될 가능성을 얻게 되었다. 그러나 그런 기후
지역들이 멀리 있었던 것만도 아니었다. 점차 교역을 통해 다양한 생태적
지위가 서로 연결되었다. 군사력과 정치권력에 의해 교역이 강제되는 경
우도 있었다. 그러한 영속적 관계는 메소아메리카 문명의 가장 중요한 문
화적 전통 가운데 하나인 중앙 멕시코 지역의 문화 발달을 가능케 했다.

중앙 멕시코 지역은 매우 다양한 지역의 영향을 받아 자양분을 흡수했는데 때로는 평화적인 방식으로, 때로는 호전적인 방식으로 남쪽으로 넘어오곤 했던 아리다메리카[13]의 수렵인 및 사냥꾼들과 접촉하면서 메소아메리카 지역 북쪽 경계 너머의 영향을 받기도 했다.

그러나 중앙 멕시코 지역만이 메소아메리카 다른 지역과 밀접한 접촉을 통해 문화적으로 발전한 것은 아니다. 사실상 메소아메리카 지역의 모든 문화가 직간접적으로 상호 관련을 맺고 있었다. 특히 기원후 10세기 말 톨테카olteca인의 이주는 툴라Tula, 테오티우아칸, 촐룰라Cholula라는 주요 도시에 주목할 만한 영향을 미쳤고, 치아파스Chiapas주부터 온두라스Honduras와 유카탄 반도까지 이어지는 마야 지역 등에 근본적인 변화를 야기했다. 상당한 규모로 발전한 중심지들의 주변부에 위치한 마을의 지역문화가 보여주는 특징은 이웃 중심지들 이곳저곳의 특정한 문화적 특성과 연관되곤 한다. 918년경 치첸Chichén에 거주하고 있었던 이차itzá인들의 경우가 그렇다. 이차인은 타바스코Tabasco주 해안가에 기원을 둔 촌탈chontal인으로, 마야인과 톨테카인의 영향을 가시적으로 확인할 수 있는 고유문화를 가지고 있다. 농경이 기본적인 경제활동이 되어, 집단마다 가지고 있는 다양한 고유의 특성들 안에서 문명의 공통요소를 유지시키는 집단적 삶의 형태들을 만들어내면서, 초기 수천 년간 느리게 진행된 문화의 전개는 가속화된다. 고유의 윤곽을 가지고 역사적으로 출현하는 문화들 사이에서 이루어지는, 그리고 그러한 문화를 창조하고 발전시켜온 결과 이제는 서로 차별화되어 어느 순간 자율성을 갖게 된 마을들 사이에서 이루어지는 장기적이고 강도 높은 접촉 덕분에 메소아메리카 문

---

13 아리다메리카(Aridamérica)는 '건조한', '불모의'의 뜻을 가진 형용사 árido와 América의 합성어이다. 메소아메리카 경계 북쪽지역으로, 오늘날 멕시코 북부와 미국 남부의 건조 사막지대를 뜻한다.

명의 단일성이 마련될 수 있었다. 그 공통의 기원은 수많은 마을의 여러 신화와 전통에서 찾아진다. 그러한 사례 가운데 하나가 다음과 같은 『포폴 부』의 한 단락이다.

우리의 언어는 어떻게 되었나? 우리에게 무슨 일이 벌어졌는가? 우리는 길을 잃었다. 우리를 기만한 곳이 어디였을까? 우리가 툴란Tulan에서 왔을 때 우리의 언어는 하나였다. 우리가 존속하는 방법, 우리의 기원은 하나였다. 나무 아래, 덩굴 아래 부족tribus들이 말하길, 우리에게 일어난 일은 좋은 일이 아니다.[14]

폴 키르히호프[15]는 적확한 특징과 경계를 지닌 문화권으로서 메소아메리카를 처음 정의했다. 그는 매우 다양한 속성을 가진 수백 가지 문화적 요인의 분포를 바탕으로 메소아메리카의 정의를 제안했는데, 그러한 문화적 요소 가운데 일부, 말하자면 거의 절반 정도는 메소아메리카에서만(즉 북쪽으로는 파누코Pánuco강부터 레르마Lerma강을 지나 시날로아Sinaloa주까지, 남쪽으로는 모타과Motagua강 어귀부터 니카라과Nicaragua호수를 지나 니코야Nicoya만까지) 나타나는 반면, 나머지 다른 요소들은 아메리카 대륙에서 파악되는 문화권 이곳저곳에서 나타났다. 키르히호프의 선구적 연구는 유럽 침입 시기의 상황을 기준으로 삼은 것으로, 후속 연구들이 메소아메리카 경계가 유동적임을 보여줄 것이라고 키르히호프 스스로 예견했다. 그는 장기간의 발전 과정에서 각 시대마다 경계가 달라지는 북쪽

---

14 초판 번역본의 p.134를 참고하여 일부 수정하였다.

15 폴 키르히호프(Paul Kirchhoff, 1900~1972)는 독일에서 태어난 철학자이자 인류학자이다. 1937년 멕시코에 도착한 후 멕시코 국적을 취득하였고 사망할 때까지 멕시코에서 활동했다.

에서 경계의 유동성이 특히 확연해지리라고 생각했다. '옥수수 재배', '직물에 덧대는 장식용 토끼털', '특화된 시장', '상형문자', '치남파', '의례적 숫자 13'과 같은 수많은 문화적 특성과 너무나 다양한 의미가 확인되느냐 확인되지 않느냐를 따지는 것만으로는 하나의 문명을 특징화하기에 모든 면에서 불충분하다. 키르히호프는 그런 지적과 함께 다른 자료와 성찰을 제공하는데, 그 가운데 언어학적 자료에서 중요한 결론을 도출해낸다. 메소아메리카 언어의 분포가 한편에서는 이 땅에서 매우 오래된 언어임을 나타내고, 다른 한편에서는 그 언어들을 사용하는 메소아메리카 지역 경계 내 마을들 간의 지속적인 관계와 접촉을 보여준다는 점이다. 키르히호프는 다음과 같이 지적한다. "이 모든 것은 메소아메리카의 현실을 증명한다. 상대적으로 최근에 이주해온 거주민은 물론이고 아주 오래전에 이주해온 거주민도, 하나의 지역으로서 메소아메리카의 주민으로 공통적 역사 아래 묶여 있다는 점이다. 그 공통적 역사가 메소아메리카 거주민을 한 덩어리로 묶어서 아메리카 대륙의 다른 부족들과 대면하도록 한다."

유럽 침입 때까지 메소아메리카에서 발전해온 여러 문화와 테오티우아칸 문화 사이에 부정할 수 없는 연속적 관계가 있는 것과 마찬가지로, 7,000년 전 테우아칸 동굴에 살았던 수렵 채집 무리가 옥수수 재배를 발명한 것과 기원후 7세기 초 테오티우아칸의 번영 사이에는 실제로 연속성의 관계가 존재한다. 그러한 문화를 운반한 마을들이 서로 다른 언어를 구사하고, 서로 다른 이름으로 불린다는 것은 별개의 문제다. 메소아메리카 문명은 그 지역에서 동떨어진 외지의 문화적 요소가 스며든 결과가 아니라 해당 지역 고유의 경험이 축적된 발전의 결과이다. 이 책에서 간간이 등장하게 될 문제가 여기서 떠오른다. 원주민 문화들은 그런 경험을 운반하는 마을들이 처한 구체적인 조건들에 기본적으로 적응해왔으며—이것으로 문화의 다양성이 설명된다—이와 동시에 그들 각각의 독자성을 넘어 일체성이 표출되며, 그러한 일체성은 그들이 동일한 문명의 지평에 속해 있다는 사실로 설명된다.

실제로 거주 가능한 모든 땅이 식민지 시대 이전 언제에는 거주지였다는 사실도 강조할 만하다. 메소아메리카 문명은 매우 다양한 상황에 직면하면서 얻게 된 경험들로부터 자양분을 얻었다는 의미가 이러한 사실에 담겨 있다. 지역문화 발달의 토대가 된 생태적 지위의 다양성은 물론이고, 쉴 새 없이 그러한 생태적 지위들에 자리를 잡고 땅을 일군 마을들의 변화하는 특징이 폭넓은 경험의 스펙트럼을 만들어냈다. 유럽 침입과 식민 체제의 도입을 계기로 멕시코는 '발견되어야' 할 비밀과 모습을 가진 미지의 땅이 된다. 식민자의 시선은 원주민의 경험과 기억을 외면하듯이, 대대로 이 땅을 지켜보고 이해해온 원주민의 깊은 시선도 못 본 척한다.

아리다메리카라고 불리는 메소아메리카 경계 북쪽 영토를 차지하고 있었던 마을들도 역사적 접촉에 포함된다. 북쪽 경계는 불안정했고 유동적이었다. 메소아메리카 문화 계통에 속하지 않더라도 그 마을들은 남쪽 문명과 지속적으로 관계를 맺었고, 그 관계가 언제나 폭력적이었던 것은 아니다. 사실 북쪽의 수렵 채집인이었다가 이주하여 메소아메리카의 농경문화와 도시 문화에 동화된 메소아메리카 마을도 있었다. 아스테카azteca인들의 수호신인 우이칠로포츠틀리Huitzilopochtli는 메소아메리카 다신전에서 다른 신들과 구별되는 특징을 보여주는데, 북쪽 소규모 유목집단에서 유래하기 때문이다. 그 집단은 긴 여정 끝에 마침내 테노치티틀란[16]에 정착하여 태양의 민족el pueblo del sol이 되었다. 그리하여 메소아메리카와 그 북쪽에 거주했던 마을들을 구분하는 일이 식민지 시대 이전 멕시코의 일반적 상황을 이해하는 데 실질적이고 유용할지라도, 그 구분선은 근

---

16 테노치티틀란(Tenochtitlan)은 오늘날 멕시코시티 소칼로(Zócalo) 광장 자리에 건설되었던 아스테카의 중심지이다. 14세기 전반기에 건설된 것으로 추정한다.

원적으로 다른 두 개의 세계를 떼어놓는 장벽이 아니라 열대지역의 유동적인 경계로 이해되어야 한다. 열대지역의 기후적 조건 덕분에, 사용 가능한 기술을 바탕으로 농경에 의존하는 생활이 가능해졌다. 특히 풍부한 강수량이 농경 생활을 가능하게 하는 데 크게 기여했다. 여기에는 자연히 문화의 수많은 결에서 나타나는 차이가 함축되어 있지만, 고립이나 문화적 관계의 결여를 내포하지는 않는다. 북쪽 수렵 채집인의 경험은 메소아메리카 문명과 동떨어져 있지 않다.

현재 (지역 간 구분, 북쪽과 남쪽의 대비, 고원지대와 해안가 지역의 대비, 고지대 중앙 분지들의 우세로) 멕시코를 형상화한 바탕에 지리적 다양성이 뚜렷하게 존재하고 있다 해도, 오늘날 멕시코의 모습은 무엇보다도 수천 년에 걸친 문화적 역사의 결과이다. 그 역사가 남긴 깊은 흔적은 최근 500년의 변화 속에서도 지워지지 않았다. 지난 500년 동안의 변화가 가져온 결과를 부정하지는 않는다. 다만, 마치 문화적 공백 상태에 그런 과정이 접목되었다는 듯이 유럽 침입 이후부터 펼쳐진 과정이 그러한 변형을 가져온 유일한 원인이라고 여기지 않는다는 점을 강조하는 것이다. 그런 변형은 언제나 같은 장소에서 수백 년 동안 일구어온 문화적 유산을 보유한 인간 집단에게 새로운 힘이 행사된 결과이다. 그 힘에 대해 인간 집단들은 각기 다른 형태로 제 나름의 반응을 하게 된다.

현재 멕시코 영토에서 수천 년간 이어져온 인간 존재가 **하나의 문명을 만들었다**는 사실에 주목해야 한다. 여기에는 깊은 중요성을 지닌 의미가 함축되어 있다. 한편에서는 식민지 시대 이전, 과거에 존재했던 다양한 문화들과, 그 이후 변형되기는 했으나 그 문화의 연속선상에서 오늘날 존재하는 문화들이 단일한 문명화 과정의 결과라는 점을 지적하는 것이다. 그러한 단일한 문명화 과정이 차이와 독자성을 넘어서 문화들에 기본적인 일체성을 부여한다. 다른 한편에서는 문명을 말할 때, 그 문명을 공유한 모든 마을의 역사적 프로젝트가 나가야 할 근본적인 방향을 제시하고 공통적인 기반을 제공할 만큼 충분히 고도의 복잡성을 갖춘 (광범위하고 포괄적 의미에서) 문화적 발전 수준을 참조하고 있다. 동떨어져 있는 문화적 특성들이 단순히 덧대어서 어느 정도 풍요롭다는 이야기를 하려는 것이 아니라, 인간행위에 초월성과 의미를 부여하며, 어떤 식으로든 인간을 자연과 우주와의 관계 안에 놓고, 인간의 목적과 가치에 일관성을 부여하는 인간 삶의 보편적인 계획에 관한 이야기다. 그러한 계획 덕분에 인간은 문명의 깊은 의미를 상실하지 않으면서도, 그 문명을 현재화하면서 역사의 화신avatar에 따라 끊임없이 변화해나가게 된다. 메소아메리카 문명은 불변하지는 않지만, 영속적이고 안정적인 커다란 틀과 같다. 그 틀 안에서 다양한 문화가 자리 잡고, 다양한 역사가 이해 가능한 것이 된다. 그것이 다름 아닌 하나의 문명이다. 이곳에서 수천 년 동안 세대를 거듭하며 일하고, 사유하고, 꿈꿨던 이들이 창조해낸 것이자, 그들이 우리에게 물려준 것이 바로 그 문명이다.

그 기나긴 문명화 과정에 대한 증언이 사방에서 우리를 둘러싸고 있다. 항상 우리 앞에는 물질적 흔적, 지각하는 방법, 어떤 사물들을 만드는 방법, 이름, 음식, 얼굴이 있다. 그 모든 것들이 수세기에 걸쳐 이곳에서 창조된 것들의 역동적인 연속성에 대해 우리에게 되풀이해서 들려준다. 그것들은 물건도 아니고, 말할 수 없게 만들어진 존재들도 아니다. 우리가 그들에게 귀 기울이지 않으려고 완고하게 고집을 부리고 있을 뿐이다.

인간화된 자연

　멕시코에서는 인간의 손이 닿지 않은 땅을 찾기 어렵다. 오래전 이 땅을 스쳐 지나간 인간의 흔적을 어디서나 마주칠 수 있다. 거대한 도시가 남긴 장엄한 유적지부터 자연히 생긴 것처럼 보이는 언덕배기 아래 작은 촌락의 소박한 흔적까지, 버려진 옛 주거지가 수천 개 있다. 오늘날 멕시코에서 사람이 모여 사는 곳 대부분은 유럽인의 침입 이전 수세기 전부터 계속 그곳에 있었다. 더 이상 사용하지 않는 옛 수로가 있고, 경작지로 사용되기도 하고 관광지로 바뀌기도 한 치남파가 여전히 있다. 중앙과 남부 산악지역에서는 경사가 심한 산자락에서 농사를 지을 수 있게 해주었던 계단식 경작지에 해가 들고 기우는 모습을 볼 수 있다. 크게 힘 들이지 않고도 천 년 전 마야인이 걸었던 길의 여러 구간을 거닐 수 있다. 텍스코코Texcoco 근처 테스쿠친고[17]의 수로처럼 놀라운 규모의 관개시설들이 있는데, 수백 개의 동굴과 수원지에는 대대로 행해온 의례의 흔적이 있다. 어떤 의례들은 여전히 정기적으로 거행된다. 멕시코 곳곳에 퍼져 있는 토기, 흑요석 칼, 돌로 만든 조각상이나 흙으로 빚은 토기 조각들이 아주 오랜 과거부터 인간이 이곳의 자연과 맺어온 관계를 증언한다. 그러한 쉼 없는 활동이 우리의 경관을 바꾸어왔다. 극적인 형태의 변화도 있었지만, 대부분은 섬세하고 느리지만 지속적인 형태의 변화였다.

　자연의 변형은 인간 삶을 발전시키는 데 적합하게 만든 공간의 창조를 포함한다. 경작지 대부분에서는 천년 전 본래 식생이 사라졌다. 농부는 경작이 가능하도록 세대를 거듭하며 끈질기게 경작지의 표면을 골랐다. 가늘고 길쭉길쭉한 옥수수대가 해안가부터 해발고도 3,000미터까지

17　테스쿠친고(Tezcutzingo)는 15세기 초 텍스코코(Texcoco)의 통치자인 네사우알코요틀(Nezahualcóyotl, 1402~1472)이 만든 정원이다.

야금야금 경관을 차지해왔다. 옥수수는 이 땅에서 인간에 의해 발명된 식물이다. 옥수수는 수백 년 전부터 멕시코 영토 대부분을 호령한다. 유심히 관찰해보면 메소아메리카 계통의 농민공동체 어디에서든 옥수수가 인간에게, 인간이 옥수수에게 쌍방향으로 적응한 것을 금방 알 수 있다. 가령 가옥의 밀집도는 옥수수 재배를 위해 지역별로 필요로 하는 바에 따라 달라진다. 가옥은 소규모 마을에 밀집되어 있는 경우가 많은데, 그런 곳에서는 인접하는 대지들이 일직선으로 뻗은 길이나 구불구불한 길을 따라 늘어서 있는 반면, 가옥이 경작지 사이사이에 하나씩 떨어져서 분산되어 있는 곳도 있다. 이러한 인간 정주 형태의 차이는 경작지의 모양과 기복, 기후, 물을 끌어올 수 있는 방법 등 옥수수 재배 요건에서 비롯된다. 가옥의 내부 구조 자체를 통해서도 옥수수의 중요성을 알 수 있다. 집안에는 언제나 옥수수를 보관하는 장소가 있고, 그 장소의 형태와 건축 방법은 지역에 따라 다르다. 사용할 수 있는 건축자재, 기후 조건, 위협적인 동물이 무엇이냐에 따라 적응한 결과이다. 또한 옥수수 타작을 위한 장소도 마련되어 있다. 타작은 가족 구성원 모두가 돕는 일상적 일로, 가족관계의 친밀함을 높이는 계기가 된다. 또한 주식이자 필수적인 음식인 토르티야tortilla를 만드는 맷돌과 아궁이가 가정에서 중요한 자리를 차지한다. 그곳에서 여성들은 여명이 밝아오기 전부터 오랜 시간을 보내고, 가족들은 음식을 먹고, 이야기를 나누고, 일을 상의하러 둘러앉는다. 여전히 멕시코 여러 지역의 특징을 보여주며 영토를 나누는 굵직한 선부터 가옥 내부 공간을 나누는 가느다란 선까지, 결국 모든 공간은 수백 수천 년 동안 단련되어온 옥수수와 결정적인 관계를 맺는다.

    메소아메리카 문명은 여러 가지 유용한 야생식물을 작물화하고, 옥수수와 함께, 옥수수 주위에 그 작물들을 재배하기 시작했다. 밀파[18]에는

---

18 밀파(milpa)는 메소아메리카 문명의 전통적인 농경 시스템으로 오늘날까지 이어

콩, 호박, 고추를 비롯하여 일상적 식단에 오르는 작물들이 계속 뒤엉켜 있다. 용설란은 고지대의 경관에서 눈에 띄는데, 경계를 표시하는 울타리로 사용되고 경사면의 침식을 막는 역할을 한다. 이 밖에도 아코스타[19] 신부가 "말할 수 없이 다양하게 사용되는 경이로운 나무"라고 표현할 정도로 다양한 쓰임과 활용 방법이 있다. 노팔[20]은 주로 용설란과 함께 자라며 거친 풍광을 연출한다. 멕시코 곳곳에서 인간의 필요에 부응해온 식물이 재배된 지 수천 년이 되었다. 그런 식물들의 목록은 경이로울 정도인데, 토마토, 카카오, 담배, 아가카테, 면화처럼 세계 각지에서 일상적으로 소비되는 작물부터 알레그리아처럼 과거에는 굉장히 중요했지만 이제는 많이 재배되지 않고 쓰임도 줄어들어서 좁은 틈새를 비집고 나와 겨우 잎을 틔우는 식물들도 있다. 열대의 습한 지대, 고원지대의 분지, 북쪽의 반건조기후 지대 또는 유카탄 반도의 석회암 지대 어디든 인간의 손길과 지적 능력으로 오랜 기간 변형되어온 식생 즉, 수차례 발명된 경관을 만나게 될 것이다. 깊은 밀림과 숲속에조차 인간에 의해 분포와 밀도가 좌우되는 식물종들이 있다. 인간이 그런 종을 재배해서가 아니라 수세기 전부터 그 쓰임이 알려진 종을 보호해왔기 때문이다.

동물도 인간에게 적응하느라 변화를 겪었다. 인간 세계에서 가축화된 몇 개의 종은 인간의 보살핌이 없으면 생존이 어렵다. 칠면조와 개과에 속하는 몇 종이 그렇다. 다른 많은 동물이 유럽인들과 함께 도착했고

진다. 옥수수를 중심으로 콩과 호박 등을 다종 경작한다.

19 호세 데 아코스타(José de Acosta, 1540~1600)는 예수회 수도사로 1571년 아메리카 대륙에 도착했다. 1590년 오늘날 멕시코와 페루 지역 원주민의 생활상을 기록한 『인디아스의 자연과 도덕의 역사*Historia natural y moral de las Indias*』를 출간하여 인류학자이자 자연사학자로서의 업적을 남겼다.

20 노팔(nopal)은 선인장과의 다육 식물로 그 열매가 백년초이다. 멕시코에서는 열매뿐 아니라 줄기도 흔히 먹는다.

금방 시골 삶의 일부가 되었는데, 메소아메리카 문명은 이 동물들을 자기 것으로 만들 수 있는 문화적 공간을 갖추고 있었기 때문이다. 야생동물을 쫓고, 사냥하고, 유인하는 방법이 수세기 동안 계속 사용되어서, 동물들의 자연적 분포에 영향을 미쳤고 개체수의 규모도 상당히 변화시켰다.

소금, 점토, 돌, 모래와 같은 광물의 활용도 수천 년에 걸친 과정이며, 그 과정도 멕시코의 경관을 인간화시키는 데 기여해왔다. 즉 그 경관을 변형시키고, 그것을 인간의 삶에 가장 적합하게 만들어왔다. 지금도 사용되는 많은 정주지와 도로는 소금을 구할 수 없는 지역에서 소금을 얻으려는 필요에서 나타났다. 이미 수십 년 전 미겔 오톤 데 멘디사발[21]은 식민지 시대 이전 소금 교역의 중요성에 주목한 바 있다.

멕시코 마을들이 자연과 관계 맺고, 자연을 활용하고, 자연을 일상적으로 변형시켜온 매우 다양한 방법은 대부분 인간과 자연 사이에 수천 년에 걸쳐 무수히 맺어온 상호관계의 결과가 낳은 특징이다. 오늘날 멕시코의 자연환경, 우리의 주거지에 반드시 갖춰져 있는 부분처럼 우리의 기억 속에 남아 있는 경관들, 너무 익숙해서 눈에 잘 띄지 않는 식생, 땅의 기복, 땅에 정주하는 형태에서 그런 상호관계를 목격할 수 있다. 그런 상호관계도 변화해왔는데, 근대에 접어들어 변화가 가속화된 것처럼 보이지만 깊은 연속성이 존재한다. 그러한 연속성이 우리를 여기 이 땅에서 자연과 함께 발달해온 문명화 과정의 일부가 되게 한다. 오늘날 우리가 차지하고 있는 이 영토가 오래전 기원이 되는 문명이 꽃피운 바로 그 땅이라는 단순한 이야기를 하는 것이 아니다. 자연과의 관계와 그 관계가 함축하는 모든 것이 오늘날 중요한 문제로 나타난다. 그 문제에 대한 적절한 해결책이 멕시코의 미래를 상당 부분 좌우한다. 다시 말해 우리 멕

---

21 미겔 오톤 데 멘디사발(Miguel Othón de Mendizábal, 1890~1945)은 멕시코 인류학자이다.

시코인은 우리를 둘러싸고 있는 자연과 조화롭고 상생적인 관계를 맺기 위해 다양한 방법으로 메소아메리카 문명의 요소에 의지하고 있는데, 그 방법은 겉에서 한눈으로 보는 것보다 훨씬 더 복잡하고 풍부한 무언가를 드러낸다. 즉 뒤처진 상태로 — 혹은 뒤처졌다는 이유로 — 그저 명맥만 유지하고 있는 케케묵고 동떨어진 기술이 단순히 '존속'하고 있다는 이야기가 아니다. 그런 기술이 존속한다는 것은 지식이라는 자산과 연결되어 있기 때문이다. 그런 기술은 수세기 동안 축적되고 체계화된 경험의 결과이자 세계를 응시하고 자연을 이해하는 고유의 방법, 깊숙이 뿌리내린 가치 체계, 사회조직의 독자적 형태, 일상생활과 일치하는 세계관과 일치한다. 다시 말해, 그것은 살아 있는 문화의 일부이다.

이름 붙이기: 창조의 행위

원주민 언어 한 가지도 제대로 구사하지 못하는 우리 멕시코인은 경관의 의미를 제대로 이해할 수 있는 가능성을 상실했다. 우리는 언덕, 강, 마을, 나무, 동굴, 지형의 이름을 기억하지만 그 이름들이 보내는 의미를 잡아내지 못한다. 이곳에 이름 없는 땅은 없다. 성인과 성모, 바다 건너 고향, 다양한 맥락에서 탄생한 영웅들을 각각 자기 시대의 상징으로 만들어서 영원한 기억으로 남기고 싶은 마음에, 에스파냐 왕실과 멕시코 공화국은 그들의 이름을 따서 지명을 지으려고 애를 썼지만, 많은 경우 원주민 언어들로 된 지명이 공식 지명이 되었다. 초기에 원주민 언어들을 발음하려고 노력하는 과정에서 수많은 고유명이 그로테스크하게 변형되었다. 가령 우이칠로포츠코는 추루부스코[22]로, 쿠아우나우악은 쿠에르나바카[23]가 되었다. 복음화 정책이 남긴 효과로 수많은 장소의 본래 이름이 성인들의 성으로 바뀌었다. 멕시코 공화국은 고유명 목록을 수정하는 작업을 폭넓게 하지는 못했지만, 저돌적으로 추진한 결과 일부 이름을 완전히 다른 것으로 대체했다. 성인과 달리 영웅들은 자기 성을 가지고 있었기 때문이다. 우리 지리의 고유명을 바꾸려고 5세기 동안 공을 들였지만 지식과 증언의 제3의 수장고처럼 그 이름들은 여전히 여기에 있다. 원주민 언어와 우리의 관계가 실질적으로 변할 때만 그 수장고는 많은 멕시코인의 손에 닿을 것이다.

명명하기가 이해하기이자 창조하기라는 사실이 이러한 문제의 배경에 있다. 이름을 가지는 것은 의미를 가지는 것이다. 혹은 무언가를 의미하는 것은 필연적으로 이름을 갖게 된다고도 할 수 있다. 지명이 풍부하다는 것은 지리에 대한 지식을 갖추고 있다는 뜻이다. 많은 지명이 해당 장소를 정확히 묘사하며, 어떤 지명은 그 장소의 특징을 보여주는 특정한 자연적 요소의 풍부함을 담고 있다. 그러나 우리의 지리는 역사이기도 해서, 지명은 그 점을 일깨운다. 지명은 그 장소에서 일어나는 일을 지시할 수도 있고, 인간사에서 벌어진 일을 지시할 수도 있다. 가옥, 텃밭, 경작지도 이름을 가지고 있는 경우가 많은데, 그 고유한 특징을 지시하기도 하고, 용도나 소유자를 나타내기도 한다. 멕시코의 어떤 지역에서는 2개 이상의 원주민 언어로 된 지명이 동시에 사용되기도 한다. 서로 다른 언어를 사용하는 마을들이 차례로 그 지역을 차지했거나, 한 집단이 다른

---

22 우이칠로포츠코(Huitzilopochco)는 식민지 시대 이전 메시카인들의 주요 도시국가 가운데 하나로, 오늘날 멕시코시티 남쪽 주택가 지역인 추루부스코(Churubusco)에 해당한다.

23 쿠아우나우악(Cuauhnáhuac)은 나우아어로 '나무로 둘러싸인 곳'이라는 뜻으로, 1529년 에스파냐 정복자 에르난 코르테스(Hernán Cortés, 1485~1547)에게 후작령으로 하사되었다. 연중 따듯한 날씨로 '영원한 봄'이라는 별칭으로 불리며, 오늘날 멕시코시티 외곽 남쪽에 위치한 도시 쿠에르나바카(Cuernavaca)이다.

언어를 사용하는 집단에 의해 지배받은 결과인데, 나우아인이 영토 확장을 한 지역에서 그런 경우가 종종 발견된다. 그럼에도 불구하고 이런 상황에서도 자기 언어를 보존하고 있는 지역 주민은 그들 고유의 고유명 목록을 사용하지, 지배세력이 어디에서 왔던 그들이 도입한 고유명을 사용하지 않는다.

에스파냐어만 구사하는 멕시코인이라 하더라도 공통어에는 원주민 언어에서 유래한 어휘가 대단히 많다. 원주민 언어에서 유래한 어휘 다수가 일반적으로 사용되며, 에스파냐어 이외의 다른 언어권에서도 외래어로 자리 잡았다. 멕시코 원산지의 산물을 지시할 때 원주민 어휘가 사용되기 때문이다. 그러나 이런 현상은 에스파냐어가 사용되는 각지의 상황에서 더욱 흥미로운데, 각 지역에서는 에스파냐어로 된 이름이 있으면서도 원주민어 어휘를 사용한다.

이런 두터운 용어는 우리를 둘러싸고 있는 자연에 이름을 붙이고 의미를 부여하며, 그 의미를 드러내고, 다수의 원주민 언어의 의미론적 맥락에서 그 의미를 이해할 수 있게 해준다. 이는 멕시코의 깊은 문명을 창조하고 보존해온 마을들이 선조 대대로 그러한 자연을 전유해온 확고한 증거이다. 이제 겨우 그러한 어휘의 유래를 연구하기 시작했는데, 이런 연구는 메소아메리카인이 채택해온 다양한 원리와 코드에 담겨 있는 특별한 중요성을 알려줄 것이다. 그러한 원리와 코드는, 메소아메리카인 자신이 자리 잡고 있으며 그 일부를 이루는 자연세계를 분류하고 이해하기 위해 채택해온 것들이다. 이미 발표된 조사결과들을 통해 그런 이름들에 의미를 부여하는 지식의 풍부함을 짐작해볼 수 있게 되었다. 옥수수라는 식물을 이루는 여러 부분, 옥수수의 변종들, 옥수수의 성장 단계를 지칭하는 용어들을 비교하면 그런 조사결과에서 나타난 원주민 언어들이 에스파냐어보다 훨씬 풍부한 용어를 보유하고 있음을 알 수 있다. 그런 용어는 옥수수의 식물학적 특징에 대한 더 정확한 지식을 바탕으로 훨씬 세분화된 분류를 보여준다. 다른 한편에서는 몇 가지 메소아메리카 언어로 조사된 식물학 용어들 덕분에 분류의 바탕이 되는 원리들의 지식에 진지하게 접근할 수 있게 되었다. 인체와 인간의 질병, 동물계, 지표면과 천체에 관한 어휘들에서 점점 모습을 드러내는 원리들과 함께, 식물을 분류하는 원리들은 메소아메리카 문명 내부에서 우주를 어떻게 이해하고 있는지 알 수 있게 해줄 것이다. 다른 한편에서는 인간과 자연이 맺는 관계의 구체적인 방법을 가장 잘 이해할 수 있게 해주는 것이기도 한다.

의미와 응집력을 상실하고 흔적만 남은 죽은 고유명 목록이 아니라는 사실을 되새겨야 한다. 오히려 그 목록은 살아 있는 언어와 상응하는 동시에 그 목록의 기원이 되는 의미론적 장 안에서 중요한 의미를 유지하고 있다. 그리하여 결과적으로 메소아메리카 문명의 지식을 표현하고 응집시키는 언어 체계로서 힘을 유지한다. 사물의 이름이 반복되는 연속성 덕분에 그 언어가 피해갈 수 없는 변형은 순조롭게 이루어진다. 그러한 변형은 현실의 끊임없는 변화를 향한 응답이다. 이름들은 언어학적 변화가 사유의 기본 틀을 깨지 못하게 막는 확고한 참조점과 같다. 세계를 이해하고 그 세계에 자리를 잡을 수 있었던 것은 그러한 사유 덕분이었다.

부정당한 얼굴

자연의 변형과 자연에 붙여진 이름이 수천 년을 이어온 문명의 현존을 매 순간 거부할 수 없게 증언한다면, 인간과 그들의 얼굴에 대해서는 무슨 말을 할 수 있을까? 한 가지는 분명하다. 멕시코인 대부분이 원주민의 후손임을 선명하게 보여주는 신체적 모습을 가지고 있다는 사실과 유전자의 연속성 자체로 메소아메리카 문명의 연속성이 입증되지는 않는다는 것이다. 문화는 피부색이나 코의 모양처럼 계승되는 것이 아니다. 사회적 과정과 생물학적 과정이라는 서로 다른 결을 가진 과정이다. 그렇다고 연관성이 없는 현상들도 아니다. 멕시코 주민들에게 나타나는 특정한 신체적 특징들을 객관적으로 관찰해보면, 예를 들어 피부색을 관찰해보면, 상대적으로 밝은 피부를 가진 사람들이 골고루 분포되어 있는 것이 아니라 특정 사회집단에 집중되어 있다는 점을 알게 된다. 신체적 특징을 이처럼 편향적으로 분포하게 만드는 생물학적 재생산 과정은 결국 사회문화적 결정요소에 좌우된다. 그러한 요소들이 우리 역사는 물론이고 현재의 일부를 이룬다. 이점에 대해 몇 가지 문제를 살펴볼 필요가 있다.

일반적으로 멕시코는 문화적 측면만큼 생물학적 측면에서도 메스티소 국가라고 알려져 있다. 신체적 특징이라는 관점에서 보자면 사실 혼혈mestizaje은 멕시코 주민 대부분에게서 찾아볼 수 있다. 혼혈의 정도가 다양하고, 많은 집단에서 원주민의 특징이 우세하게 나타나기는 하지만 신체적 특징상으로 혼혈은 일반적인 현상이다. 초기에는 유럽인, 아프리카인, 혼혈의 일부를 차지하는 다른 출신지 사람들 모두를 합친 것보다 원주민 인구가 압도적으로 많았다는 점에서 그 원인을 먼저 찾을 수 있다. 유럽 침입 시점에 멕시코 영토의 인구가 2,500만 명으로 추정된다는 점을 떠올려야 한다. 비록 그 수치는 식민 체제 초기 수십 년 동안 급격히 감소했으나, 20세기 들어서 2,500만 명 인구를 회복함에 따라 원주민이 멕시코 주민의 기본적인 신체적 구성 요소에 유전적으로 기여한 것은 분명한 사실이다. 부정할 수 없는 이런 사실 너머에는 원주민의 특징이 주민 대다수에게는 두드러지게 나타나는 반면, 지배계급을 이루는 집단에서는 매우 제한적으로 나타난다는 또 다른 사실이 있다. 이러한 사실에서 혼혈이 고르게 발생하지 않았고, 우리가 자주 떠들고 다니는 인종적 민주주의democracia racial와는 거리가 멀다는 점이 확인된다. 그러한 차이들은 거의 5세기 전부터 우리 현실의 가장 깊은 곳에 표식을 남긴 역사적 사실에서 비롯되었다. 바로 식민사회의 성립이다. 식민사회의 본질은 예속된 마을들과 지배사회 사이의 차별화에 있다. 식민 질서는 식민화된 마을들과 비교하여 모든 점에서 지배사회가 우월하다는 이데올로기를 긍정하는 데서 출발하므로 이러한 구분은 필수불가결하며 인종적 대조를 포함한다. 그 이데올로기에는 당연히 인종적 우월성도 포함되어 있다.

생물학적 혼혈은 어느 정도든 식민사회 전역에서 발생하지만 사회적으로 이를 인정하려 하지 않거나, 사회적으로 받아들여진 경우에는 메스티소에게 사회계층 내부의 종속적 지위를 부과한다. 노예제 사회에서 여성 노예의 자식은 피부색이 어떠하든, 혼혈임을 보여주는 다른 증거들이 무엇이든 노예가 될 것이다. 현대에 들어서서도 어느 개인이 사회적 법률적으로 원주민이라는 조건에 있음을 규명하기 위하여 원주민의 피가 몇 퍼센트 섞여 있는지 수치화하려 했던 적이 있다. 미국에서도 그러하다. 누에바에스파냐의 식민 체제는 원주민, 흑인, 에스파냐인이 얼마나 섞여 있는지에 따라 형식적으로 카스트를 구분했고, 카스트마다 서로 다른 권리, 의무, 금지사항이 적용되는 서열이 매겨졌다. 생물학적 혼혈의 범위가 얼마나 넓든 얼마나 협소하든 식민자 사회는 그들의 인종적 우월함을 이데올로기적으로 긍정하기를 멈추지 않았고, 신체적 특징의 차이를 부각시켜 표식을 남기려는 일도 멈추지 않았다. 그러한 신체적 특징의 차이가, 다양하게 구성된 피지배 마을들 전체로부터 자신들을 구분시켜 주었다. 생물학적인 차원과 문화적인 차원에서 이루어지는 이러한 식민적 분열은 19세기 내내 뜨거운 쟁점으로 남았고, 앞으로 자세히 살펴보겠지만 현재까지 이어진다.

정도는 다르지만 대부분의 주민층에게서 나타나는 혼혈이 함축하는 의미 즉, 다수의 집단에서 원주민의 특징이 절대적으로 우세한 반면 그 외 집단에서는 그런 특징이 나타나지 않거나 매우 흐릿하다는 사실이 함축하는 바에 주목하려 한다. 주민 대다수가 원주민의 얼굴을 가졌다는 점은 원주민의 특징이 우세하게 전해지도록 했던 사회조직 형태가 5세기에 걸쳐 존재했음을 의미한다. 그러한 조직 형태는 문화적 연속성도 가능하게 했다. 이것은 식민적 격리의 결과였는데, 원주민 인구의 생물학적 재생산을 가능하게 하고, 어쩔 수 없이 그들 고유문화의 일정 영역을 유지시키려고 사회적 공간을 설치하여 분리한 것이었다. 식민지배에 수반되는 모든 결과와 함께 이러한 연속성이 그 틀 안에서 일어났다. 즉 주로 폭력의 결과물이었던 생물학적 혼혈과 함께, 다양한 형태의 억압, 강제적 도입, 부정을 여러 방법으로 피하거나 직면해야 했던 문화적 영속성이 나타났다.

이러한 관점에서 보면, 멕시코가 가진 메스티소라는 조건에서는 '인종적 민주주의' 가설이 제시하는 것보다는 덜 단순화하고 덜 회피하는 해석이 가능하다. 첫 번째 논제는 메스티소에 관한 것이다. 이 점에 관해서는 다른 장에서 논의를 진전시킬 것이기에 몇 가지 아이디어만 앞서 언급하려 한다. 오늘날 비원주민, 농민, 도시민 대부분을 이루는 멕시코 메스티소 인구의 대다수는, 우리가 당연히 원주민이라고 생각하는 공동체 구성원과 겉모습으로 쉽게 구분되지 않는다. 유전적 관점에서 보면 원주민이나 메스티소나 메소아메리카에서 유래된 외형이 우세하게 나타나는 혼혈의 결과물인 것은 매한가지다. 따라서 근본적으로 다른 혼혈의 역사가 '원주민'과 '메스티소' 사이의 사회적 차이를 만든 것이 아니다. 메스티소는 탈원주민화desindianizados된 원주민 집단으로 이루어졌다는 점에서 이 문제를 명확하게 바라볼 수 있다. 탈원주민화는 혼혈과는 다른 과정이다. 혼혈은 생물학적 현상을 가리키는데, 이와 다른 속성을 지시할 때 '문화적 혼혈mestizaje cultural'처럼 혼혈이라는 용어를 사용하게 되면, 비생물학적 과정을 이해하는 데 부적합한 잘못된 비전을 소개할 위험이 있다. 가령 식민지배의 맥락에서 서로 접촉하게 된 여러 집단의 문화들 사이에서 발생한 비생물학적 과정을 생물학적으로 이해하는 착오를 범할 위험이 있다.

반대로 탈원주민화는 자기 정체성을 거부하게 만드는 역사적 과정이다. 고유문화에 기초를 두고 근본적으로 구별 가능한 독자적 정체성을 가진 주민집단이 사회조직과 문화에서 초래되는 모든 변화와 더불어 자기 정체성을 거부하게 된다. 탈원주민화는 생물학적 혼혈의 결과가 아니라 인종말살이라는 행위가 낳은 결과물이다. 인종말살이라는 행위는 사회문화적으로 차별화된 단위로서 한 마을의 역사적 연속성을 끊어버리고야 만다. 많은 문화적 특징이 탈원주민화된 집단성 안에서 현존할 수 있다. 사실상 전통적 '메스티소' 농민공동체의 삶의 양식이 보여주는 문화적 레퍼토리를 세심하게 관찰한 후, 그것을 원주민공동체와 비교해보면 주거, 식생활, 밀파 농업, 의학적 행위, 사회생활의 다른 많은 장에서 이루어지는 실천들이 서로 다르기보다 비슷한 부분이 많다는 점을 쉽게 확인하게 된다. 언어에서도 원주민의 과거 흔적을 발견할 수 있을 텐데, '메스티소' 공동체가 사용하는 지역 에스파냐어에는 메소아메리카에서 유래한 어휘가 상당히 많을 것이다. 그렇다면 차이는 무엇인가? 일부는 원주민이고 누구는 더 이상 원주민이 아니라는 사실은 무엇에 기반하는가? 이런 질문에 대한 상세한 답변은 뒤로 미루고 지금은 한 가지 점만 지적하려 한다. 거의 5세기 전에 시작된 탈원주민화 과정으로 메소아메리카 주민 대부분은 더 이상 자신을 특정 원주민 집단의 구성원이라고 여기지 않게 되었다는 점이다. 이 과정은 대부분 강압적인 메커니즘을 통해 이루어졌다. 그러면서도 자신을 특정한 문화적 유산의 계승자로 간주하여 그러한 문화적 자산(자연자원, 사회조직의 형태, 지식, 상징체계, 동기유발 등)의 모든 구성 요소에 대해 독점적인 결정 권한을 가진다고 여긴다. 이것이 탈원주민화 과정의 정점이다. 이미 지적했듯이, 연속성을 유지할 수 있는 영역을 제한하고 고유문화의 발전을 저해하기는 할지라도 이것이 반드시 문화 전통의 단절을 함축하지는 않는다.

유럽 혈통의 신체적 특징과 사회경제적 특권집단 사이의 상관관계에 관한 논제가 남아 있다. 당연히 서로 다른 신체적 특징을 가지는 집단들 즉, 인종적 집단 사이의 '자연적' 우월성과 열등성의 일반개념이 개입되는 설명은 지워졌다. 역사는 그런 발상에 자리를 내주지 않았다. 때로는 유혈이 낭자한 고통 속에서 그렇게 했다. 바로 그 역사 덕분에 우리는 뒤엉킨 실타래를 풀어나갈 수 있다. 즉 위계적 구분에 바탕을 두고 사회를 조직했던 식민지 시대가 한 번 더 실마리가 되어준다. 식민지 시대의 바탕에 있었던 위계적 구분에서는 일부 신체적 특징이 기본적으로 집단과 개인을 파악하는 사회적 요소로 사용되었다. 이러한 옛 지배구조와 그에 해당하는 이데올로기가 현재 우리 현실의 많은 영역에서 여전히 유효하다. 부와 권력을 넘겨받은 집단의 특권을 인종적 차이들에서 가시화된 자연적 우월성에 의한 필연적 결과라고 정당화하는 경향이다. 서구 기독교 백인 혈통에 속한다고 떠벌리며 새롭게 떠오른 메트로폴리탄들을 마주한 상태에서 종속과 신식민주의는 그런 특권집단들이 기대고 있는 인종주의적 이데올로기를 강화시킨다. 그런 이데올로기를 감추려는 말들은 맥을 추지 못한다. 아름다운 겉모습에 대한 이상형, 차별적 언어, 그런 집단들이 보여주는 일상적 태도와 열망은 그들의 인종주의적 배경을 적나라하게 보여준다.

이런 인종주의에는 특정한 신체적 특징과 피부톤에 대한 선호 이상의 것이 담겨 있다. '우리'를 이루는 기본적인 부분에 원주민적인 것이 존

　　　　　　　　　　　　　　1부 부정당한 문명

재함을 부정하며 그것을 차별하는 행위에 담긴 의미는, 갈색피부를 꺼린다는 것보다는 원주민 문화를 거부하는 것에 더 가깝다. 모두 멕시코의 원주민 얼굴을 감추고 외면하고 싶어 한다. 왜냐하면 메소아메리카 문명과의 실질적 연관성을 받아들이지 않기 때문이다. 우리의 원주민 선조라는 확고하고 회피할 수 없는 현존은 우리가 보고 싶어 하지 않는 우리의 모습을 비추는 거울이다.

II. 인정받은 원주민

멕시코의 원주민성indianidad 문제를 회피하는 여러 갈래의 길 가운데 하나는, 이데올로기적으로 국가의 주민 가운데 일부를 나머지 주민들의 유일한 담지자로 바꾸는 것이었다. 그리하여 그들이 먼 과거부터 존속해오고 있다고 어찌됐든 용인한다. 원주민이라고 총칭되는, 법령에 의해 사망 선고가 내려진 문명의 명백한 부조리를 그렇게 해소시킨다. 사망 선고가 내려진 문명에서 남은 것은 무엇인가? 그것이 원주민들이다.

그리고 그들은 실제로 여기에 있다. 원주민 밀집 지역에서 그들은 겉으로 드러나는 표식을 통해 원주민으로 파악될 수 있다. 그들이 사용하는 옷, 그들이 구사하는 '방언', 그들이 사는 오두막의 형태, 축제와 관습으로 그들은 원주민으로 인정된다. 그럼에도 불구하고 일반적으로 우리 멕시코인은 원주민, '우리의' 원주민에 대해 잘 알지 못한다. 그들은 몇 명일까? 식민자가 '원주민'이라는 하나의 용어 즉, 피식민자 혹은 정복당한 자로 뭉뚱그려버린 각양각색의 종족적 모자이크를 구성하는 마을들은 몇 개일까? 몇 개의 원주민 언어가 사용되는가? 그러나 이러한 무미건조한 — 다른 한편으로는 명확하게 하기가 징후적으로 어려운 — 데이터를 넘어서, 원주민적인 것에 대한 거부가 삶의 다른 형식과 대안들을 이해할 수 있는 가능성을 차단한다는 데 문제가 있다. 원주민이라는 것, 원주민 공동체의 삶과 문화를 살아간다는 것, 조바심에 시달린다는 것, 희망에 사로잡힌다는 것이 무엇을 의미하는지 관심을 가지는 사람은 거의 없다. 게으르고, 원시적이고, 무지하며, 기껏해야 고풍스럽지만 우리가 이루었어야 할 나라를 이루지 못하게 하는 걸림돌이라는 간편한 선입견을 통해 우리는 원주민을 식별한다.

원주민이라는 근거

자기 자신을 원주민 마을 구성원이라고 간주하는 멕시코인의 숫자는 정확히 알 수 없다. 다시 말해 독자적인 종족 정체성을 받아들이고 '타인'이 아닌 '우리'의 일부라고 집단적으로 느끼는 멕시코인이 몇 명인지는 알기 어렵다. 멕시코에는 원주민이라는 조건에 대한 법률적 정의가 존재하지 않는다. 그런 정의가 있다면 원주민의 수를 추정하는 공식적 방법이 될 것이다. 원주민이 있지만, 여기서 우리는 모두 평등하다. 인구통계에서는 관련 자료로, 원주민 언어를 구사하는 5세 이상의 인구수를 집계하지만, 이것으로는 매우 부족하다. 1980년 인구통계에 따르면 그들은 총 5,181,038명이고, 그 가운데 3,699,653명은 에스파냐어도 구사한다.[1] 이러한 수치와 이전 인구통계에서 나타나는 수치는 "통계적 인종 학살"이라고 일컬어질 정도로 자주 비판의 대상이 되었고 의혹을 불러일으켰는데, 기본적으로 불충분하고 결함 있는 자료 수집 때문에 실제 규모가 대폭 축소되었다. 원주민 언어가 모어인데도 그 사실을 감추는 일이 흔하고, 모어를 구사한다는 사실을 부정한다는 것을 다들 알고 있다. 식민자가 부여하는 열등함을 피식민자가 내적으로 받아들이고, 자기 자신을 다

---

1   멕시코 통계청의 가장 최근 자료인 2015년 인구통계에 따르면 3세 이상 인구 가운데 약 730만 명이 원주민 언어를 구사하며, 그 가운데 약 600만 명은 에스파냐어도 함께 구사한다. 에스파냐어를 구사하지 못하고 원주민 언어만 구사하는 인구는 약 88만 명이다.

시 부정하고, 나와 다른 정체성, 타자의 정체성을 얻으려 할 때, 이런 문제들은 또다시 식민 상황, 금지된 정체성과 추방된 언어, 최종적인 식민화의 성공으로 거슬러 올라가게 한다. 많은 경우 여기에 '진보주의적' 지역권위기관들autoridades locales의 태도가 추가된다. 그들은 어떤 대가를 치르더라도 여기 이 마을에 이제 더 이상 원주민은 없다고, 혹은 이제는 그 수가 줄었다는 것을 확인시키려고 안달이다. 그래서 우리가 '합리적인 사람gente de razón'이 되었다는 것을 증명하기 바쁘다.

그러나 인구통계 수치를 순화시키는 문제 외에도, 에스파냐어를 함께 구사하든 원주민 언어만 구사하든 원주민 언어 사용자의 수가 다수 집계된다고 해서 그들이 곧 원주민 인구의 총계를 이룬다는 결론을 내리지는 못하는 문제가 있다. 비록 언어가 매우 중요한 역할을 수행하기는 하겠지만, 원주민이냐 아니냐는 언어적 속성의 문제가 아니다. 특정한 마을에 속하는지 여부를 결정하는 것은 사회적 문화적 요소들이다. 이 경우에는 원주민 마을에 속하는지를 판가름한다. 따라서 멕시코 원주민 수를 추정하려면 원주민 마을 혹은 원주민 집단(종족집단)을 특성화할 필요가 있다.

원주민 마을들은 다른 장소, 다른 시간대 마을들과 마찬가지로 고유의 독자적인 역사에서 유래한다. 그 역사 — 수천 년에 이르곤 하는 — 를 따라 각 세대는 다음 세대에게 유산을 전수하는데, 그 유산이 곧 그들의 문화이다. 문화는 매우 다양한 요소들을 아우른다. 먼저, 여기서 우리가 마을이라고 부르는 조직된 사회적 시스템이 자기 것이라고 간주하는 물건들과 물질적 자원이 그런 요소 중 하나이다. 또한 영토와 자연자원도 그런 요소 중 하나인데 거주지, 공공장소와 공공건물, 생산 활동과 의례를 위한 시설, 신성한 장소, 우리 조상을 묻은 곳, 노동의 도구, 일상생활을 가능하게 하고 그 한계를 정하는 물건들이 있다. 결국 시간의 흐름에 따라 발명되거나 수용되어, 우리가 우리의 것, 마야인, 타라우마라tarahumara인, 미헤mixe²인의 것이라고 ― 우리에게 속한다고 ― 생각하는 모든 물질적인 것들이 문화의 한 요소이다.

사회조직 형태도 마찬가지로 세대 간에 전수되는 유산의 일부다. 가족 구성원들 사이에서, 공동체에서, 마을 전체에서 관찰되는 의무와 권리가 사회조직 형태를 만든다. 다른 사람들의 협력을 구하는 방법, 그 협력에 보상하는 방법, 지향점, 결정, 해결책을 모색할 때 조언자의 지위도 문화의 일부로 전수된다. 이제 앞서 언급한 것들 모두가 다른 장으로, 즉 계승되는 지식이라는 장으로 우리를 안내한다.

우리는 뭔가 만드는 방법, 이곳 방식대로 일하는 방법, 자연과 그 기호를 해석하는 방법, 문제와 직면하는 길을 찾는 방법, 사물에 이름을 붙이는 방법을 배운다. 이런 것들과 함께 우리는 가치도 전달받는다. 좋은 것과 나쁜 것, 원하는 것과 아닌 것, 허락된 것과 금지된 것, 마땅히 그래야 하는 것, 행위와 사물의 상대적 가치를 전해 받는다. 하나의 세대가 다른 세대들에게 코드를 전수하는데, 그 코드로 그들은 의사소통을 하고 서로 이해할 수 있게 된다. 세계에 대한 독특한 비전까지 표현하는 언어, 역사 내내 집단에 의해 창조된 사유, 우리에게만 의미를 지니는 몸짓, 목소리 톤, 시선과 태도의 방식 같은 것이다. 그 바탕에는 역시 문화의 일부로서 일련의 정신이 전수되는데, 그런 정신들이 우리로 하여금 참여하고, 수용하고, 믿게 한다. 그런 일련의 정신이 집단의 다른 구성원들과 접점을 만들어주는 것이기에 그것 없이는 개인적 관계 맺음이나 집단적 노력이 불가능할 것이다. 바로 그것이 문화이다. 윗세대의 노력과 상상력으로 풍부해진 문화를 새로운 세대가 전해 받고, 그 문화 안에서 자라고, 이번에는 자신들이 다시 그 문화를 풍부하게 만든다.

....

2   타라우마라인은 타라우마라어를 사용하며 치와와주, 두랑고주, 소노라주에 널리 퍼져 살아간다. 미헤인은 미헤어를 사용하며 오아하카주 북동쪽에 거주한다.

그것이 우리 고유문화, '우리'만이 배타적으로 접근하고 권리를 가지는 문화이다. 역사는 어디까지가 '우리'인지, 우리 고유문화의 적법한 계승자, 담지자, 이용권자인 그 사회적 세계의 일부가 되는 순간은 언제인지, 그 세계의 일부가 아닌 때는 언제인지, 혹은 그 일부가 되길 그만두는 때는 언제인지 정의해왔다. 각 마을은 한계와 규범을 수립한다. 그 마을의 일부가 되고, 일부로 받아들여지는 형식이 있다. 또한 소속을 상실하게 되는 때도 있다. 그것이 정체성으로 표현된다. 한 마을의 구성원으로 인지되고 받아들여지고, 내부인과 외부인 모두가 그렇게 인정하는 것은 고유의 배타적인 문화를 유산으로 보유하는 한 사회의 일부분이 된다는 의미이다. 사회의 일부분이 되는 것은 그 문화로부터 혜택을 받는다는 의미이고, 고유문화가 확립하는 (시간이 흐르면서 변하는) 규범, 권리, 특권에 따라 그 문화에 대해 결정할 권리를 갖는다는 의미이다. 집단의 구성원, 즉 독자적이고 유일무이하며 다른 마을과 구별되는 바로 그 마을의 구성원으로서 인정받게 될 모두가 가질 권리이다.

이러한 관점에서 우리는 종족집단에 소속된다는 것의 의미를 더 잘 이해할 수 있다. 우리 모두 규모가 크든 작든 정해진 사회에 반드시 소속되어 있다. 그러나 그 사회는 언제나 명확한 경계, 소속에 대한 규범, 고유하고 배타적이라고 간주하는 문화적 자산을 가지고 있다. 외부인의 눈으로 원주민을 달리 보게 하는 피상적인 문화적 특징들(복식, 언어, 태도 등)로 원주민이 정의되지는 않는다. 원주민은 세대를 거듭하며 역사적으로 단련되고 변형되어온 고유한 문화적 유산을 지니고 있는 조직화된 집단(집단, 사회, 마을)의 소속 여부에 따라 정의된다. 그러한 고유문화와의 관련 속에서 자신을 마야인, 푸레페차purépecha인, 세리seri인, 와스테카인으로 인지하고 느낀다.[3]

멕시코의 원주민 마을들이라는 구체적인 사례에서 그들의 특징과 현재 상황을 이해하려면 반드시 고려해야 할 다른 역사적 조건이 있다. 500년 동안 식민화되었다는 사실이다. 식민지배는 원주민 삶의 모든 영역에 깊은 흔적을 남겼다. 그들의 고유문화를 억압하고, 외지의 특성을 강제적으로 도입하고, 그들의 역사적 유산 일부인 문화적 자원과 요소를 마을에서 강탈하고, 다양한 방식의 저항을 불러일으키고, 다방면으로 피식민인의 속박을 공고히 하려고 애써왔다. 피식민자 스스로 식민자에 비해 자신이 열등하다고 설득당할수록 속박은 더 효과적이었다. 이 장에서는 식민지배 과정에 대해 계속 다루게 될 것이다. 쓸데없이 반복하려는 것이 아니라 원주민 마을을 최근 5세기와 더불어 현재까지 그들이 통과해온 사회적 맥락에 계속 놓아두지 않을 수 없기 때문이다.

앞서 살펴본 내용으로 원주민 인구통계를 작성하기 어렵다는 점과 활용 가능한 통계치가 충분하지 않다는 점을 충분히 설명했다. 각 개인의 특징을 모아서 수치화하는 것만이 아니라 사회적 소속의 기준을 잡아야 하기 때문이다.

멕시코 원주민 인구를 800만 명에서 1,000만 명으로 추산하는 것은 타당해 보인다. 그 수치는 멕시코 전체 인구의 10~12.5퍼센트를 나타낸다. 우리는 지금 한 지역사회에 소속되어 있는 사람들에 대해 이야기하고 있다(이 점을 되풀이해서 지적할 필요가 있다). 그 지역사회는 같은 종류의 다른 사회들과 스스로 다르다고 여긴다. 그 바탕에는 공통적이며 배타적인 문화적 유산이 있다. 따라서 주로 메소아메리카 문화에 속하는 삶의 형식을 보존하고 있다 해도 종족 정체성의 정신을 상실한 개인과 사회집

---

3   푸레페차인은 미초아칸(Michoacán)주에 주로 거주하며 푸레페차어를 사용한다, 세리인은 소노라주의 원주민으로 세리어를 사용한다. 와스테카(huasteca)인은 베라크루스주, 산루이스포토시주, 이달고(Hidalgo)주 등 현재 멕시코 중부 지역을 터전으로 발전한 문화를 계승하며, 마야어족에 속하는 와스테카어를 사용한다.

단들은 통계에서 제외된다.

현재 멕시코 원주민 세계를 구성하는 마을은 몇 개일까? 이 질문에 대해서도 정확한 답을 줄 수가 없다. 이 책에서 보여줄 여러 가지 이유 때문인데, 여기서는 간략히 적으려 한다. 먼저 사용 언어로 원주민 마을을 파악하는 것은 불충분하다. 일반적으로 56개의 원주민 언어가 존속한다고 추정하지만, 몇몇 연구에 따르면 그보다 훨씬 더 많다.[4] 일부 개별언어의 방언 형태를 사실상 또 다른 개별 언어로 간주하기도 한다. 더구나, 공통어는 한 마을(또는 종족집단)이 형성되는 데 필수 조건 중 하나이기는 하지만, 하나의 언어를 사용한다고 그들 모두가 하나의 종족 단위를 형성한다고 추론할 수는 없다. 따라서 몇 개의 원주민어가 있는지 확인한다고 해서 그것 자체로 몇 개의 마을이 존재하느냐는 물음을 해결하지는 못한다. 근본적인 문제는 언어학적인 것이 아니다. 앞으로 세밀하게 검토하겠지만, 식민지배가 사회조직의 가장 포괄적인 층위들을 체계적으로 파괴하려 시도했다. 그 층위들은 넓은 땅을 차지하고 있었던 상당한 인구를 한가운데에 품고 있었다. 또한 식민지배는 원주민의 삶을 지역 공동체의 영역으로만 축소시키려 했다. 본래 존재했던 원주민 마을들을 이렇게 파편화하여 메소아메리카 문명 발전에 영향을 미쳤고, 유럽 침입 이전 마을들의 사회조직과 호응하는 넓은 범위의 사회적 정체성을 해치며 지역 정체성을 강화시켰다. 그리하여 현재의 정체성들은 식민화 과정의 결과물로 이해되어야지, 지역 공동체 각각이 하나의 독립적인 마을을 형성한다는 의미에서 지역 공동체가 다양하다는 표현으로 이해되어서는 안 된다. 이 점에 대해서는 나중에 다시 다룰 것이다.

그래도 멕시코 원주민 마을들이 인구통계학적으로 다양한 조건에

---

4   2008년 국립원주민언어연구소(Instituto Nacional de Lenguas Indígenas, INALI)에 따르면 멕시코에는 68개의 원주민 언어가 있다.

서 살아가고 있음을 보여주는 대조적인 상황들을 확인할 수는 있다. 이를 테면 유카탄 반도의 마야인은 70만 명 이상으로 추정된다. 그들은 서로 인접한 영토에서 살아가고, 동일한 언어를 사용하고(마야어의 지역적 변종 이 의사소통을 방해하는 일은 결코 없다), 동일한 문화와 동일한 문화적 모태 를 대부분 공유한다. 그러므로 어느 마야인 마을에 대한 이야기가 가능하 다. 사포테카인의 경우는 다른 문제다. 그들은 30만 명 이상이지만, 여기 저기 흩어져서 산맥, 중앙고원들, 테우안테펙 지협Istmo de Tehuantepec에 살고, 방언을 사용하는데, 형태의 차이가 큰 방언들 사이에서는 소통되지 않으며, 문화적 차이가 매우 심하다. 이런 경우에는 식민지배에 의해 내 적 다양성이 강화된 어느 역사적 마을에 대한 이야기가 가능하다.

그러나 마야인, 나우아인, 사포테카인, 푸레페차인 또는 믹스테카인 만큼의 인구 규모를 갖지 못하는 원주민 마을들이 수없이 많다. 인구가 만 명 이하인 종족집단이 20여 개이며, 그 가운데 절반은 전체 인구가 천 명도 되지 않는다. 100년 동안 계속된 인종 말살 행위에 꼼짝없이 포위되 어 소멸될 위기에 있는 마을들의 극단적 사례들이다.

각 마을이 보존하고 재생산할 수 있었던 고유문화의 특징들에도 그 러한 다양한 상황이 반영되어 있음은 쉽게 알 수 있다. 그러한 차이에도 불구하고 각각의 원주민 문화들이 가지고 있는 구체적 특징들을 넘어서 본질적인 특징을 깨닫게 해줄 하나의 윤곽을 그릴 수 있다.

원주민 문화의 윤곽

멕시코에서 살아가는 원주민 마을들 각각은 서로 구별되는 문화적 윤곽을 가지고 있다. 그것은 아주 오랜 시간의 깊이 속에서 그 시작을 알 수 없는 독자적인 역사가 만들어낸 결과물이다. 얼핏 보기에는 여러 마을로 이루어진 그런 모자이크를 효과적으로 일반화하기가 어려워 보이지만, 다양한 원주민 문화를 조심스럽게 비교해나가면 개별적인 특성을 넘어서, 유사성과 조응을 발견하게 된다. 두 가지 중요한 사실을 염두에 둔다면 그것은 놀랄 일이 아니다. 먼저 메소아메리카 마을들 모두가 공유하고 있는 단 하나의 문명이 존재한다는 점이다. 이 문명은 북쪽의 유목 집단에도 영향을 미쳤고, 각 마을 고유의 문화적 유산의 공통적 배경이 된다. 둘째, 결정적인 속박이 이루어지는 데는 몇 세기의 시차가 생기는 경우도 있었으나, 식민지배라는 또 한 가지 공유하는 경험이 유사한 영향을 미쳤다는 점이다. 사실 1910년대에 와서야 예속되거나 '평정된' 마을들도 있었다.

지역적 분포를 살펴보면 유럽 침입 이전에 문화적 발전이 뚜렷하게 이뤄진 지역에 원주민 인구 대부분이 집중되어 있다. 그러나 식민화 초기부터 그 이전 인구 분포를 변화시키는 다양한 요소가 작동해 그러한 일대일 대응이 무조건 맞는 것은 아니다. 이전에 노출된 적 없는 질병, 전쟁, 강제노동의 혹독한 환경이 16세기 인구의 급격한 감소를 가져왔고, 그 결과 마을들이 통째로 소멸되거나, 정착민을 떠나게 했다. 수많은 집단이 토지를 빼앗기면서도 자유를 빼앗기지 않으려는 강한 의지를 가지고 원래 살던 환경과 다른 황량한 지역으로 쫓겨 들어갔다. 아기레 벨트란은 그런 곳에 '피난처regiones de refugio'라는 알맞은 이름을 붙여주었다. 토지에 대한 탐욕과 마음대로 부릴 노동력에 대한 요구는 항상 위협적이었고, 그 위협은 19세기 내내 멕시코의 많은 지역에서 원주민 인구분포를 다시 바꾸면서 되살아났다.

많은 곳에서 원주민 인구가 실제로 사라졌다. 이른바 그란 치치메카 Gran Chichimeca5라고 불리는 지역의 많은 유목집단처럼 말살되었거나, 내

1부 부정당한 문명

쫓겼거나, 가장 흔한 경우로는 종족적으로 차별화되는 마을로서 연속성을 유지할 수 없게 만드는 조건에 예속되었다. 마지막 경우에서 나타나는 탈원주민화를 혼혈이라고 불렀지만, 사실 그것은 종족말살이었다 — 현재도 그러하다. 다음 장에서 이점을 다루게 될 것이다.

오늘날 원주민으로 인정되는 인구는 멕시코 영토 전역에 고르지 않게 분포되어 있다. 중앙, 남부, 남동부에 대규모 집단들이 포진해 있고, 원주민 인구가 우세한 광범위한 지역들도 그곳에 몰려 있다. 특히 시골지역 인구를 구성하는 나머지 부분과 비교했을 때 원주민 인구의 우세함이 더욱 두드러진다. 원주민공동체들은 열대 우림부터 해발고도 2,000미터 이상의 반건조 고원지대까지 매우 다양한 생태적 지위에 자리 잡고 있다. 험준한 산악지대는 잉여생산이 가능할 정도의 경제적 활용은 어려운 조건인데, 이런 곳은 원주민만 터를 잡고 살아가는 외진 피난처로 탈바꿈되는 경우가 많았다. 바닷가에서 살아가는 마을들은 거의 없다. 메소아메리카 문명은 반건조기후의 조건에도 적응했지만, 그보다는 강, 호수, 산지, 습한 분지들을 발상지로 삼는다.

영토가 식민지화되고, 식민자들의 입장에서 '유용한 멕시코'가 점점 다양하게 성장하면서 대부분의 지역에서 원주민 영토가 본래 가졌던 연속성은 깨졌다. 원주민 땅의 수탈, 영토의 행정 분할 정책, 비원주민이 거주하는 개척 중심지와 도시의 건설, 도로와 대규모 공공건설사업의 결과, 공간은 파편화되었다. 그럼에도 불구하고 유카탄 반도의 마야인처럼 영토적 연속성이 유지된 지역이 있는 반면, 오늘날 비원주민적 멕시코가 차지하고 있는 그 공간 안에서 고립영토가 되어버린 마을들도 있다. 어느

---

5   치치메카(chichimeca)인이 거주했던 땅으로, 현재 멕시코의 할리스코(Jalisco)주, 아과스칼리엔테스(Aguascalientes)주, 사카테카스(Zacatecas)주, 과나후아토(Guanajuato)주 등에 걸쳐 있는 넓은 지역이다.

원주민 지역을 한 바퀴 둘러보면, 대략 서로 유사해 보이는 공동체들로 이루어진 시골 세계라는 인상을 받게 된다. 도시 안에 그런 세계가 없는 것은 아니지만, 확실히 도시로부터 동떨어진 시골 세계의 느낌이다.

원주민공동체는 기본적으로 농업에 종사한다. 경작지의 종류, 지형적 기복, 연간 강수량, 기온 그리고 여전히 영향력을 발휘하는 문화적 전통에 따라 다양화된 경작 시스템이 있다. 이 시스템은 지식, 기술, 노동관계의 형태, 집단의 선호와 가치를 바탕으로 항상 지역 자원을 최대한 활용하고 환경의 조건에 최적화된다. 원주민의 농업을 '원시적'이고 생산성이 낮다고 평가하는 일반적인 인식과 달리 오늘날 우리가 관찰할 수 있는 모습은 매우 다양하고 훨씬 풍부하다.

원주민 농업의 첫 번째 특징은 하나의 경작지에 여러 작물을 동시에 재배한다는 점에 있다. 가장 널리 알려진 방식은 고전적인 밀파로, 그곳에는 옥수수, 콩, 호박, 고추가 뒤엉켜 있다. 그러나 동시에 재배되는 작물의 수는 일반적으로 더 다양하다. 베라크루스주 북부의 열대지역에 사는 와스테카 공동체처럼 어떤 경우에는 밀파에서 재배하는 작물의 목록에 뿌리작물, 줄기식물, 곡물, 용설란, 채소, 과일까지 10여 가지가 있다. 여러 습한 열대지역에서는 재배하는 작물의 키에 따라 그늘이 지게 하여 햇볕을 최대한 활용하고, 작물의 다양성을 증대시키는 데 능숙하다. 또 다른 환경에서는, 집에 딸린 땅에 여러 가지 작물을 조금씩 재배하여 밀파에서 재배하는 기본 작물을 보완함으로써 작물을 다양화한다. 이런 경우 보통 밀파 재배는 남자의 몫이고, 집에 딸린 텃밭을 일구는 일은 여자가 맡는다.

작물의 다양화는 1년 중 여러 시기에 서로 다른 작물의 수확을 가능하게 하여, 원주민공동체의 식단을 구성하는 데 중요한 역할을 한다. 메소아메리카 식생활을 평가하는 데 양을 측정하는 것만으로는 충분하지

1부 부정당한 문명

않다. 예를 들어 하루 또는 일주일 단위로 소비하는 칼로리 또는 단백질의 양을 계산하는 것만으로는 불충분하다. 1년 주기를 고려할 필요가 있다. 특정한 시기에 부족해진 일부 영양소를 다른 시기에 충분하게 섭취하여 주기적으로 균형이 맞춰지기 때문이다. 영양섭취의 주기에는 축제 음식들도 포함된다. 특정한 날짜에 엄격하게 정해진 음식들이 있고, 비정기적으로 생기는 행사날(세례식, 결혼식, 집짓기 등) 먹는 음식도 있다. 마지막으로, 농산물 이외에도 철에 따라 매우 다양한 동물과 곤충이 원주민 식생활에 활용되었다는 점을 놓쳐서는 안 된다. 동물과 곤충은 영양섭취의 1년 주기 안에서 영양분을 제공하는 역할을 한다.

멕시코 분지의 호수 지역에서 여전히 사용되는 농경 시스템은 호수 가장자리에 만든 경작지를 통해 지표면의 물을 이용하는 치남파이다. 그런 경작지, 즉 치남파는 항상 물을 머금고 있어서 원예재배의 생산력을 높인다.

사용되는 도구는 단순하며, 대부분의 경우 공동체가 자체적으로 제작한다. 경사지 또는 자갈투성이의 땅에서는 씨를 뿌릴 때 에스페케espeque(한쪽 끝을 단단하게 만든 나무막대기) 또는 곡괭이를 사용한다. 평지에서는 나무로 만든 쟁기를 사용하는 것이 일반적이다. 이런 기본적인 도구에 낫, 마체테machete, 옥수수대의 잎을 잘라내는 데 사용하는 뾰족한 도구 등이 추가된다. 수로와 저수지로 용수를 관리하는 더 정교한 원주민 농경 시스템이 있다. 또한 돌이나 용설란 울타리로 계단식 경작지를 조성하여 침식을 막고 산비탈을 경작하는 방법도 있다. 기초적인 도구를 사용했음에도 불구하고 농경기술 전반은 '원시적'인 것과는 매우 거리가 멀다. 수백 년의 경험이 축적된 결과물인 지식 덕분에 땅의 특징을 파악하고, 함께 심을 작물들을 선택하고, 작물마다 필요한 조건에 따라 재배하고, 적당한 때를 맞추고, 해충을 쫓고, 풍년이 들도록 쉴 새 없이 밀려드는 일들을 해치운다.

원주민공동체에서 농경은 다른 활동들과 밀접하게 연관되어 있다. 그런 활동들은 그 자체로는 땅을 경작하는 일이 아니며, 총체적으로 이해되어야 하는 복잡성을 구성한다. 자연의 활용은 농경은 물론이고, 야생식물의 채집, 사냥, 가능하다면 고기잡이, 가축을 돌보는 일까지 포함한다. 그 모든 일을 수행한다는 것은 엄청난 양의 지식, 자질, 훈련을 뜻한다. 자연에 대한 독자적인 개념 형성과 인간이 자연과 맺는 관계를 통하여, 그런 활동들은 응집력과 일체성을 손에 넣는다.

원주민 문화들을 분석할 때 때때로 사회적인 것lo social에서 경제적인 것lo económico을 구분하는 경계를 확립하는 일이 어렵다. 아는 것에서 믿는 것을, 역사적 기억과 해설에서 신화를, 세대를 거듭하여 여러 차례 실용적 유효성이 검증된 행동에서 의례를 구분하는 것이 어려운 일과 마찬가지이다. 따라서 우리가 볼 때 경험에 기반한 확고한 지식이라고 부를 만한 것은 주술이라고 부를 법한 의례적 행위나 믿음과 함께 발견될 것이다. 지금 우리 자신의 범주에 원주민의 문화적 현실을 끼어 맞추려다 보니 벌어지는 일인데, 이런 경우 우리의 범주란 서구에 기원을 두고 있는 것이지, 그 원주민 문화들에는 존재하지 않는다. 원주민 문화들의 세계, 자연, 인간에 대한 개념 형성에 따르면, 겉보기에는 매우 다른 성격의 행위들을 동일한 필요성의 연장선 위에 놓는다. 파종할 씨앗을 적절하게 선택하는 것과 날씨가 좋기를 비는 기후제가 그런 사례이다. 자연을 마주한 인간의 총체적 태도가 있다. 그런 태도가 식량을 구해야 하는 인간의 숙명적인 필요성을 충족시키는 지식, 능력, 노동, 구체적인 방법의 공통된 참조점이 된다. 그러나 그 태도는 인간이 가진 꿈의 투영에서, 자연을 관찰하는 데 머무는 것이 아니라 상상하는 능력에서, 자연과 대화하려는 의지에서, 인간의 통제를 벗어난 힘 앞에서 느끼는 공포와 희망에서 나타나기도 한다. 결국 모든 문화에서 발생한다. 다만 서구 문화에서는 그러한 총체적 관계의 서로 다른 측면들을 분리하고 특수화하려 한다. 시인은 달을 노래하며, 천문학자는 달을 연구한다. 화가는 풍경의 형상과 색을 재창조하며, 농학자는 땅에 대해 안다. 신통력을 가진 자는 기도한다. 서구의 논리에서는 원주민들이 하듯이 그 모든 것을 총체적 태도로 결합시킬 방법이 없다.

자연에 대한 개념 형성과 코스모스cosmos 내에서 인간에게 부여되는 위치라는 메소아메리카 문화들의 가장 심오한 차원을 고려하지 않고, 메소아메리카 문화들의 수많은 근본적인 특징을 이해하기는 결국 어렵다. 서구 문명과 달리 메소아메리카 문명은 자연을 적으로 여기지 않으며, 자연과 분리될수록 인간의 온전한 자기실현에 가까워진다고 여기지도 않는다. 반대로 우주적 질서의 일부분이라는 인간의 조건을 인정하며, 자연의 나머지 부분과 조화로운 관계를 이루는 것으로만 도달할 수 있는 영속적인 통합을 희망한다. 우주적 질서의 원리를 따름으로써 인간은 자기실현을 하고, 초월적 숙명을 완수한다. 따라서 인간의 필요를 충족시키는 데 요구되는 것을 자연에서 얻는 일, 즉 노동에 투입되는 수고가 갖는 의미는 서구 문명에서 그것에 부여하는 의미와 다를 수 있다. 노동은 처벌이 아니라 코스모스의 질서에 조화롭게 맞추어나가는 수단이다. 자연과 맺는 그런 관계는 노동을 통해 도달되는 물질적 차원만이 아니라 모든 층위에서 이루어져야 한다. 그래서 육체적 수고와 의례를 분리하기도, 메소아메리카 세계관 내에서 경험적 지식에 온전한 의미를 부여하는 신화와 그 지식을 분리하기도 불가능하다.

실용적 의미가 없다거나 혜택과 편의를 간과한다는 의미가 아니다. 다만 다른 맥락에 놓여 있을 뿐이다. 노동시간의 배분과 활동의 다변화에는 실용적인 논리가 있다. 그러나 그런 논리는 생산 활동의 최종 목적, 충족시키고자 하는 필요성을 인지할 때에만 명백해진다. 원주민 문화들은 자급자족하는 경향이 있다. 이러한 경향은 자급자족하는 가족, 가문, 바리오, 공동체, 마을 등 여러 층위에서 나타난다. 오늘날의 자급자족은 결코 완전하지는 않지만, 충분히 정의된 일반적인 지향이다. 양은 땅을 기름지게 하는 거름을 준다. 비록 예외적인 경우에는 양을 잡아먹거나 팔겠지만, 가족들은 보통 양을 소유하려 한다. 축제나 (결혼식, 집짓기, 마요르도모[6]가 베푸는 만찬처럼)의례를 위해 장만하는 음식에 필요한 칠면조는 사오기보다는 집에서 기른다. 공동체에는 조산사, 접골사, 약초꾼, 대장장이, 악공 등 다른 필요를 충족시키는 데 능숙한 사람들이 있다. 공동체는 자율성을 가진 삶을 영위하기 위한 보편적 지식, 다변화된 활동, 반드시 필요한 전문화로 짜인 직조물이다.

자급자족의 논리는 많은 행동을 지배한다. 그래서 다양한 작물을 재배하는 밀파 대신 해바라기, 면화 또는 토마토만 심는 것의 이론적 가치를 근거로 원주민 농업을 재단하는 것은 오류이다. 물론 그렇게 재단하는 경우 지력 고갈의 문제, 시장 가격의 폭락, 제 잇속만 챙기는 중간상인, 기술과 자본의 종속을 비롯하여 근대화와 농업발전 프로젝트를 무너뜨린 무수한 문제를 간과하는 것이기도 하다.

반면 자급자족을 지향하는 원주민 경제는 무엇을 제공하는가? 무엇보다 기본적인 안전을 제공한다. 즉 아무리 흉작이라 할지라도, 최소한의 것만으로 연명하는 것이라 할지라도, 생존할 여지가 커진다. 다양한 작물의 경작은 채집, 수렵, 고기잡이, 가축 기르기와 함께 이루어지며, 무엇이되었든 수공예품(토기, 직물, 바구니 짜기, 그 외의 수많은 생산물) 생산과 다른 일(건축, 보수)을 수행하기 위한 일반화된 능력이 뒤섞여서, 상황에 따

---

6   마요르도모(mayordomo)는 원주민공동체의 명예직으로, 성당의 성상을 꽃으로 장식하거나 각종 축제를 주관하며 후원금을 내는 역할을 하기도 한다.

라 달리 조합되거나 다른 것으로 대체될 수 있는 폭넓은 가능성을 펼쳐둔다. 오늘날 원주민공동체가 가진 일반적 조건 아래서는 그 어떤 것도 그것만으로는 생존을 보장하지 못한다. 그러나 그것들이 모여서 적당히 안전을 보장할 만큼의 여지를 확보한다. 그러한 복합적 메커니즘이 작동하려면 각 활동은 소규모로, 인간적 척도escala humana로 오로지 필요한 것만을 생산해야 한다. 이러한 조건은 원주민 경제의 또다른 일반적 특징을 규정하기도 하는데, 잉여가 굉장히 적고 그 결과 축적이 잘 이루어지지 않는다는 점이다. 이런 점은 국가 경제의 자본주의적 발전을 두고 고심하는 사람들의 관점에서는 말썽 많은 한계로 누차 지적되었다. 그들에 따르면 원주민은 구매하지 않거나, 매우 적게 구매하며, 자본을 형성하지도 않고, 투자하지도 않는다. 나중에 이 문제를 분석할 것이다.

자급자족을 지향하는 경제가 가져오는 또 다른 결과는, 개인에게 매우 다양한 활동을 할 수 있는 능력을 요구하고 그럴 기회가 주어진다는 것이다. 하루하루 더 파편화된 전문화가 이루어지는 우리 세계와 대조시켜 생각해보자. 우리 시대의 개인은 '점점 더 적은 것에 대해, 점점 더 많이 아는 전문가'다. 전통적 공동체에서 원주민은 많은 것에 대해 충분히 알아야 하고, 다양한 일을 할 수 있게 여러 가지 능력을 길러야 한다. 그리고 그것을 다른 방식으로 배운다. 학교가 아니라 삶에서, 공존 안에서, 일 그 자체에서 배운다. 능력을 발휘하고, 능력을 확장시키는 것은 삶 자체와 구분되지도 분리되지도 않는 과정의 결과이다. 알아야 하는 것을 배우기 위한 특별한 시간도 장소도 존재하지 않는다. 언제 어디서든 관찰하고, 연습하고, 묻고, 듣는다. 일상생활의 다양한 문제를 해결하고, 기본적인 필요에 대응할 능력이 있음을 스스로 알아차릴 때 깊은 만족을 얻을 것이다.

노동을 조직하는 일관적인 형태도 나타난다. 가족은 주로 (조부 혹은 가장 어린 세대에게는 증조부에 해당하는)가부장의 권위에 따르며, 함께 살아가는 여러 세대로 구성된 확대가족인 경우가 많은데, 경제단위로 기능한다. 남성과 여성의 노동 분업이 존재하고, 그 규범은 매우 어린 나이부터 아이들에게 주입된다. 일반적으로 호혜성reciprocidad에 기반한 협업과 참여의 의무가 있다. 공동노동 혹은 보조노동, 의례와 기념행사, 사생활보다 확장된 집단관계를 더 고려한 주거공간의 배치에 의해 가족의 공동생활은 매우 밀착되어 있다. 모든 사람이 자기 경험을 통해 노동의 의미와 결과를 알고 있기에 노동의 어려움과 기쁨을 온전히 공유한다.

생산과 소비 단위라는 가족의 조건은 가족의 중심에 있는 관계들에 명확하게 반영된다. 그러나 당연히 경제적 기능이 가족의 유일한 기능은 아니며, 그 기능만으로 가족생활의 풍요로움과 중요성을 이해할 수 있는 것은 아니다. 가정 공간을 차지하는 핵가족은 원주민 마을들의 고유문화를 재생산하는 가장 확고한 영역이다. 여성이 그 영역에서 중요한 역할을 수행한다. 여성은 육아를 담당하며, 집단 내에서 맡은 역할을 적절하게 해내는 데 필요한 모든 문화적 요소를 딸들에게 전수한다. 여성은 무엇보다 고유언어의 연속성을 유지시키는 기본적인 연결고리이며, 메소아메리카 문화적 모태의 측면에서 핵심적인 규범과 가치의 담지자이다. 사회와 가정 내에서 그 역할은 인정받는다. 그래서 고유문화의 많은 영역을 보존하고 있는 공동체에서 여성은 가정 내의 일만이 아니라 공동체와 관련된 결정에서도 남성과 동등하게 매우 활동적으로 참여한다.

원주민의 삶에 대한 연구들에서 가장 주목받는 특징 가운데 하나는 부모가 자녀를 다정하고 존중하는 태도로 대한다는 점이다. 물리적 폭력을 동원해서 교육하는 경우는 거의 없다. 아이들이 가족 간의 대화에 참여하지 못하게 막는 일도 없다. 일부 집단에서는 사춘기 동성애 관계를 허용할 정도로 혼전 성경험에 대해 매우 너그럽다. 조부모와 손자 사이의 소통은 각별하게 여겨지는데, 연장자의 경험이 갖는 위상을 이해하는 동시에 그 경험을 사회적으로 활용할 수 있는 중요한 가치를 제공한다.

마찬가지로 원주민 경제에서 기능을 수행하는 사회조직의 다른 층위들이 가족과 공동체 사이에 존재한다. 한편에는 확대가족을 넘어서는 친족관계가 있다. 가족단위의 구성원들로는 역부족인 일들을 해나가기 위해 더 많은 개인들의 협력을 이끌어내는 것이 친족관계다. 노동(수확이나 집짓기, 물건 만들기), 결혼식 피로연, 장례식과 매장, 공동체에서 맡은 소임에 포함되어 있는 의례적 의무를 해나가는 데 그런 협력이 이루어질 수 있다. 이러한 협력은 항상 호혜성에 기반하며 ― 오늘은 너를 위해, 내일은 나를 위해 ― 내가 다른 구성원에게 부조한 것과 그들에게 부조 받은 것을 정확히 기록해두기 마련이다.

지역에 따라 파라헤paraje라고도 불리는 바리오도 정해진 경제활동을 위해 기능하는 또 다른 조직 단위다. 바리오의 구성원은 공공사업을 위한 노동의 의무를 져야 하고, 성당이나 학교의 기금을 마련하기 위해 땅을 경작하는 일, 예배당을 돌보고 청소하는 일, 지역 축제 비용을 어떤 방식으로든 함께 부담하는 일에 공동 책임을 지는 경우도 있다. 넓은 곳에 흩어져서 사는 경우, 상주하는 인구가 적은 중심지는 의례적, 상업적, 행정적 목적의 주기적 모임이 이루어지는 장소이다. 그런 경우 순번제로 돌아가며 맡든, 개인에게 특정한 업무가 상시적으로 배정되든 파라헤에 따라 공공시설의 관리와 보수가 이루어진다.

원주민공동체의 사회조직에서 특히 눈여겨볼 필요가 있는 특징은 내혼제로서, 같은 공동체 구성원들 사이에서 결혼이 이루어지는 경향을 의미한다. 내혼제가 관습법에 명시된 규범인 경우도 있어서, 여성을 성폭행하면 공동체 내에서 권리와 특권을 상실한다. 그러나 암묵적 규범인 경우가 훨씬 많아서, 사회적 압력으로 내혼제가 이루어진다. 집단의 사회적 세계에 '타인'이 발붙이지 못하게 한다는 점에서 어떤 경우든 내혼제는 원주민공동체의 연속성과 존속에 중요하게 작용한다. 또한 새로 탄생한 부부가 고유문화를 공유할 것이 분명함으로, 고유문화의 재생산에 기여한다는 점에서도 그렇다.

공동체의 거주형태는 다양하다. 이미 언급했듯이 흩어져서 살아가는 공동체들이 있는데, 이런 경우 꽤 먼 거리에 띄엄띄엄 떨어져서 경작지가 있는 곳을 따라 흩어져 산다. 인구가 밀집되어 있는 공동체의 경우 언제나 텃밭과 가정용 밀파가 딸려 있지만, 가옥은 큰길과 골목길을 따라 일렬로 나란히 배치되어 있다. 중간 형태의 공동체도 있는데, 외부를 향해 흩어져 있는 주거 밀집지역을 확인할 수 있다. 어떤 경우든 공동체는 모두가 인정하는 자기들만의 권위기관을 하나씩 가지고 있다. 공동체의 모든 성인 남성(일반적으로 나이와 무관하게 결혼한 남성을 성인으로 간주한다)이 의무적으로 참여하는 공동노동(이런 집단노동의 형태는 지역에 따라 테키오tequio, 파히나fajina, 파티가fatiga 등 다양한 이름을 가지고 있다)을 조직하고 감독하는 것이 권위기관의 역할이다. 테키오는 도로 건설과 보수 관리, 학교 건물 세우기, 성당 및 공공건물 보수와 같은 건설작업을 지칭할 때 사용한다. 여성도 예외가 아니어서, 테키오에 종사하는 남성들에게 나누어줄 음식 준비를 돕는다.

협동노동과 집단노동을 할 때는 가문의 구성원, 바리오 구성원 혹은 전체 공동체 구성원들의 사회적 화합을 도모하는 축제가 함께 열린다. 참여를 독려하고, 다양한 집단들의 결속을 강화시키는 요소이다. 그렇게 하여 하나의 경제적 활동은 본래 기능과 더불어 사회적, 상징적, 여가의 기능을 분리할 수 없게 통합시킨다.

급여라는 개념은 자급자족을 지향하는 노동과는 매우 거리가 멀다. 그런 노동에는 돈으로 보상이 이루어지지 않고, 다시 차례가 돌아오면 다

1부 부정당한 문명

른 사람들이 순서대로 했던 그 일을 똑같이 해야 하는 의무가 있다. 공동노동이란 공동체의 일부를 구성하고 있다는 그 사실에 내포된 하나의 의무이다. 그것은 보편적인 의무이며, 동등한 의무이며, 그 의무를 이행하지 않으려면 그 일을 대신할 사람에게 대가를 지불해야 한다. 이러한 협동노동의 형태들은 전체적으로 어디에 힘을 쏟을지, 어떤 능력을 활용할지 계획하며 공동체의 힘과 능력을 조직한다. 기본적인 농사일의 리듬과 필요성을 고려하여 수많은 기능을 수행하는 사회적 관계 시스템(가족, 가문, 바리오, 공동체)을 이용하면서, 공동체의(혹은 인정받는 권위기관의) 우선순위에 따라 그러한 조직화가 이루어진다. 각 원주민 문화 고유의 세계관으로 집약되는 그 모든 것이 노동에 대한 개념 형성을 결정한다. 그러한 개념 형성은 자본주의 사회의 특징을 보여주는 개념 형성, 더 확장시켜보면 서구 문명의 특징을 보여주는 개념 형성과는 필연적으로 다르다. 나중에 이 점에 대해 다시 다룰 것이다.

완전한 자급자족은 오늘날 어떤 경우에서도 이루어지지 않는다고 앞서 이야기했다. 여러 가지 형태의 들쑥날쑥한 교환이 이루어지기 때문이다. 바리오 안에서, 중심가에서, 해당 지역을 통제하는 메스티소 도시에서 열리는 7일장 티앙기스tianguis에라도 모여들게 된다. 여전히 화폐가 개입되지 않는 생산물의 직접적 교환 즉, 물물교환이 이루어지는 곳도 있다. 그럼에도 불구하고 일반적으로 물건에는 이미 가격이 매겨져 있고, 돈으로 구매되고 판매된다. 그러나 공동체 사람들은 물건을 팔거나 사기만 하려고 일주일에 한 번씩 서는 장에 모여드는 것이 아니다. 돈을 사용하기도 하겠지만, 그들은 자기가 농사지은 것들이나 손수 만든 물건 몇 가지를 가지고 나가서 자기 손으로 구할 수는 없지만 필요한 물건을 구할 작정이다. 다음 장에서는 원주민공동체의 구성원 사이에서 이루어지는 물물교환 대신 자본주의적 상업 시스템이 개입될 때 이러한 교환관계가 어떻게 변형되는지 살펴보게 될 것이다.

교환은 7일장인 티앙기스를 통해서만 이루어지는 것은 아니다. 멕시코 각지에는 해마다 열리는 장날이 있다. 다양한 지역의 주민들이 다양한 특산물을 가지고 장날에 정기적으로 모인다. 그렇게 하여 해안가 산물과 열대지역 산물이 고원지대로, 그리고 그 반대 방향으로 이동한다. 어떤 시장은 일주일 내내 열려서 손님, 상인, 중개상, 손수 생산한 물건을 들고 오는 사람들 수천 명이 몰려든다. 이런 장날에는 종교적인 모티프가 있다. 다시 말해, 장날은 지방에서 혹은 전국적으로 중요하게 여기는 성인을 둘러싼 축제이다. 그러나 장날에 모인 사람들은 동시에 여러가지 일을 본다. 성인에게 한 약속을 지키거나 신의 은총을 구하며, 춤, 음악, 불꽃놀이를 즐기고, 매년 한 번 씩 마주치는 지인들을 만나고, 소식을 나주고, 건배를 하고, 의사에게 도움을 청하고, 물건을 사고팔며, 마지막으로 지난 1년의 노동에서 잠시 벗어나는 시간 동안 휴식을 취한다. 수백 년 동안 같은 장소에서 장날이 열렸고, 멀리 떨어져 있는 같은 마을 사람들이 매년 참석하여 격식을 차리면서 다른 마을들과 특별한 관계를 다져간다. 이런 관계는 아마도 유럽 침입 이전부터 시작되었을 것이다.

다양한 지역에서 생산된 후 1년에 한 번 씩 크게 열리는 장날에 한곳에 모인 생산물들은 긴 여행을 한다. 이 여행에는 전문화된 공동체들이 만드는 수공예품의 유통도 포함된다. 토지 경작이 원주민공동체의 경제적 기반이고, 거의 대부분의 지역에서 집집마다 다양한 수공예품을 만들기는 하지만, 기본적으로 시장을 염두에 두고 특정 품목의 제작을 특화시킨 공동체가 있다. 일부 품목은 오랜 전통을 가진 수공예품으로, 에스파냐 접촉 이전에 사용되었던 기술이 지난 5세기 동안 거의 변하지 않고 계승되었고, 형태와 장식의 모티프가 사실상 옛날과 다르지 않다. 회전선반없이 진흙으로 형태를 잡고 장작더미 아래에서 구운 커다란 토기, 허리

　　　　　　　　　　　　　　1부 부정당한 문명

베틀로 짠 코유칠[7], 면직물로 만든 우이필[8], 유럽 침입 이전에 사용하던 기술로 마감처리를 한 목공예품, 나무껍질을 두드려 만든 종이가 그런 경우다. 당연히 다른 것들은 식민자들의 기술, 필요, 취향이 개입되면서 속속들이 바뀌었다. 아마테[9] 종이에 그리는 그림처럼 오랜 수공예 전통 위에서 아주 최근의 혁신이 빚어낸 결과물도 있다. 공동체가 수공예품을 특화시키곤 하는 것은, 어떤 경우든지 자급자족이라는 원주민 경제의 기본적 방향과 모순되지 않는다. 수공예품 생산은 공동체의 농경을 온전히 대체하지 못하지만 교환 능력을 강화시키는데, 교환 능력이란 지역 단계에서 생산을 다변화시킬 또 다른 자원이 된다. 또 다른 한편에서, 다른 공동체와 비교하여 어느 공동체가 상대적으로 전문화되는 것은, 지역 공동체를 넘어 더 넓은 맥락에서 원주민 세계의 자급자족에 기여하는 하나의 전략으로 이해될 수 있다. 만약 원주민공동체 자체를 주요 시장으로 삼는 생산물을 생각한다면 이것은 유효한 전략이다.

원주민공동체의 기본적인 생산자원을 소유하고 양도하고 사용하는 형태 역시 경제활동의 기본적 방향을 반영한다. 토지는 근본적인 중요성을 가지므로 가장 훌륭한 사례이다. 원칙적으로 토지는 사유재산이 아니라 공유재산이다. 각 가족의 가장에게 경작지를 할당하는 메커니즘이 있어서 한 사람이 여러 해 동안 토지 이용권을 가질 수 있으며, 나중에 자손에게 넘겨줄 수도 있다. 또는 공동체에 다시 귀속시킨 후 정해진 규범에

7　코유칠(coyuchil)은 나우아어로 '코요테의 면'이라는 뜻으로 육지면을 가리킨다.

8　우이필(huipil)은 원주민 전통복색으로 여성들이 착용하는 소매 없는 긴 웃옷이다. 일반적으로 면직물에 화려한 수를 놓아 만들며, 지역에 따라 수의 모양이 달라 원주민의 소속 지역을 짐작할 수 있는 방법이 된다.

9　아마테(amate)는 무화과나무의 일종이다. 멕시코, 과테말라 등 중앙아메리카에서는 아마테로, 콜롬비아에서는 치베차(chibecha)로 다양하게 불린다. 아마테 종이는 목피지이다.

따라 같은 공동체의 다른 구성원에게 양도할 수도 있다. 농사에 적합하지 않은 산과 숲도 공유재산이며, 모든 공동체 구성원이 필요한 것을 얻기 위해 이용할 수 있다. 일반적으로 개인 재산으로 인정되는 땅조차 일정한 제약을 받기 마련이어서, 공동체의 다른 구성원에게만 판매가 허용되고 외지인에게 판매가 금지된다.

땅은 상품으로 이해되지 않는다. 땅과는 훨씬 깊숙이 연결되어 있다. 땅은 필수적인 생산 자원이지만 그 이상이기도 하다. 땅은 공동의 영토이며, 계승된 문화적 유산의 일부를 이룬다. 그것은 연장자들의 땅이다. 그 땅에는 선조들이 잠들어 있다. 거기, 그 구체적 공간에는 초월적 힘이 다양한 형태로 드러난다. 그곳에는 축복받은 존재들과 억눌러야 하는 저주받은 존재들, 신성한 장소들, 위험한 장소들, 참조지점들이 있다. 땅은 살아 있는 존재로 인간의 행동에 반응한다. 따라서 땅과의 관계는 그저 기계적인 것이 아니라 수많은 의례를 통해 상징적으로 확립되며 신화와 전설에서 표현된다. 자신이 머무는 그 땅에서 출발하여 세계에 대한 이미지가 만들어지는 경우가 많다. 그 땅이 곧 세계의 중심이다. 사는 곳을 옮긴 마을들은 오늘날 다른 곳에 땅을 가지고 그곳에서 살아갈 수 있다 하더라도 이주하기 이전 고향 땅에 대한 기억과 그 땅을 회복하고 싶은 열망을 집단기억에 가지고 있다. 집단과 영토(구체적으로 규정된 어느 한 집단과 영토)는 원주민 문화들에서 분리될 수 없는 하나의 단위를 형성한다. 역사의 흐름 속에서 원주민 영토의 화신들과 오늘날 드러나는 문제에 대해 앞으로 다루게 될 것이다.

그러한 공유영토(역사-영토, 문화-영토)와의 관계 속에서 자급자족을 희망하는 집단이 정의되기도 한다. 우리는, 그 장소의 사람들은 (혹은 그 집단의 사람들: 여기서 땅과 마을은 같은 의미이다) 그러한 것들을 하고, 그러한 물건들을 제작하고, 그러한 관습을 가지고 있다. 원주민공동체의 사회적 직조는 한눈에 보이는 것보다 훨씬 더 복잡하고 다양한 문화적 씨실로 짜여 있다. 전문화된 직종, 활동, 지식의 양은 놀라울 정도다. 이를테면 약을 취급하는 것은 일반적 분야에 해당하는 지식이자 행위로 일반적 병증을 다루기 위해 가정에서 다루는 일이기도 하고, 조상 대대로 내려온 위중한 질병을 다루는 전통을 보존하는 여러 전문가의 존재가 확인되는 분야이기도 하다. 원주민 문화들에서는 질병의 원인을 초월적 힘의 개입으로 설명하곤 한다. 인간들 사이를, 인간과 우주 사이를 조화롭게 하는 규범을 위반하였으므로 부적절하다고 여겨지는 행동을 처벌하기 위해 그런 힘이 움직인다. 그리하여 의학적 처치에는 속죄의 의례와 전통적으로 처방되는 의식이 포함되기도 한다. 그러나 각 문화에 따라 축적되고 체계화된 행위의 결과, 약초를 비롯한 여러 약이 지니고 있는 치유력에 대한 깊은 지식도 존재한다. 자기 문화 내에서 의미를 지니는 상징적이고 정서적인 맥락에서 적용될 때 약의 치료 효과는 강해진다. 이러한 치료는 많은 병이 심신의 특징을 가지고 있음을 인정하고, 영혼의 병듦처럼 육체의 병듦을 다루는 복합적 처치이다. 원주민 의사는 신체의 '자연스러운' 증상을 바탕으로 진단하고 처방하는 전문가이지만 그 증상을 폭넓은 상징적 의미의 틀 안에서 해석하며, 결국 통합적 건강을 다시 찾도록, 또는 경우에 따라 죽음으로 가는 길을 적절하게 준비하도록 문화의 수많은 요소를 실행하기도 한다. 원주민의 약이라는 사례에서 사유의 다른 분야들과 사회적 삶의 엄격한 경계를 설정하는 것 역시 가능하지 않다. 즉 행동이 건강의 조건을 만들고, 식물이 가진 치유력에 대한 지식은 자연에 대한 전체적 개념 형성의 일부를 이루며, 그에 상응하는 상징으로 표현된다. 우리가 종교라고 부르는 것과 약이라고 부르는 것은 다양한 경계를 넘나들며 서로 엮이다가, 심지어 그 경계가 지워지기도 한다.

원주민공동체에는 필요한 기능을 수행하기 위한 여러 전문가가 있다. 그런 기능은 일반적인 능력을 넘어서는 것으로, 집짓기, 농기구 제작, 세라믹이나 나무로 물건 만들기에 대해 다른 사람들보다 더 잘 아는 사람들이 있다. 또한 날씨를 다루는 전문가도 있어서, 폭풍우를 밀어내고 적당한 비를 가져온다. 고인을 추모하는 자리에서 노래하는 사람과 축제에서 춤을 추는 명인이 있다. 음악가, 이야기꾼, 역사를 아는 연장자가 있다. 지금 여기서는 그런 수많은 활동에 대해서 간략하게라도 설명할 수가 없지만, 원주민공동체가 갖추고 있는 각각의 전문성은 오로지 고유문화라는 맥락에서만 온전히 이해될 수 있다는 점을 설명하기 위해 약이라는 사례를 들었다. 공동체의 삶 전체를 통합시키는 다른 일들에서 분리한 채, 개념 형성의 범위를 벗어나서 활동 각각을 별개의 것으로 떨구어 놓고 분석하여 평가하기는 어려운 일이다 ― 그리고 그건 쓸모없는 일인 경우가 많다. 결국 각 집단의 자급자족 능력이 전반적으로 갖추어진다. 우리가 익숙하게 사용하는 '전문가' 또는 '권위자'에 대한 정의를 기계적으로 전이시키면 원주민공동체에서의 삶을 이해하는 것이 어려워진다. 말하자면, 접골사는 농민인 동시에 음악가일 수 있으며, 다른 사람들과 마찬가지로 정기적인 테키오에 참여할 뿐 아니라 올해는 성모의 마요르도모일 수도 있다. 공동체를 잠시 방문해보면 아마도 원주민공동체에 대한 이미지를 완성할 수 있을 것이다.

원주민 마을들에서 권위는 사회적 명예와 결합된다. 원주민은 전 생애에 걸쳐 공동체에 봉사할 수 있는 능력을 보여줌으로써 사회적 명예를 얻는다. 공적 삶의 영역에서 공동체에 봉사하는 방법은 카르고 시스템 sistema de cargos에 발을 들이는 것이다. 모든 집단에는 서열화된 직위 체계가 있고, 이 체계가 공동체 정부를 구성한다. 대부분 1년 임기의 직책이다. 자원직이라 지원자가 해당 기관에 스스로 참여의사를 밝히는 경우도 있고, 임명직이나 선출직이라 의무적으로 사람을 채워야 하는 경우도 있다. 가장 낮은 직책에서 시작하여 올라가야 한다. 가장 젊고 어린 사람들은 서열이 높은 직책을 맡고 있는 사람들의 지시에 따라 하위직(주로 토필 topil이라고 불린다)을 맡는다. 각 직책에는 정해진 소임이 있다. 점차 고위직으로 올라가면서 책임이 커지는데, 소임을 다하는 데 드는 시간과 비용이 늘어난다. 가령 마요르도모는 공동체에서 숭배하는 성인을 기리는 연례축제를 준비하는 책임자로서 그 비용을 마련해야 한다. 적어도 음악가와 성직자에 대한 수고비, 참석자에게 대접할 음식과 음료, 성상에 봉헌할 장식과 옷, 폭죽과 불꽃에 쓸 비용이 필요하다. 화폐 수입의 수준을 고려했을 때 꽤 큰 지출을 감당하기 위해 마요르도모는 여러 대안을 강구한다. 축제가 있을 때 잡거나 팔 생각을 하면서 가족 단위로 가축을 기르거나, 자기가 이미 한 부조 혹은 앞으로 할 부조를 염두에 두고 호혜성을 바탕으로 가문의 다른 구성원의 부조를 받는다. 또는 일시적으로 남의 일을 해주기도 하는데, 그런 일은 일반적으로 공동체 밖에서 이루어진다. 빚을 지거나 할 수 있는 만큼 저축을 하기도 한다. 이럴 때 원주민공동체의 연대의 고리가 명확하게 작동한다. 왜냐하면 마요르도모의 명예는 가족, 가문, 바리오의 명예이기도 하기 때문이다. 이러한 의례활동에 사용되는 비용을 사치비라고 하는데, 이러한 방식으로 자원을 투자하는 이유를 명예의 경제economía de prestigio라는 독자적인 경제 양식으로 설명해왔다. 이런 설명은 많은 사람에게 비합리적으로 들리게 되었다. 자본을 증식시키는 데 생산적으로 투자할 수 있는 것을 무용한 축제에 써버리고 마는 일은 원주민의 무능을 설명하는 또 다른 증거가 될 뿐이다. 이보다 더 나은 설명 방식이 있을 것이다.

카르고 시스템은 민간 기관, 종교 기관, 윤리 기관의 특징을 모두 지니는 공동체 권위기관을 형식화한다. 이 세 가지 특징은 분리할 수 없게 얽혀 있으며, 점진적으로 권위를 획득한다. 보통 마요르도모가 가장 고위

직인데, 한 개인이 서열화된 직책을 모두 역임하고 이렇게 최상위직까지 오르면, '프린시팔레스'[10]라는 집단에 속하게 된다. 공동체의 최고 권위가 이 집단에게 있다. 이것이 의미하는 바는, 집단에서 중요한 자리에 서려면 각 문화가 규정하는 규범과 기대에 걸맞는 행동으로 공직을 수행할 의지와 능력을 수년 동안 증명해 보여야 한다는 점이다. 공동체가 필요하다고 여기는 기능을 수행하기 위해 생애 긴 시간 동안 시간과 자원을 투자해야, 인정받는 정당한 권위에 도달할 수 있다는 뜻이다. 서열화된 직위 체계에서 승진하는 만큼 경험을 쌓는다. 그렇게 하여 모든 소임을 거친 사람은 공적인 일들이 어떻게 되어야 하는지 알게 되고, 연속성을 확보하고 집단적으로 발생하는 만일의 사태에 대처할 수 있는 사람이 된다. 덧붙여, 그들이 쌓아온 미덕이 인정받은 덕분에 개인적 삶의 결에서도 그들의 조언에 귀 기울이게 될 정도로 리더쉽을 갖춘 사람이 된다.

　몇 줄로 묘사한 이런 정부조직은 동일한 지향을 갖는 개인의 행동과 의지를 전제로 한다. 바라는 바와 가치가 공유되었을 때만 그러한 수렴이 가능하다. 깍듯하게 예의를 차려 정중하게 대우해주지만 어떤 식으로도 물질적 이익이 없는 명예와 공공의 이해만을 위해 공동체의 소임을 다하려 개인과 가족이 희생하는 것은 현대 자본주의 사회의 개인주의적이고 축적을 중시하는 관점에서는 이해하기 어려운 삶의 지향이다. 왜 그렇게 행동할까? 그러한 행동은 왜 수용되며 찬사를 받을까? 물론 명예 실추, 사회적 평판 하락, 쑥덕거림, 가족과 권위기관이 주는 행동의 제약 같은 사회적 압박의 메커니즘이 개입된다. 집단의 문화가 정한 것(즉 직책을 맡아서 사치비를 대는 데)에 돈을 쓰는 대신 개인적으로 부를 축적하는 사람은 명예와 권위를 얻는 것과 멀어져 그것을 상실한다. 공동체에서 퇴출될 정도로 갈등이 깊어질 수도 있다(나중에 살펴보겠지만, 개신교인이 되어 전

10　프린시팔레스(principales)는 사전적인 의미로 '주요 인물'을 뜻한다.

통적 정부 시스템에 참여하기를 거부하는 사람들에게 이런 일이 많이 생긴다).
그러나 사회적 압력에는 설명이 더 필요하다. 앞서 언급했듯이 한 집단은
전수되어온 문화적 유산의 배타적 소유자로 여겨지는데, 그 집단의 구성
원으로 인정받고 받아들여지려면 반드시 카르고 시스템에 참여해야 한
다는 점으로 설명이 가능하다. 문화적 유산에 정당하게 접근하고 그와 관
련된 결정에 관여할 수 있으려면 집단의 구성원이 되어야 한다. 구성원이
되려면 (돌고 도는 문제다) 집단적 규범을 받아들이고 있음을 증명해야 한
다. 카르고 시스템에 일부 참여한다는 것에 담겨 있는 지향과 그 시스템
이 함축하고 있는 삶의 근본적인 지향은 집단의 구성원인지 아닌지 판가
름하는 기본적인 규범 가운데 하나이다. 이러한 조직 형태가 중요한 만
큼, 고향을 떠난 이주민들은 집단 구성원으로서 권리를 잃고 싶지 않다면
자신들의 의무를 다하기 위해 매년 출신 공동체로 되돌아간다.

　　지금까지 언급한 원주민 문화의 다양한 측면들이 일치하는 지점이
이제 가시화된다. 자급자족을 추구하며 이루어지는 생산은 명예의 경제
와 만난다. 양쪽 모두 삶의 물질적 수준을 평준화하는 경향이 있으며, 부
의 격차가 싹트지 못하게 한다. 호혜성에 기반한 가족과 이웃 간 연대의
고리는 같은 방향으로 작동한다. 권위를 얻기 위한 메커니즘을 통해서도
그렇게 된다. 사유재산으로서 토지에 가해지는 제약과 공유재산은 그런
것들과 일맥상통한다. 손에 잡히는 범위 안에 있는 통제 가능한 모든 자
원을 다양하게 활용함으로써 필요한 것을 자체적으로 충당하려는 한 사
회의 모습이 여기 그려진다. 그러한 사회는 노동관계 그 자체보다 다른
사회적 관계(예를 들어 친족관계)에서 나타나는 성실과 연대의 복잡한 망
을 작동시켜서, 일의 규모에 따라 다른 비율로 일손을 확보하는 방법으로
노동력을 조직한다. 이런 사회에서는 공동체를 향한 봉사가 명예와 권위
로 보상받으며, 개인의 온전한 자아실현에 도달하는 방법이다. 각 개인이

복합적인 능력을 개발해나갈 수 있는 가능성을 제공하고, 그러기를 요구하는 것이 이런 사회에서 삶의 형식이다. 이 모든 것은 인간과 우주universo에 대한 초월적 비전을 통한 관념의 질서 안에서 표현되고 정당화된다. 그러한 개념 형성에 따라 우주적 질서가 자연을 지배하며, 모든 존재는 그러한 질서를 따라야 한다. 인간은 자연의 일부이지 자연과 맞서는 것이 아니다. 자연은 적이나 지배의 대상이 아니라 인간의 삶과 조화를 이루어야 하는 눈앞의 모든 것이다. 노동은 살아 있는 자연과의 관계를 운반하는 수단이라는 의미를 획득하고, 인간들 사이에서와 마찬가지로 인간과 자연의 관계는 호혜성에 바탕을 둔다. 따라서 공동체에 대한 봉사는, 그것이 어느 영역에서 수행되는 것이든 역시 노동으로서 인정된다. 우주적 질서의 동일한 원리들은 자연을 이해하는 토대가 되는 분류 체계에서 발견되는 것으로 보인다. 즉 현재까지 연구된 바에 따르면, 식생에 대한 원주민의 분류는 세계를 인식하는 선조들의 방식에서 따온 용어들을 사용하는 경우가 많다. 식물의 이름을 붙일 때는 식물 고유의 특징들을 우주의 방위를 상징하는 색깔과 연결 짓는 경우가 많다. 이때 우주의 방위는 인간의 운명과 관련된 신성들과 대응된다. 알려진 바에 따르면 인체의 부분, 기관, 요소를 구별할 때 분류의 원칙이 적용되기도 한다. 그렇게 하여 건강과 질병에 대한 개념 형성들과 연결되고, 각 질병에 해당되는 치료와 의례적 행위와 연결된다. 관련 연구가 드물기 때문에 이러한 의미에 대해 알려진 바는 매우 적지만, 원주민 마을들의 사회문화적 실천을 이데올로기적으로 지탱하고 일관성을 부여하는 인간, 삶, 우주의 근본적인 문제들을 집단적으로 재현하고 있다는 점은 분명하다.

　초자연적 세계는 이러한 우주관에서 가장 중요한 역할을 수행한다. 인간의 통제를 벗어난 힘은 샘물의 주인, 언덕의 주인, 동굴의 주인, 비와 번개의 지배자들, 갓난아기들의 삶과 운명을 함께하는 동물, 공기, 땅 자체 등 어떤 존재들로 구현된다. 이렇게 그 힘을 상징하는 존재들의 긴 목록으로 구현시켜야 그것을 이해할 수 있다. 자연과의 관계를 재현하는 초자연적 실체들을 위로하는 의식을 통해 그 관계가 상징화된다. 자신이 속한 우주의 근본적이고 분리 불가능한 일체성에 인간이 가담하고 있음을 상징적으로 표현하는 일관된 방법이 이것이다.

코스모스와의 일체성은 시간이라는 또 다른 초월적 영역에서도 표현된다. 서구의 개념 형성과 달리 메소아메리카 문명에서 시간은 순환과정적 시간이지 직선적 시간이 아니다. 우주는 동일하지 않은 순환과정을 연쇄적으로 통과하지만 끝없는 나선형처럼 동일한 단계를 지난다. 하나의 순환과정이 끝나면 다른 유사한 순환과정이 시작된다. 인간은 우주의 나머지 다른 순환과정들과 조화를 이루는 인간 자신만의 순환과정을 완수한다. 이러한 필연적 조화는 농사력에 따른 의식들에서 의례적으로 표현되는데, 그러한 의식들은 갱생을 의미하며, 인간의 개입이 필수적이다. 다시 살펴보겠지만, 시간에 대한 순환적 일반개념은 역사의식에도 나타난다. 식민지배 이전의 황금시대, 자유로웠던 과거는 영원히 상실한 죽은 과거가 아니라 희망의 토대이다. 시간의 순환과정에서 그러한 시대는 돌아올 것이기 때문이다.

이 절에서 내가 원주민 문화에 대해 선택적으로 요약한 바와 관련하여 몇 가지 논점을 명확히 할 필요가 있다. 첫째, 선택의 의도를 정확히 짚어야 한다. 원주민 문화의 모든 특징을 건드리는 종족지학적 종합의 요약을 시도한 것이 아니다. 메소아메리카 문화들이 가진 근본적이고 결정적인 특징이라고 생각되는 것들을 부각시키는 이미지를 만들기 위해 특히 타당하다고 생각되는 측면을 선택한 것이다.

둘째, 이렇게 종합하면서 멕시코의 다양한 원주민 문화에 나타나는 공통적인 특성들을 기술하려고 애썼다. 그럼에도 불구하고 그 문화들이 절대적인 획일성을 보여준다는 이미지로 남아서는 안 된다. 원주민의 다양한 문화를 비교해보면 주목할 만한 차이들이 발견될 것이다. 여기서 언급하는 일반적인 특성들이 나타나는 고유한 형식은 하나씩 미세하게 변이하며, 당연히 저마다 고유한 윤곽을 갖는 구별 가능한 요소들이 발견될 것이다. 내가 생각하기에 그러한 변이는 특정한 어느 문화를 세밀하게 이해하는 데 아주 중요할 수는 있지만, 여기서 묘사한 공통적인 일반적 틀의 존재에 의문을 제기할 정도는 아니다. 동일한 문명에 소속된 결과, 다양성 내부에 존재하는 일체성을 다룬 것이다.

마지막으로 가장 중요한 점은 원주민 문화를 그리는 이러한 파노라마 속에서 원주민 마을들이 처한 오늘날의 현실이 극히 일부분만 다루어졌다는 점이다. 현실은 훨씬 더 복잡하고 모순적이다. 삶의 전통적 형식은 새로운 스타일과 갈등하며 공존한다. 새로운 관념, 새로운 필요, 새로운 사람과 다른 사물들의 존재로 응집력은 균열을 일으킨다. 자급자족의 장은 위축되고, 끈질기게 추적당한 보루만이 버티고 있다. 자녀들이 조상의 언어를 구사하지 않기를 바라는 부모들이 있다. 이주가 증가한다. 이러한 명백한 현실 앞에서 앞서 보여준 원주민 문화의 그런 이미지가 무슨 가치가 있을까? 앞질러 말하자면, 이 책의 2부에서 원주민 마을들의 현재 상황을 특징짓는 이 모든 문제를 다룰 것이다. 지금은 원주민 마을들의 **자치 문화**cultura autónoma를 특징지으려 시도한 것이다. 각 마을이 전해 받은 문화적 유산 위에 자치 문화가 서 있으며, 각 마을은 그런 문화를 통제하고 결정한다. 이것은 자치 문화와, 그 문화를 구성하는 요소들(물질적 요소, 조직의 요소, 지식의 요소, 상징적 요소, 정서적 요소)에서 출발한다. 각 마을을 둘러싸고 있는 세계가 변하고, 세계와 마을이 맺고 있는 관계가 변하고 있다. 각 마을은 이러한 새로운 상황과 직면하고 있다. 자치 문화에 토대를 둔 각 집단은 새로운 환경에 적응한다. 그들은 삶의 모든 질서에서 자신의 공간을 지키기 위해 저항하며, 외지의 문화적 요소들을 전유하여 결국 유용하고 공존 가능한 것으로 만든다. 그리고 새로운 해결책, 새로운 발상, 타협의 새로운 전략을 발명한다. 그리하여 경계가 뚜렷하고 차별화된 집단으로서 존속할 수 있게 되고, 그 집단의 구성원은 고유하고 차별화된 공동의 문화적 유산에 접근할 수 있게 된다. 자치 문화는 그 현실의 일부일 뿐이지만 원주민 마을들의 존재 이유가 거기에 있다.

III. 탈원주민화된 원주민적인 것

식민지배 이데올로기로 인하여, 생생한 메소아메리카의 유산은 원주민이라고 인정된 일부 주민으로 제한되어버리지만, 현실의 국민은 다르다. 원주민적인 것의 현존과 유효성은 매우 다양한 종류의 문화적 특성으로 멕시코의 거의 모든 사회문화적 스펙트럼에서 발견된다. 메소아메리카 문명에 기원을 두고 있다는 점에서 논란의 여지가 없는 그러한 문화적 특성들은 멕시코 사회의 여러 집단과 계층에 각기 다른 규모로 펴져 있다. 어떤 측면에서 보자면, 원주민 문화의 현존은 너무나 일상적이고 모든 곳에 스며 있어서, 오늘날 비원주민 정체성을 가지게 된 사회 부문까지도 원주민 문화를 이어받게 할 수 있었던 오랜 역사의 과정과 그 문화의 깊은 의미에 대해 주의를 기울이는 일이 드물다.

하나 혹은 수많은 삶의 형식

원주민 문화의 다양성이 메소아메리카 문명의 기본적 일체성 내에서 눈으로 확인된다면, 비원주민으로 구성된 멕시코 안에서 문화적으로 상이한 집단들은 그렇지 않다. 비원주민의 멕시코에서 차이는 훨씬 더 각인되어 있으며, 이제 살펴보겠지만 그 차이를 동일한 문명의 변이 혹은 하위문화로 보려 하면, 차이를 제대로 설명하기 어렵다. 식민지배의 기본적인 틀 안에서 작동하는 권력관계의 역사가 그러한 다원성 뒤에 놓여 있

1부 부정당한 문명

다. 이어지는 장에서 주의 깊게 다루게 될 점을 한발 먼저 언급하자면, 멕시코에서 비원주민 문화의 일체성과 응집력이 부족하다는 사실 자체가 '우월'하다고 상정된 국민 문화에 원주민을 통합시키려는 프로젝트에 근본적인 의문을 던진다. 왜냐하면 단일한 국민 문화란 존재하지 않고, 수많은 사회적 삶의 형식들의 이질적 총체만이 존재하기 때문이다. 다양한 삶의 형식들은 심지어 모순적인데, 각 집단이 메소아메리카 문명과 역사적으로 맺어온 관계의 방식이 다르다는 점이 중요한 이유 중 하나다.

문화적 다양성의 첫 번째 요소는 영토이다. 지리적 다양성이 문화적 차이를 결정하는 절대적 요소는 아니지만, 각 지역의 삶의 방식을 구별 짓는 수많은 특징을 감추고 있는 것은 분명하다. 앞에서 살펴보았듯이 이것은 메소아메리카 문명의 태동과 발전에서 대단히 중요해진 보편적 현상이다. 서로 다른 자연자원을 가진 생태적 지위의 다양성과 그것들 간의 대비는 멕시코를 문화적으로 형성해온 영속적인 틀이었다. 그러나 그 틀이 가진 구체적인 중요성이 언제나 같았던 것은 아니다. 자연은 오로지 문화를 통해서만 의미를 획득하고 인간을 위한 자원으로 변형되며, 그 문화는 역사적 흐름 속에서 변이하기 때문이다.

멕시코의 지역region들은 여러 가지 관점에서 연구되어왔다. 멕시코의 지역 구분은 땅의 종류, 기복, 식생, 기후, 다른 자연적 속성 등 물리적인 지리에 바탕을 둔다. 또한 생산 활동의 분포와 특징에 따라 경제적 의미에서 지역의 경계도 설정되었다. 대부분의 연구는 현대를 대상으로 하며, 경제적 의미에서 지역의 역사적 형성과정을 펼쳐 보여주는 비주류 연구들이 몇 가지 있다. 그러나 문화적 의미에서 멕시코의 지역을 종합적으로 다루는 저술은 아직 없었다. 이런 주제에 몇 가지 난제가 있는 것은 사실이다. 몇 가지 예외적인 문화적 특성의 존재 유무로 한 지역을 규정할 수 있다고 보기 어렵기 때문이다. 그리고 문화적 의미에서 지역이란 역사적 현상이라서, 다른 종류의 요소들에 의해 변형되고 재배치된다는 점을 고려하면서 현실에 근접한 하나의 이미지를 만들게 해줄 (역사적이고 현재적인)모든 정보를 다루기도 어렵다. 파노라마처럼 체계적으로 펼쳐 보여주기는 어렵지만, 여러 지역의 문화들이 존재한다는 사실은 부정할 수 없다. 사람들과 대화하려는 의지와 열린 마음으로 멕시코를 잠시 여행해 보는 것만으로도 그 사실을 쉽게 확인할 수 있다.

북쪽 출신은 베라크루스주나 바히오Bajío[1] 출신과는 생활습관, 살아가는 방식, 관습(다시 말해 그 문화의 다양한 측면)에서 매우 다르다. 그러나 소노라Sonora주의 시골 문화는 누에보레온Nuevo León주의 시골 문화와 같지 않기 때문에 북쪽 출신을 일반화할 수도 없다. 우리가 곧 다루게 될 농촌과 도시의 차이 때문이 아니다. 멕시코 내의 공간들을 저마다 독자적으로 만들어온 서로 다른 역사가 낳은 결과이다. 다양한 출신의 식민 파견대가 제각기 다른 1차 목적(광산, 목축업, 상업, 국경경비 등)을 가지고 어떻게 땅을 점령했고, 유럽 침입 이전 각 지역에 자리 잡고 있었던 원주민과 어떻게 관계를 맺었는지에 따라 다른 결과가 나타났다. 원래 살던 주민이 전멸하거나, 쫓겨나거나, 탈원주민화 된 곳이 있는 반면, 어떤 곳에서는 원주민 고립영토가 존속되었다. 코아우일라Coahuila주의 무스키스Múzquiz 무니시피오[2]에 위치한 엘나시미엔토El Nacimiento에 정착한 미국 출신 흑인들[3], 베라크루스주의 산라파엘San Rafael의 프랑스인들[4], 푸에블라주 치필로Chipilo의 이탈리아인들처럼[5] 상대적으로 최근에 외지인들이 정착한

---

1 현재 멕시코의 중북부에 해당하며, 아과스칼리엔테스주, 할리스코주, 과나후아토주 등에 걸쳐 있는 지역을 부르는 이름이다. 지리적, 역사적, 경제적, 문화적 공통점을 지니고 있어 하나의 지역으로 간주된다.

2 무니시피오(municipio)는 멕시코의 기초행정단위로, 한국의 군에 해당한다.

외딴섬 같은 곳들도 있다. 노예들이 가져온 아프리카 문화의 영향은 거의 연구가 되지 않았는데, 흑인 인구 규모와 지역 인구 대비 차지하는 비율, 지역사회의 다른 사람들과 맺는 관계의 특수한 조건에 따라 지역마다 다른 흔적을 남긴 것이 분명하다.[6]

멕시코 전체와 각 지역 내부에서는 시골과 도시가 뚜렷하게 대비된다. 도시적 삶의 형식은 시골 삶을 특징짓는 형식들과 표면상 다르다. 여기에는 인구조사 통계의 눈속임과 허점도 있다. 즉 인구수 2,500명을 기준으로 도시지역과 시골지역을 구분하면 현실이 반영되지 않는다. 많은 마을이 상당히 대규모 인구를 가지고 농민 문화 속에서 살아가며, 대도시의 광범위한 부문들도 이제 막 도시에 온 시골 출신에다가 농민 세계와 밀접한 관련을 맺고 있음을 보여주는 삶의 형식들을 대부분 유지하고 있기 때문이다. 멕시코 사회의 시골 부문과 도시 부문의 정확한 수치화와 별개로, 그 두 가지가 존재하고 제각각 다른 문화를 구현하고 있다는 점은 분명하다. 이 점이 비원주민 영역에서 문화적 다양성을 두드러지게 만든다. 도시/시골이라는 이분법이 기본적으로 함축하는 바는 이번 장의

3   17세기 말부터 미국 조지아와 사우스캐롤라이나주 플랜테이션의 아프리카계 노예들이 플로리다주로 도망가서 플로리다 원주민인 세미놀(seminole)인과 연합하였다. 블랙 세미놀(Blak Seminole)이라고 불리는 이들은 멕시코 북쪽으로 이주하였고, 1852년 엘나시미엔토에 정착하였다.

4   1833년 멕시코만의 해안가에 프랑스인들이 이주하여 만든 도시로 현재에도 프랑스계 주민들이 거주하며 2004년 무니시피오로 승격되었다.

5   1875년 멕시코 정부는 농촌의 근대화를 목적으로 베라크루스주와 푸에블라주에 약 3,000명의 이탈리아인 이주를 받아들였다. 이주한 이탈리아인 일부가 1881년 치필로에 자리를 잡았고 오늘날까지 이탈리아 문화를 유지하고 있다.

6   2000년 이후 아프리카계 멕시코인이라는 의미의 아프로메히카노(afromexicano)에 대한 연구가 활발히 진행 중이다. 이 책의 저자가 짐작했듯이 아프리카 문화가 멕시코에 남긴 자국은 깊다.

세 번째 절에서 다루게 될 것이다.

멕시코의 지역 간 문화적 차이와 도시와 시골 공간 간의 문화적 차이를 우리가 '수평적'이라고 부를 수 있다면, 비원주민 사회의 문화적 파노라마는 계층과 계급으로 서열화된 사회의 구분을 따르는 '수직적' 차이가 겹겹이 포개진 채로 펼쳐진다. 여러 종족 집단이 모여 살거나 차별화된 문화를 가진 지역들이 공고해지면서 나타나는 문화적 대비와 달리, 계급과 계층 구분에서 기인하는 문화적 변이는 층위에 따라 이해되어야 한다. 말하자면, 공통의 기원을 가진 하나의 사회에서 그 사회를 구성하는 집단들은 문화 역시 공유하며, 그 문화에 각기 다른 정도로 가담한다. 그러한 가담의 정도를 정하는 지배적 사회 질서는 사회의 일부문을 희생시키며 나머지 다른 부문에 기회와 특권을 제공한다. 비원주민 멕시코 사회에서 문화적 층위의 문제는 원주민과 유럽인이라는, 멕시코를 구성하는 주민을 근본적으로 나누는 두 가지 기원과 필연적으로 연관된다. 비록 이데올로기적으로는 두 가지 뿌리를 가진 혈통과 문화가 조화롭게 결합된 하나의 메스티소 사회임을 주장할지라도 현실은 다르다. 최근까지도 민중 부문과 계급 대부분은 원주민 뿌리를 가지고 있기 일쑤라서 메소아메리카 문화 요소를 충실히 보존할 수 있었다. 반대로 상위 계급의 일부 부문은 에스파냐 식민자의 직접적 후손이라고 볼 수 있으며, 비원주민 문화 형식을 주로 보존해왔다. 이러한 문제를 2부 4장에서 상세히 다루게 될 것이다.

따라서 비원주민 사회의 문화적 파노라마는 동질적인 것과는 매우 거리가 멀다. 원주민적인 것의 현존은 이질성을 초래하는 뿌리 깊은 원인 중 하나인데, 이것 또한 지역들 사이에서도, 시골과 도시 사이에서도, 다양한 계급과 사회계층들에서도 동일하지 않다. 이러한 상황을 전반적으로 탐구할 것이다.

농민 세계

전통적 농민공동체 가운데 다수는 원주민공동체로 간주되지 않고, 그곳의 주민들 역시 원주민으로서 권리를 주장하지 않는다. 그러나 전통 농민 문화에 대해 세밀하게 검토한 결과에 따르면, 전통적 농민공동체에도 앞 장에서 묘사한 원주민 문화의 수많은 고유한 측면들과 유사한 모습이 뚜렷이 나타난다. 원주민 문화에 해당하는 정체성을 상실했지만 원주민 문화를 가지고 있는 공동체일수록 더 그러하다.

그들의 기본적인 경제 활동인 농업은 대부분 원주민의 농업기술에 의지한다. 옥수수는 지역적 조건에 따라 다양하게 나타나는 밀파의 작물들과 함께 여전히 주요 작물이다. 아마 쟁기와 쟁기를 맨 가축에 많이 의지하고 있을 것이다. 탈원주민화의 주창자인 아시엔다[7]가 쟁기로 경작하기 쉬운 평지를 차지했기 때문에 그런 농기구가 널리 퍼질 수 있었다. 토지소유의 측면에서 보자면, 사유지는 에히도[8]와 공동체 소유의 산과 나란히 존재한다. 농사일은 가족의 연대와 호혜성에 기반한 이웃의 협력에 의지한다. 농사일의 대가로 임금을 지불하는 일은 찾아보기 어렵다. 살아 있는 존재로서 자연이 등장하는 신화, 민담, 전설이 전해 내려오고, 원주민 계통에 속하는 것이 분명한 초자연적 존재를 위로하는 행위와 믿음이 유지된다. 다른 한편, 원주민 문화에 나타나는 그런 관념과 행위에 의미와 응집력을 부여하는 세계관은 파편화된 채 원주민공동체에서보다 전

---

7   아시엔다(hacienda)는 식민지 시대 에스파냐인이 도입하여 17세기까지 발달한 경제 조직 형태로, 농목축업이 혼합된 대농장이자 사회조직이다. 1917년 공식적으로 폐지될 때까지 농촌사회의 중요한 조직이었고, 오늘날까지도 영향력을 가지고 있다.

8   에히도(ejido)는 공동체의 공유토지로, 식민지 시대 동안은 가축방목용 토지를 의미했으며, 멕시코 혁명 이후에는 분할, 매각, 상속이 금지된 토지를 의미한다.

통적 농민공동체에서 집단적으로 더 약화되어 표출된다.

전통적 공동체에서 '메스티소' 수공예품은 원주민 마을들에서 발견되는 수공예품과 크게 다르지 않다. 다만 전통적 공동체에서는 우이필을 비롯한 옷가지를 짓지 않고, 의례와 관련된 물건을 만들지도 않아서 어떤 수공예품은 모습을 감춘 것도 사실이다. 그러나 수공예 제작 능력의 수준은 그곳에서도 똑같고, 공동체의 구성원들이 모두 참여하여 발전시키는 문화적 자원을 부채처럼 펼쳐서 만들어야 한다는 점에서 제작방식도 다르지 않다. 그래서 사회조직의 여러 층위에서 상대적인 자급자족이 가능하도록 돕는다. 비록 원주민공동체보다는 전통적 비원주민 공동체가 통상 상업적 교역을 더 중요시 하기는 하지만, 전통적 비원주민 공동체의 경제적 지향도 자급자족이기 때문이다.

공동체 조직의 영역에서 보자면, 원주민공동체보다 전통적 농민공동체에서 무니시피오의 아윤타미엔토[9]가 더 강한 존재감과 권위를 드러낸다. 그 모든 것에도 불구하고 바리오가 존속하고 있으며, 원주민 바리오와 파라헤가 수행하는 기능 일부를 그들도 수행한다. 기본적으로 종교활동과 관련되기는 하지만 카르고 시스템도 유지된다. 공동체의 소임을 수행하는 것은 여전히 명예와 사회적 인정을 얻는 정당한 길이다. 사치비는 여전히 경제활동을 하는 목적으로서 중요성을 지닌다.

원주민 문화의 현존도 전통적 농민공동체의 삶이 가지고 있는 다른 측면들에서 분명하게 가시화된다. 가령 유사한 생태적 지위를 가지고 있는 원주민공동체와 비원주민 공동체를 비교해보면, 그 둘의 주거와 식생활은 유사한 패턴으로 맞춰져 있다. 비원주민 공동체에서도 건강을 회복하려면 원주민 유산의 일부인 다양한 행위에 의지하고, 그곳에도 약초꾼, 접골사, 조산사가 있는 것이 보통이다. 비원주민 공동체에서 그들이 하는

9   아윤타미엔토(ayuntamiento)는 기초행정단위인 무니시피오의 권위기관이다.

일과 원주민공동체에서 그들이 하는 일을 구분하기는 어렵다.

그렇다면 원주민공동체와 전통적 농민공동체를 구분 짓는 것은 무엇일까? 겉으로 드러나는 첫 번째 특성은 언어이다. 비원주민 농민은 에스파냐어만 구사한다. 전통적 비원주민 공동체에서 흔한 두 가지 사실을 고려해서 그 점을 섬세하게 이해해야 한다. 한편으로 많은 비원주민 공동체에서 연장자와 일부 가족들은 본래의 원주민 언어를 기억한다. 비록 원주민 언어를 제한적으로 사용하고, 일반적인 의사소통은 에스파냐어로 하지만 말이다. 다른 한편에서 원주민 언어에서 유래한 단어의 양이 해당 지역의 표준어보다 많다. 이러한 해명에도 불구하고 전통적 시골 공동체에서 원주민 언어가 아니라 에스파냐어를 구사한다는 점은 사실이다. 그러나 이러한 특성만으로는 많은 점에서 동일한 문화를 공유하는 공동체들이 원주민공동체 혹은 비원주민 공동체라는 각기 다른 조건을 갖는다고 설명하기 어렵다. 식별 가능한 복장도 그 점을 설명하기에 충분하지 않기는 매한가지인데, 전통복색은 원주민공동체의 구성원이기에 나타나는 결과이지 원인이 아니기 때문이다.

원주민 종족 정체성의 부재는 훨씬 더 깊은 의미를 가진 요소이다. 동일시 메커니즘이 배타적이고 고유하다고 여겨지는 문화적 유산과 연결된 '우리'의 경계를 설정하게 해주었는데, 종족 정체성의 부재는 그러한 메커니즘이 깨졌음을 드러내기 때문이다. 원주민 문화는 대부분 존속하지만, 하나로 연결된 총체이자 집단의 구성원들만이 결정 권한을 가지는 문화에 대한 개념을 형성시키고, 그 문화를 다루는 집단은 확인되지 않는다. 그러한 단절 이후 고유의 언어와 식별 가능한 복장과 같은 몇 가지 특성은, 그 존재이유였던 가장 중요한 기능 가운데 하나를 상실한다. 다시 말해, 종족적으로 차별화된 사회에 해당하는 '우리'에 속한 구성원을 판가름하는 요소로서 더 이상 기능하지 못한다. 어떤 저자들은 이러한 변화를 문화변용aculturación의 결과로 해석한다. 다른 문화를 가지고 있는 다른 사회와의 밀접한 접촉의 결과로 보는 것이다. 다른 저자들에 의하면, 카스타casta가 사회 계급의 하나로 변형되는 불가피한 역사적 과정이다. 같은 의미에서, 불가피한 프롤레타리아화의 표시로서 그러한 변화를 보려는 저자들도 있다. 나는 인종 학살과 탈원주민화에 대해 말하는 편이다. 이 점에 대해서는 나중에 다룰 것이다.

2부에서 다루겠지만 시골 공동체들의 탈원주민화는 멕시코 역사 내내 각기 다른 리듬으로 진행되어온 과정이다. 이번 세기 초 혹은 더 최근의 어느 시점까지는 원주민공동체였다가 오늘날 메스티소 공동체로 인정받은 사례를 수없이 발견할 수 있다. 그런 상황에서 원주민 문화가 삶의 많은 측면에서 지배적으로 보존된다는 점은 놀랍지 않다. 여기서 원주민공동체가 전통적 농민 마을로 어떻게 변화하는지 이해할 필요가 있을 것이다. 그 변화는 메소아메리카 문명에 해당하는 사회적 삶의 형식을 포기한다는 의미에서 변형이 아니라, 지배적 사회의 압력이 원주민공동체의 종족적 정체성에 균열을 내는 데 성공할 때 이데올로기 장에서 발생하는 과정이라는 근본적 의미로 이해할 필요가 있다. 탈원주민화가 순수하게 주체적 변화라는 뜻은 아니다. 한 집단이 추구하는 목표가 그 집단과 다른 정체성을 가진 사회적 집단에 의해 방해받는 것처럼 보일 때 지배적 사회의 압력이 강화되기 때문이다. 예를 들어 공동체 외부에서 자유롭게 일자리를 얻지 못하게 방해하거나, 지배적 사회가 추진하려는 근대화 프로그램을 거부하도록 부추겨서 그 목표를 방해하는 경우이다. 그러나 삶의 형식에서는 여전히 원주민일지라도 이데올로기적으로 스스로 더 이상 원주민이라고 여기지 않을 때 탈원주민화가 완성된다. 자신이 원주민공동체임을 더 이상 알지 못하는 원주민공동체가 될 것이다.

농민 세계는 전통적 시골 공동체로 제한되지 않는다. 멕시코 여러 지역의 농업은 농산업과 관련되어 전반적으로 자본주의화되었다. 농산업의 수확물은 시장을 목표로 하며, 특히 국외시장을 목표로 한다. 이러한 농업은 자급자족이라는 목표를 향해 나가는 것이 아니라, 이윤 축적에 반응하며, 그것이 작동하려면 임금노동을 요구하고 단일재배 생산을 하게 된다. 많은 원주민과 전통적 농민이 계절노동 일자리를 찾아 그런 곳으로 발걸음을 옮기며, 페온[10]으로 무리 지어 미국까지 가기도 한다. 궁지에 몰린 농민은 농업인에게, 농업기업가에게, 임금을 받는 페온에게 자신의 자리를 내어준다. 그럼에도 불구하고 내가 전통적이라고 부르는 세계와 다른, 이 시골 세계에서도 여전히 원주민 문화의 많은 요소가 꽃을 피운다. 지역의 삶에는 원주민적 특성과 구분할 수 없는 식생활, 약 처방, 다른 사회적 행위가 포함되어 있다. 계절 페온은 자기가 속한 문화에 여전히 연결되어 있으며, 정기적으로 공동체로 돌아가서 그 문화를 강화시킨다. 그들에게 자본주의적 농업 세계는 상황에 의해 내몰릴 수밖에 없었던 외부의 다른 세계이다. 시골의 임금노동자가 가진 원주민 문화의 배경을 고려하지 않고서는, 그들이 비원주민 전통 공동체 출신이라 하더라도 농업으로 흘러들어가는 구체적인 방법을 이해하기는 결국 불가능하다.

　　지역적 차이가 뚜렷하고 농업 생산 방식이 다양하기는 하지만, 전반적으로 농민 세계는 남의 옷을 걸친 듯이 원주민 문화를 가지고 있다. 원주민 문화는 상황에 따라 정도는 다르지만 시골 생활의 많은 영역에서 나타난다. 두 가지 점이 특히 중요한데, 첫째 메소아메리카 문명의 풍부한 농업 전통이 대체하기 어려운 축적된 경험을 가지고 있다는 사실이다. 오랜 시간에 걸쳐 지역적 조건에 맞춰 조정된 경험을 쉽게 대체하기는 어렵

10　페온(peón)은 식민지 시대에는 아시엔다에서 일시적으로 일하는 일꾼을 지칭했고, 오늘날에는 비전문 인력으로 주로 농업 및 건축업에 종사하는 노동자를 일컫는다. 계절 페온은 농사 주기에 맞춰 철 따라 이동하며 일자리를 구한다.

다. 우리가 앞에서 살펴본 것처럼 그러한 농업 전통은 자연에 대한 고유의 비전에 따라 형성된 지식의 형식과 재배 기술을 아우르는 복합물이다. 그러한 농업전통을 실천하려면 변형될 수 있고, 실제로 지속적으로 변형되는 사회적 영역과 지적이고 정서적인 관점이 필요하다. 그러나 복합물 전체가 작동하려면 응집력을 유지해야 한다. 이것이 농민 세계에서 원주민 문화의 많은 특성이 유지되는 이유 중 하나이다.

그러나 여기에는 간과해서는 안 되는 두 번째 사실이 있다. 식민체제가 이식된 후 사회만이 아니라 공간도 환원 불가능한 대척점에 있는 양극단으로 나뉘었다. 도시는 식민권력이 머무는 곳이자 정복자들의 제한적 세력권이 된 반면, 시골은 피식민의 공간, 원주민의 공간이 되었다. 이러한 분리 덕분에 원주민 – 시골 세계 고유의 사회조직 형태가 존속되었으며, 메소아메리카 문화 구성의 역동적 연속성이 가능하였다. 시골과 도시 사이의 관계는 결코 대등하지 않았다. 시골 – 원주민적인 것이 도시 – 에스파냐적인 것에 예속되었다. 이러한 동일시는 원주민과 전통 시골 주민 사이에서 이루어지는 만큼이나 도시 부문에서도 오늘날까지 지속된다. 도시적 멕시코가 시골 멕시코에 행사하는 지배가 이를 뒷받침한다. 곧이어 더 상세하게 살펴보겠지만, 시골 멕시코에 나타나는 원주민 문화의 결정적 현존을 그런 도식 안에서 더 잘 이해할 수 있을 것이다.

도시 안의 원주민적인 것

도시는 식민의 보루였다. 침입자들은 도시에 지배의 특권적 공간을 설치했다. 많은 도시가 원주민의 옛 중심지의 폐허 위에 세워졌다. 정주지가 없었던 장소에 세워진 도시들도 있다. 모든 것이 식민화의 필요성과

　　　　　　　　　　1부 부정당한 문명

이해관계에 따라 달라졌다. 어떤 경우에는 식민사업의 강화와 확장을 위해 반드시 필요한 노동력, 서비스, 생산물을 확보하는 방법으로, 대규모 인구가 정주하고 있는 영토의 중심지에 권력의 요충지를 건설하는 것이 급선무였다. 광맥 탐사와 귀금속, 금, 은을 채취하기 위한 개척마을villa과 도시를 건립해야 하는 경우도 있었다. 광산 도시 이외에도 북쪽의 호전적 유목집단의 세력권에서 광맥이 발견되면, 광물, 필수품, 인력 운송을 위한 도로를 안전하게 확보할 도시 건립이 시급했다. 사실 누에바에스파냐에서 유럽 도시 건립의 연대기는 전쟁, 지역 평정, 광산, 유럽식 농업, 목축업, 해외 교역은 물론이고 내부 교역과 같이 식민화 과정에서 우선시되는 여러 사업의 점진적 발전 과정과 엄격히 일치한다. 어느 경우든지 가능성과 필요성에 따라 규모를 달리하여, 유럽계 주민을 한곳에 모아 거주하게 할 필요가 있었다. 도시의 좁은 반경 외부에 원주민이 상주하는 영토에는 이러한 거주지가 권력의 요충지로 듬성듬성 조성되었다.

그러나 심지어 도시에도 원주민이 있었다. 멕시코시티에는 원주민만 거주하는 바리오와 동네가 있었다. 식민 질서의 속성을 표현하는 공간적 격리가 존재했다. 도시의 중심은 에스파냐인의 차지였고 원주민 바리오가 변두리를 형성했다. 식민자와 피식민자의 거주지를 분리하는 엄격한 포고령들이 있었다. 예를 들어, 페닌술라르[11]는 원주민 바리오에 거주하는 것이 금지되었고, 원주민은 도시 내에 그들에게 배정된 곳에만 거주가 허락되었다. 멕시코시티를 비롯하여 여러 도시에는 그러한 분리가 남긴 물질적 흔적이 남아 있다. 예를 들어 에스파냐식 도시의 바둑판형 배열, 오늘날 도시 팽창mancha urbana으로 흡수되었지만 도시 인근에 있었던 옛 원주민 마을들과 바리오의 이름, 건축양식의 차이, 수많은 거리의 고

---

11 에스파냐어 페닌술라(peninsula)는 반도를 뜻한다. 페닌술라르(peninsular)는 '반도 출신'이라는 의미로, 이베리아 반도 태생의 에스파냐인을 뜻한다.

유명 목록, 원래 도시의 경계를 상기시키는 몇몇의 경계초소 등에서 그런 흔적을 발견할 수 있다. 수세기 동안 도시화된 원주민은 도시에 살았지만, 유럽 출신의 식민자들과는 다른 조건에서 살았다. 진정한 도시는 원주민, 즉 피식민자에게 금지된 식민권력의 공간이었기에 원주민은 도시 삶의 많은 부분에서 밀려나 격리되어 살았다.

대도시들의 비대한 성장으로 도시 바리오 조직은 체계적이고 무자비하게 공격받았다. 도시민의 이해관계를 적절히 살피는 도시 정책의 부재를 보여주는 변덕스러운 행정적 조치도 그런 공격을 거들었다. 통치와 행정 목적으로 이루어지는 도시의 공간적 구획이, 실제 존재하는 이웃 간의 조직 형태에 따라 이루어진 공간적 배치에 바탕을 둔 경우는 드물다. 즉 일반적으로 기술 관료적 기준에 따라 새로운 도로망을 건설하고, 대규모 공공 토목사업을 진행할 장소를 결정하게 되는데, 그러한 기술 관료적 기준에는 도시 생활을 가능하게 하는 사회문화적 조직망이 반영되어 있지 않다. 도시민의 땅을 두고 이루어지는 투기는 주민을 이동시키고 재배치하는데, 이는 언제나 경제력이 부족한 부문에게 불리하게 돌아간다. 옛 원주민 바리오는 더 이상 변두리가 아니라 도시의 중심지가 되면서 모두가 눈독 들이는 공간으로 바뀌었다. 반면 도시의 팽창을 억제하지 않는 상태에서 인접지역 마을들은 탐욕에 잠식당했고 계속 잠식당하고 있다.

그런 상황 속에서도 어떤 공동체는 저항하고, 어떤 공동체는 스스로 재건한다. 그런 공동체들은 역사적으로 보았을 때 옛 원주민공동체에 기원을 두기는 하지만, 엄격한 의미에서 원주민 바리오는 아니다. 많은 경우 그러한 기원을 증명하는 특성을 유지하는 것이다. 즉, 일부 도시 지역에서는 공동체 생활이 이루어지는 공간만큼이나 가족 관계 내에서도 원래의 원주민 언어가 사용되며, 도시라기보다는 시골에 가까운 변두리뿐만이 아니라 도시 사방에서 지역 성인santo local을 기리는 행사를 준비하는데 필요한 마요르도모 제도가 유지된다. 또한 확대가족은 내부 집단의 협력을 조직하는 형태로서 여전히 중요한 역할을 수행하며, 도시의 핵심부에서는 죽은 자의 날[12]과 주요 성지 순례 같은 원주민 전통의 의례와 기념행사가 계속된다. 특정 집단이나 공동체, 구체적인 지역에 속한 것이 아니라, 원주민 정체성을 전반적으로 고양시키는 모임들이 있다. 도시 주민들 중에서 다수의 참가자를 모집하는 소위 '콘체로'[13] 처럼 아주 오랫동안 전해 내려오는 춤과 의례를 통해 그런 정체성이 고양된다. 또한 적어도 멕시코 중부와 남부에 위치한 도시들의 시장에서는 메소아메리카 문명에 기원을 둔 매우 다양한 생산물을 언제나 찾아볼 수 있다. 아코실레스[14]와 노팔, 풀케[15]와 틀라코요[16], 우아우손틀레[17]와 버찌, 백년초 열매와 메스칼[18]용 용설란 줄기 등 도시의 일부 부문이 하찮게 여기기는 하지만 여전히 대중적으로 소비되는 풍부한 식재료가 그곳에 있다. 그 외에도 16세기 연대기 작가들의 눈을 사로잡았던 것과 비슷하게 줄지어 늘어서 있는 약초꾼들의 여러 가판대를 볼 수 있을 것이다. 그 가판대에는 온갖 나

---

12 죽은 자의 날(Día de Muertos)은 11월 1일과 2일 고인을 기리는 멕시코의 전통적 축일이다.

13 콘체로(conchero)는 오늘날 멕시코시티 소칼로 광장에서 전통 복색을 하고 모여서 춤을 추는 모습에서 확인할 수 있듯이 의례로서 춤을 추는 전통 모임이다.

14 아코실레스(acociles)는 흔히 미니가재라고 불린다. 17가지 종류가 멕시코에 서식하는데, 오늘날에도 식재료로 흔히 사용된다.

15 풀케(pulque)는 용설란의 수액으로 만든 발효주이다.

16 틀라코요(tlacoyo)는 만두의 속을 채우듯 옥수수 토르티야 안에 콩이나 씨앗을 채워 빚어 구운 후, 그 위에 노팔, 치즈, 양파, 살사 소스 등을 얹어 먹는 음식이다.

17 우아우손틀레(huauzontle)는 명아주의 일종으로 멕시코 음식에 다양하게 사용된다.

18 메스칼(mezcal)은 용설란으로 만드는 멕시코 전통 증류주이다.

쁜 것들을 고칠 치료제와 악운을 막아줄 부적이 있다. 다른 풍토를 가진 지역에서 열리는 시장에 가볼 기회가 있다면, 멕시코 도시 시장에 짙게 배어 있는 원주민적 성격에 놀라서 걸음을 멈추게 된다. 이 모든 특성은 이제는 탈원주민화된 옛 원주민이 남긴 생활경험과 유산으로, 도시의 배경을 보여주는 작은 견본에 불과하다.

도시의 오래된 바리오 근처에 가보면, 오랜 기간 지배문화에 종속된 처지였던 메소아메리카의 많은 문화적 형식들이 도시라는 조건에 적응한 결과로 어떤 삶의 형식을 가지게 되었는지 엿볼 수 있다. 가령 베신닷[19]과, 그것을 대체하려고 더 최근에 지어진 주택 단지를 비교해보면 흥미로운 점들이 있다. 베신닷에서 개인의 방은 공용인 중정을 둘러싸고 늘어서 있다. 중정에는 화장실, 식수대, 빨래터, 뛰어놀고 일하는 공간 등 공동 시설이 설치된다. 그 모든 것이 베신닷 주민들 간의 관계를 강화시키고 한 몸처럼 여기도록 만드는데, 이런 일체감은 주택 단지에서 약화된다. 주택 단지에서는 호실마다 일상생활에 필요한 모든 시설이 구비되어 있고, 주차장, 보행자 도로, 상업구역, 경우에 따라 스포츠 시설 정도의 공동구역이 있다. 주택 단지에 살면서, 사는 곳을 토대로 집단의식을 발전시키는 데 성공한 이들은 청소년뿐이다. 그들은 모여서 하는 활동이 필요하고, 다른 건물, 다른 단지, 다른 바리오의 청소년 집단들과 경쟁적으로 쉽게 대비되기 때문이다.

이웃과의 삶을 경험하고 이해하는 두 가지 방법은 배치된다. 주택 단지의 경우 핵가족의 배타적 공간인 호실 중심이라면, 베신닷의 경우 대부분 확대가족 형태로 살아가는 가정들을 모두 아우르는 일상생활의 축

---

19 사전적 의미로 '이웃'을 뜻하는 베신닷(vecindad)은 일종의 다가구 주택으로, 중정을 가운데 두고 복도를 따라 집들이 배치되어 있다. 19세기 도시 저소득층에게 주로 제공된 주택 유형이다.

인 공용공간 중정 중심이다. 그 이면에는 서로 다른 문화적 지향이 존재한다. 하나는 현대 서구 문명에서 지배적인 개인주의와 만나고, 다른 하나는 지역 사회를 향한다. 지역 사회에서 베신닷을 통한 연결은 메소아메리카 문명에서처럼 매우 중요한 역할을 수행하며, 핵가족이 제공하는 것보다 더 포괄적인 일상영역에서 고유의 문화 형식들을 배태시킨다. 베신닷의 수가 많은 바리오가 더 강한 지역 정체성을 표출하고, 더 공고한 공동체 조직을 자랑한다는 점은 이상할 것이 없다. 그러한 정체성과 조직은 1985년 9월 지진[20]을 계기로 벌어진 사건들에서 분명해졌듯이, 매우 다양한 목적을 갖는다.

초기 식민도시의 건립부터 거센 바람이 불어왔지만 오늘날까지도 여전히 도시의 지배적 특징을 명확하게 보여주는 현상들이 발생한다. 피난처 지역의 중심지는 라디노ladino[21] 도시다. 라디노 도시가 여기저기 흩어져있는 원주민공동체를 통솔한다. 그곳에 지역의 경제, 정치, 사회, 종교적 통제권이 있고, 그곳으로부터 통제가 이루어진다. 그곳이 권력의 중심이며, 권력을 차지하고 있는 사람들은 원주민이 아니라 라디노다. 그들은 '합리적인 사람'이라고 불리고 싶어 하며, 선조가 원주민이 아니라는 점을, 유럽계 식민자의 후손임을 자랑스럽게 주장한다. 이런 도시들에서 원주민적인 것의 현존은 모든 삶에 박혀 있다. 길거리를 걷는 사람들, 물

20 1985년 9월 19일 발생한 지진으로 멕시코시티는 큰 피해를 입었다. 공식집계 사망자가 3,000명 이상 발생했으며 주요건물이 파괴되었다. 국가적 재난상황 앞에서 구조 및 복구작업을 위한 주민들의 자발적 조직이 즉각적으로 구성되었고, 그러한 조직화의 배경에 베신닷 문화가 있었다. 주민들의 자치조직은 이후 멕시코의 정치적 변화를 가져오는 하나의 요인이 되었다.

21 식민지 시대 지배층인 에스파냐계가 아님에도 에스파냐어를 구사하는 동시에, 원주민 집단에도 속하지 않는 사람들을 지칭하던 용어로, 에스파냐화된 주민을 뜻한다.

건을 팔러 시장에 모여드는 사람들, 물건을 사러 가게에 모여드는 사람들, 벌이가 시원치 않은 일을 하는 사람들, 교도소에 들어가 있는 사람들, 해질 무렵 술에 취해 비틀거리며 파라헤로 돌아가는 사람들은 원주민이다. 그러나 도시 라디노의 행동과 생각에도 원주민적인 것이 나타난다. 라디노가 지역 원주민 문화의 몇 가지 특성을 음식, 언어, 일부 신앙과 상징적 행위에 적응시켜온 점도 있기 때문이다. 그러나 근본적 이유는, 라디노의 삶에 완전하고 영속적인 '비원주민'이라는 표식이 필요하다는 점에서 그들은 원주민과의 대조를 통해 구성된다는 데 있다. 그러한 도시의 작은 라디노 세계에서 원주민적인 것은 모두가 부정하고 모두가 원하지 않기에 어디에나 존재한다. 구스만 뵈클러[22]는 과테말라 라디노란 허구의 존재라고 썼다. 라디노의 정체성은 본질적으로 부정의 정체성이기 때문이다. 라디노라는 존재는 특정된 고유의 어떤 존재가 아니라 오로지 **원주민이 아닌 존재**일 뿐이다. 원주민의 존재가 없다면 라디노도 더 이상 존재하지 않는다. 라디노는 원주민에게 행사하는 식민지배에 의해서만 존재할 수 있기 때문이다.

최근 50년 동안 멕시코 대도시는 시골에서 올라온 원주민 혹은 메스티소로 인하여 급격히 팽창했다. 이러한 이주 과정의 원동력은 경제활동을 비롯한 다양한 종류의 기회가 도시로 집중되는 현상과 시골의 빈곤화에 있었다. 그리고 이러한 이주가 도시를 원주민화한다. 일반적으로 막 도착한 이주민은 앞서 도시에 자리를 잡은 가족이나 같은 마을 출신의 친구가 있다. 친지들은 그들이 적응하고 일자리를 찾는 것을 도와주며 도시와의 첫 접촉을 거든다. 이들은 고향 문화를 매개로 서로 동일시하는 사람들끼리 모임을 형성한다. 장소를 초월한 그 작은 모임에서 고향의 언어

---

22 카를로스 구스만 뵈클러(Carlos Guzmán Böckler, 1930~2017)는 과테말라 사회학자이다.

를 사용할 수 있고, 새로운 환경이 허락하는 데까지 관습과 습관을 재창조한다. 각 공동체의 독특함을 넘어서 같은 지역 출신임을 쉽게 확인하게 되어 그런 모임이 꽤 커지기도 한다. 그리하여 일상적 공동체 내부의 삶을 넘어서 더 확장된 고유의 문화영역을 보증할 수 있게 된다. 예를 들어 믹스테카 공놀이pelota mixteca[23] 토너먼트를 조직할 수 있으며, 그 지역 음악을 연주하는 음악밴드까지 만들어서 고향에서 해오던 축제를 도시에서도 연다. 그런 축제에서는 특별한 음식을 대접하는데, 음식 재료는 손님들이 장만하거나 도시에서 살 수 있는 것들로 적당히 채워진다. 다른 층위에서는 도시로 이주한 많은 '동향인' 모임이 있는데, 이들은 고향을 위해 무언가를 하려고 애쓴다. 이들은 공공건설사업에 기금을 마련하려고 돈을 모으고, 도서관을 짓기 위해 책을 보내고, 중앙기관을 상대하고, 새로 유입되는 이주민을 맞이하고 안내한다. 이들은 공동체와 밀접한 관계의 끈을 놓지 않는다. 오히려 할 수 있을 때마다 그러한 관계는 갱신된다. 사람들의 왕래로 최근 소식을 놓칠 일이 없기 때문이다. 누가 세상을 떠났는지, 결혼을 했는지 또는 도망쳤는지, 목축업자가 밀고 들어온 공동체 토지는 어떻게 되었는지, 이웃 마을과 경계를 두고 일어난 갈등은 어떻게 진행되었는지 하루도 빠짐없이 소식이 전해진다. 더구나 수호성인을 위해 매년 열리는 축제 때뿐이기는 하지만, 갈 수 있을 때면 언제나 공동체로 돌아간다. 그리고 의례에서 맡은 소임을 다하고 대부모compadra-zgo로서 맡은 역할에 충실하며, 공동체 구성원으로서 의무를 다한다. 이러한 형태에서 도시에 흩어져 살아가는 사람들에게 이곳은 경유지를 의미한다. 그들의 관심과 바람은 저 멀리 떨어진 그곳, 그들이 한 부분을 이루고 있는 마을이나 파라헤에서 벌어지는 일에 꽂혀 있다. 일시적인 것이

---

23 공을 이용해 보통 다섯 명이 한 팀을 이루어 치르는 경기로, 오늘날 오아하카주와 게레로주 지역에 주로 거주했던 믹스테카인의 문화를 계승한 것이다.

되기를 바라는 이주가 의미 있는 것은 그곳 덕분이다. 원주민은 여건이 되는 한 도시의 삶에서까지 고유문화를 지켜간다. '타인들' 앞에서 자기 정체성을 숨기고 출신과 자기 언어를 부정하는 것은 이상한 일이 아니다. 도시는 여전히 외지의 권력이 자리 잡은 중심지이며 차별의 중심지이다. 그러나 그러한 정체성은 가면을 쓴 채, 은밀히 존속되고, 그 덕분에 출신 집단에 대한 소속감이 유지된다. 이와 함께 충직함과 호혜성, 권리와 의무, 배타적인 공동체 문화의 연계와 실천이 의미하는 것도 모두 유지된다. 원주민 마을에 말뚝을 박고 효력을 발휘하는 그런 관계망 없이, 멕시코 도시에 거주하는 수천 명의 원주민은 살아남기 어려울 것이다. **멕시코 시티는 북반구에서 원주민 언어 구사자의 수가 가장 많은 곳이다**라는 의미심장한 자료를 살펴보는 것으로 충분하다.

도시는 원주민으로 **빽빽**하다. 더구나 인근의 원주민공동체에서 매일 도시로 모여드는 일꾼들이나 벽지에서 와서 낮에 도시에 머무는 원주민이 있다. 도시 곳곳에는 아이들을 데리고 있는 '마리아들marías'이 있다. 그들은 사람들이 많이 지나다니는 길모퉁이에 웅크린 채 껌과 자잘한 군것질거리를 팔거나 자동차 운전자들에게 구걸한다. 작업복을 대충 걸친 수많은 남자들은 미장이나 잡역부로 일한다. 좀 더 안정적인 가사 노동은 수많은 원주민 여성의 몫이다. 그들은 출신 공동체에서 지방 도시로, 지방 도시에서 멕시코시티로 이어지는 관계의 사슬을 곧잘 만들어낸다. 그런 네트워크는 이미 미국의 여러 도시로까지 확장되었다.

원주민 학생들은 또 다른 조건에 있다. 그들의 비율은 낮지만, 절대적 인원수는 계속 증가한다. 그들은 중고등 교육까지 받을 기회가 생기면 어쩔 수 없이 도시로 간다. 이 집단은 원주민 출신으로 전문성을 갖추고 일자리까지 구하면서, 하나의 사회적 영역으로서 최근 원주민 종족 정체성에 기반한 정치조직의 새로운 형태를 낳았다. 도시를 경험하고, 다른

1부 부정당한 문명

발상을 접하고, 이런저런 외부 정보에 노출되고, 다른 원주민 이주민들과 관계를 맺은 덕분에 원주민 마을들의 권리회복에 뜻을 모은 정치집단을 배태시킬 수 있었다. 이 책의 다른 절에서 이에 대해 상세히 다룰 것이다. 지금은 도시적 현상으로 원주민의 새로운 정치적 존재를 지적하는 데 관심이 있다. 그러한 새로운 정치적 존재는 역사적으로 식민 권력의 자리, 비원주민 권력을 위해 마련되었던 공간에서 정확히 출현하고 있다.

지배 엘리트와 특권층이 도시 원주민의 존재를 눈치채지 못한 것은 아니다. 예전에 '아래 것들plebe'이라고 불렀다면 오늘날에는 '촌무지렁이 nacos'라는 다른 단어가 이미 자리를 잡았다. 경멸, 차별, 인종차별적 내용을 담고 있음을 부정할 수 없는 그 단어는 탈원주민화된 도시 주민에게 우선적으로 사용된다. 엘리트가 열망하는 코스모폴리탄적 행동양식을 그로테스크하게 모방하는 행위와 취향을 그들의 탓으로 여기기 때문이다. 그들의 모습은 촌무지렁이의 무능과 '문화의 부재'로 희화화될 정도로 왜곡된다. 그럼에도 불구하고 촌무지렁이라는 말은 원주민적인 것을 싸잡아 표현하는 단어이기도 하다. 멕시코 사회와 문화의 본래 계통을 상기시키는 특성이라면 무엇이든, 도시에 존재하는 원주민 세계를 드러내는 자료라면 무엇이든, 촌무지렁이의 단순 수식어로 결합된다. 도시는 그 깊은 현실로부터 자신을 방어한다.

구릿빛 인종과 멋진 사람들

외국인 방문객의 눈길을 가장 사로잡는 것들 중 하나, 특히 라틴아메리카인들에게 인상적인 것 중 하나는 멕시코 공식문화에서 보란 듯이 현존하는 원주민이다. 1910년 혁명을 계기로 원주민의 이미지가 공식적 국민주의의 기본적 상징 중 하나로 특권적 지위를 가지게 되었다는 점에 대해 논란의 여지는 없다. 살아있는 원주민 대상의 인디헤니스모indigenis-mo 정책이라는 그 이면을 나중에 살펴보겠지만, 여기서는 국가의 통제 아래 공적 영역에서 그 존재를 가시화해온 원주민적인 것을 이데올로기 적으로 고양시킨다는 점을 살펴보려한다.

혁명시기의 정부들, 특히 1920년대와 1940년대 사이에 정부가 후원한 예술 분야에는 국민주의 색채가 강하게 나타난다. 예술은 뿌리로 거슬러 올라가야만 했다. 그 시대를 풍미했던 혁명의 민중적 성격은 역사의 길을 따라가는 이러한 탐색을 식민지 시대 이전까지 거슬러 올라가게 했다. 소급하여 민중pueblo의 문화를 정당화하기 위해서였다. 그 문화의 전부는 아니더라도, 농민의 목가적인 삶, 민속 수공예품, 전통문화 등 적어도 쉽게 이목을 끌만한 측면들은 그랬다. 원주민적인 것을 주제로 표현한 음악, 춤, 문학, 조형예술은 정부의 후원 아래 국민주의라는 폭넓은 흐름을 만들어내는 요소를 제공하였다.

수백 제곱미터 크기의 벽화가 멕시코의 수많은 도시의 각종 공공건물을 장식한다. 정부청사와 공공기관, 시장건물과 병원, 학교와 도서관, 공장과 작업장에 벽화가 있다. 벽화에 원주민 이미지는 거의 필수적이다. 즉 식민지 시대 이전 세계에 대한 알레고리가 빠지는 경우가 드문데, 그 세계는 오늘날의 세계 혹은 다가올 세계의 장면들을 주재하거나, 그 장면들의 바탕이 된다. 행복하고 지혜로웠던 과거가 정복과 노예제의 공포로 바뀌는 뼈아픈 과정을 표현하는 장면도 있다. 또한 오늘날 원주민의 화려한 춤과 의례를 보여주는 회화적 기록이 한 장면을 차지한다. 추앙받는 카우디요[24]와 함께 높은 광대뼈와 찢어진 눈을 가진 갈색 얼굴들이 멕시코 벽화의 주인공을 맡고 있다. 다른 방식의 역사, 멕시코 혁명의 방식으

---

24 카우디요(caudillo)는 각 지방의 정치적 군사적 지도자를 지칭한다.

로 역사를 들려주려는 디에고 리베라[25]의 작품에서 되살아난 고문서[26]인 셈이다. 이런 의미에서 국민주의 계열의 화가들은 또 한 명의 틀라카엘렐[27]의 번역가들이다. 그 노쇠한 사제 틀라카엘렐은 여러 해 동안 시우아코아틀cihuacóatl — 아스테카 막후의 참모직 — 자리에 앉아 있으면서 태양의 후손인 메시카인[28]의 위대한 영광에 적합한 역사를 서술할 새로운 문서를 제작하기 위해 옛날 문서들을 파괴하라고 명령했다.

멕시코 원주민의 뿌리를 고양시키는 데 애용되는 다른 도구는 거의 대부분의 주도와 수많은 장소에 있는 박물관이었다. 가령 멕시코시티의 심장부인 차풀테펙Chapultepec 공원에 위치한 국립인류학박물관Museo Nacional de Antropología은 가장 먼저 등장하여 널리 알려진 경우이다. 박물관은 건축학적으로 세밀한 곳까지 식민지 시대 이전 과거를 고양시키는 이데올로기를 반영하고 있다. 그와 동시에, 그리고 모순적으로, 그 과거와 현재의 단절을 반영하기도 한다. 건물 전면의 조화로움과 절제, 널찍한 로비와 중정, 기품 있고 웅장한 마감은 한편에서는 메소아메리카 일부 도시의 특징을 상기시키지만, 여기서는 기독교 성소의 설계로 거슬러 올라

25 디에고 리베라(Diego Rivera, 1886~1957)는 멕시코 벽화운동을 이끈 화가 가운데 한 명으로 국립학교(El Colegio Nacional), 대통령궁(Palacio Nacional) 등의 벽화를 그렸다.

26 고문서(códice)는 에스파냐 정복 이전 메시카인, 마야인, 믹스테카인 등이 상형문자 혹은 기록화로 제작한 문서이다.

27 틀라카엘렐(Tlacaélel, 1398~1457)은 1430년 텍스코코, 틀라코판, 테노치티틀란이 삼각동맹(Triple Alianza)을 형성하여 아스테카 제국의 기틀을 마련하는 과정에서 중요한 역할을 했던 인물이다.

28 '아스테카인'과 '메시카인'은 종종 혼용되어 사용되지만, 아스테카인은 후기 고전기 중앙 멕시코 지역에서 나우아어를 사용하는 집단들을 통칭한다. 메시카인은 그런 집단들 가운데 하나로, 삼각동맹을 통해 아스테카 제국을 성립시킨 주축이었다.

가는 효과이기도 하다는 점에 주목해서 그 특징을 나열해본다. 내진과 격자창이 있는 (박물관의 로비와 오버랩되는)입구, (박물관 정면 정중앙에 전시된 태양의 돌Piedra del Sol을 떠올리게 하는)제단[29]이 있는 메시카 전시실에서 정점에 이르게 되는 (박물관의 전시실들에 해당하는)측랑의 제실들과 (박물관의 중정에 해당하는) 큰 중앙 신랑으로 이루어지는 설계와 겹친다.[30] 아래층의 모든 전시실은 고고학 전시실로, 일부는 중간층이 있다. 메인 전시실인 아스테카 전시실만 유일하게 메자닌mezzanine 구조 대신 다른 전시실에 비해 더 넓은 면적을 가진다. 측면 메자닌 구조인 위층은 종족지학 유물을 전시하여, 오늘날의 원주민을 주제로 삼는다. 방문객 중 다수는 피곤하거나 관심이 없어서 위층 전시실을 둘러보지 않는데, 박물관 공간배치 자체가 확실히 방문객을 피곤하게 하거나 관심을 떨어뜨리는 측면이 있다. 건물 전면의 안쪽, 입구 위에 걸려 있는 큰 현수막에는 방문객에게 건네는 작별의 인사 문구가 적혀 있는데, 이 문구는 박물관의 이데올로기적 메시지를 정확하게 압축하고 있으며, 더 넓게 보면 국가가 식민지시대 이전 과거를 활용하려는 의도를 압축하고 있기도 하다. "미래를 향한 믿음과 용기는 과거의 위대함에 있다. 멕시코인이여, 거울 속 당신의 모습에서 그 위대함을 응시하시오. 외국인이여, 이곳에서 인류 숙명이 지닌 일체성을 확인하시오. 문명들은 흘러가지만 그 문명을 세우기 위해 투쟁했던 사람들의 영광은 영원히 인간에게 있으리라."

　벽, 박물관, 조각, 대중에게 공개된 고고학 유적지에서 발견되는 원

29　에스파냐 접촉 이전 아스테카인들이 제작한 지름 3.6미터, 두께 1.22미터의 원형 비석이다. 아스테카인의 세계관과 태양 숭배 의식을 엿볼 수 있다

30　내진, 측랑, 신랑은 교회 건축의 요소들이다. 내진은 교회 건축에서 중심부에 해당하는 곳으로 성가대석과 제단이 놓이는 곳이다. 신랑은 중앙 회랑에 해당하는 중심부로 내진과 수직으로 만난다. 측랑은 신랑 양쪽으로 늘어선 기둥 밖으로 나 있는 복도로 신랑과 나란히 배열된다.

주민적인 것의 현존은 본질적으로 죽은 세계의 현존으로서 다루어진다. 그것이 이룬 수많은 결과물에 담겨 있는 보기 드문 독특한 하나의 세계, 그러나 죽은 세계인 것이다. 조형적 언어 혹은 전시학의 언어로 번역된 공식 담론은 그 죽은 세계를 오늘날 멕시코의 기원이 된 씨앗으로 추켜세운다. 그 세계는 우리가 자부심을 느껴야 하는 영광스러운 과거이며, 우리에게 국민으로서 고귀한 역사적 운명이 있음을 확인시키는 과거이다. 비록 그러한 확신의 근거와 논리는 결코 명확하지 않지만 말이다. 살아있는 원주민, 살아있는 원주민적인 것은 외면되거나 부정되지는 않았지만, 국립인류학박물관에서 보이는 것처럼 위층으로 밀려났다. 자신의 것이 아닌 현재로부터 격리된 만큼이나 영광스러운 과거로부터도 격리되어, 분리된 공간으로, 떨구어 낼 수 있는 공간으로 밀려났다. 비록 효력을 상실한 과거일 뿐이겠으나 능숙한 이데올로기적 연금술을 통해 그 과거는 우리 비원주민 멕시코인의 것이 되었다. 그 과거는 현재의 멕시코와 미래의 멕시코에 대한 기시감의 일종처럼 존재했던 것을 단순히 참고했을 뿐, 우리의 현재와 우리의 프로젝트와는 실제로 연관되지 않는다.

오늘날 관광업 성장을 장려하는 방향에서 다른 측면들이 정부의 관심을 받는다. 고고학 유적지의 발굴과 원주민 수공예품의 상업화가 그러하다. 지역적 색채가 가미된 원주민적인 것은 관광객의 이목을 끄는 이국적인 분위기를 만들어내는 독특한 이미지로서 판매된다. 외부로 소비되기 위한 원주민적 멕시코이다.

국내 엘리트들에게 원주민적인 것이란 무엇인가? '멋진 사람들gente linda' 사이에서 원주민적인 것은 어떤 방식으로 존재하는가? 일반적으로 그러한 방식으로 원주민 혈통을 내세우는 사람은 없다. 반대로 유럽에 기원을 둔 가문이 세대가 이어지면서도 섞이지 않고 유지되었다는 자부심이 일반적이다. 그들은 출처가 미심쩍은 귀족 가문의 문장escudo을 틈나는 대로 과시한다(아직도 가문의 문장을 저택의 응접실에 걸어두는 사람들이 있다). 만약 귀족 혈통임을 주장하지 않는다면, 노력과 재능으로 얻은 지위와 행운이라는 겸손한 기원을 주장한다. 헐뜯으려는 말은 아니지만, 그런 지위와 행운은 원주민도, 원주민의 후손도 가지지 못하는 특징을 가진, 어떤 식으로든 원주민이 아니었다는 데에서 유래하는 자연적 특징과 언제나 연결되어 있는 담보물이다. 그들의 할아버지 아시엔다에는 페온으로 일하는 원주민 남성들이 있었고, 당시 원주민 여성들은 집안일을 맡았다. 그래서 페온이 딸린 땅이 있었을 때는 때때로 그들과 함께 사는 일을 피하기 어려웠다. 대대로 과두지배세력을 형성했던 일부 가문은 차레리아,[31] 가정식 란체라 음식,[32] 닭싸움, 가톨릭 성물을 즐기는 취향이 있다. 이 모두가 멕시코인임을 보여주는 것들로, 주로 일요일에 즐긴다. 멋진 사람들은 여기서 원주민적인 것과 마주치게 되지만, 아래를 향해 시선을 돌릴 때만 그것을 볼 수 있다. 정면을 바라보면 똑같이 피부는 하얗고, 눈과 머리카락은 밝은 색이다. 나우아어를 사용하는 사람은 없지만, 프랑스어를 쓰는 사람은 많다. 오늘날에는 거의 대부분 영어를 쓴다. 미국 잡지 『타운 앤 컨트리*Town & Country*』[33]의 어느 호에서는 「멕시코의 유력인사들 Mighty Mexicans」에 대해 다루었는데, (석유에 취한 멕시코의)유력인사들에 대한 짧은 글과 사진이 열거되어 있다. 그들은 집, 공장, 사무실, 여가시간을 보내는 곳 등 일상적인 환경 속에서 포즈를 잡고 있는데, 그 모습에서 특권층의 삶과 취향을 짐작하게 한다. 상류계층의 젊은 여성 집단은 고급

---

31 차레리아(charrería)는 멕시코의 마상 전통으로, 밧줄로 황소를 다루는 방법 등 목축 기술을 관중에게 보여준다. 남성은 챙이 넓은 모자를 쓰고, 여성은 화려한 숄을 걸치고 말을 탄 채로 기예를 뽐낸다.

32 '목장'을 의미하는 란초(rancho)에서 나온 란체라(ranchera)는 '시골풍'을 뜻한다.

33 1846년 창간한 미국의 월간 잡지이다.

1부 부정당한 문명

의류와 값비싼 악세서리를 착용한 모습이다. 각 사진마다 모델이 멕시코인이라는 것을 의심할 수 없게 하는 장식적 요소가 있다. 모델 곁에는 항상, 진짜 우이필을 걸친 원주민 여성이 있는데, 이 여성은 땅딸막한 체구에 갈색 피부를 가지고 있으며 미소를 띤 얼굴에 황송해하는 눈빛을 보인다. 이런 사진 모두 우리가 살아가는 식민지 분열증의 양극을 한 장면에 보여주는 것이다.

최근 50~60년 사이 급격히 팽창한 도시 중산층은 일상적으로 그러한 분열증을 앓고 있다. 구 귀족이 따랐던 행동과 사고의 모델이 유럽에서 수입되었다면, 오늘날 중산층은 이제 막 북쪽 국경 너머로 시선을 돌리고 있다. 미국은 중산층의 열망에 불을 지피는 데 필요한 모든 전형ar-quetipo을 제공한다. 지방도시에, 가난한 바리오에, 작은 마을에, 심지어 원주민공동체에도 파묻혀있는 그리 멀지 않은 과거의 실제 기원은 중요하지 않다. 가전제품, 밀수입된 옷, 샌안토니오San Antonio와 디즈니랜드로의 공간이동 여행에 정기적으로 돈을 쓰면서 물질적으로 얻은 오늘날의 작은 성공들이 회자된다. 눈에 보이는 출구가 없는 위기로까지 결국 악화될 상황에서, 언제나 새로운 것을 향해 커져가는 열망들을 한정된 가능성만으로 조화시키기는 어렵다. 여기서 중산층의 특징은, 그들이 문화적으로 깊숙한 곳까지 뿌리 뽑혔다는 사실에 있다. 그들은 불과 얼마 전까지의 삶을 거부하려 하고, 현재의 삶을 빈약하고 삐걱거리게 재구성한다. 주거 공간은 자기 필요와 취향에 따라 짜여지지 않는다. 할인 시리즈에서 사거나 빌리며, 눈에 들어오는 광고를 따라 가구를 놓고 '차로'[34] 취향으로 꾸민다. 그들에게는 대중과 차별화되는 것이 중요하다. 그래서 벨벳을 흉내 낸 소파를 놓고, 중앙에는 컬러 TV를 두고, 가전제품을 눈에 보이는 곳에 배치하고, 벽에는 모조품 액자를 건다. 전통문화는 그 기원이 무엇

---

34 차로(charro)는 차레리아에 참여하는 마상객을 뜻한다.

이든 겉으로 드러나는 자리를 가지고 있지 않다. 즉 전통문화는 안에 묻혀 있으면서, 때때로 예기치 않게 표면으로 드러난다. 그리고 별것 아닌 양 겉으로 보이는 모든 것에 근본적인 의문을 제기한다. 대체품 모두에 (커피, 설탕, 치차론,[35] 기쁨, 아름다움, 결국 문화와 삶 자체의 대체품) 대해 의문을 제기한다. 여기에 원주민적인 것이 있을까? 아마도 엘파소[36]에서 온 사람과 막 인사를 나눈 후, '전형적인' 전통문화의 밤을 함께 즐길 때 감춰진 애국심 한 자락이 드러나는 데서 찾을 수 있을지 모른다. 문화적으로 뿌리 뽑힌 중산층은 뭔가를 떠올리고 싶은 욕구도, 상상을 자극하는 충동도 없이 그저 들리는 음악에 맞춰 춤을 춘다. 다른 하나가 깊은 멕시코라면, 이것은 표면상의 멕시코, 표면적인 멕시코이다.

문화적 분열

지리적 조건이 다양한 나라에 자리 잡은 8,000만 명 이상의 사람으로 구성된 국민 사회이자, 여러 지역, 계층, 집단을 불평등하게 관통하는 것이 분명한 산업 자본주의 발전 프로젝트를 따라가는 사회, 그러한 사회는 문화적 관점에서 필연적으로 복잡하고 이질적일 수밖에 없다. 그러나 멕시코의 경우 이러한 불평등과 차이에는 문화적 원동력을 조건 지우는 훨씬 더 깊은 배경이 있다. 유구하고 공고한 문화적 일체성을 주장하는 사회의 모델은 그러한 원동력을 구분해낸다. 문화적 일체성 안에서 발생하는 변이와 격차는 보편적인 공통의 틀 안에서 진정한 하위문화를 형성할 수도 있다. 그러나 여기서는 다른 문제다. 멕시코 사회의 문화적 원동

---

35   치차론(chicharrón)은 돼지 껍데기를 튀긴 음식이다.

36   엘파소(El Paso)는 멕시코 접경지대에 위치한 미국 텍사스주 소재의 도시이다.

1부 부정당한 문명

력과 구조를 결정짓는 배경에 있는 적대는 두 가지 문명의 대립, 원주민의 메소아메리카 문명과 기독교 서구 문명의 대립이기 때문이다.

가장 후진적인 것을 가장 선진적인 것과, 전통적인 것을 현대적인 것과, 시골적인 것을 도시적인 것과 단절 없이 잇는 연속체처럼 점진적 변이의 스펙트럼으로 멕시코 주민의 문화적 특징을 이해하는 것은 불가능하다. 여기서 선진적인 것, 현대적인 것, 도시적인 것이라고 부르는 것은 고유의 내적 발전의 첨단이 아니라 위에서부터 주어진 서구 문명의 이식 결과이기 때문이다. 그리고 후진적인 것, 전통적인 것, 시골적인 것이라고 부르는 것은 그러한 전진의 출발점이 아니라 메소아메리카 문명의 원주민적 토대이다. 둘 사이의 관계는 조화로웠던 적이 없고 지금도 그렇다. 그 관계는 서구 문명의 강제적 도입과 그것이 초래한 원주민 문명의 정복에 기초하기 때문에 오히려 오늘날까지 화해 불가능한 적대 관계를 이어온다. 공식 이데올로기가 주장하는 것처럼 상호 문화 교류를 용이하게 하고 단일화에 이르게 될 단순한 공생은 둘 사이에 존재하지 않는다. 반대로 원주민 문화 부문(앞에서 살펴본 것처럼 국내에서 다수를 차지한다)에게 그들 고유의 문명 프로젝트를 보존하고 발전시킬 권리를 이양하지 않는 지배와 종속의 비평형적 관계가 존재한다. 권리를 넘겨주는 일이 일어난다면, 그것은 오로지 그 집단들이 다양한 방식으로 표출하는 끊임없는 저항의 결과이다. 지배 이데올로기에 따르면 원주민 문명은 존재하지 않는다. 적대는 외지 문명의 강제적 도입을 역사적 전진의 자연스럽고 피할 수 없는 과정으로 전환시키는 ─ 어떤 방식의 발전이든 ─ 발전이라는 가면을 쓴다.

멕시코 사회의 문화적 다양성은 최종적으로 두 가지 문명의 적대적 현존으로 거슬러 올라간다. 둘 사이의 대조와 적대는 명확하고 총체적이다. 옛 귀족 과두지배세력과, 그들이 근대성의 기술 관료 정치를 향해 내

비치는 흠모는 고유의 정체성을 보존하고 있는 원주민공동체와 대립한다. 다수의 중간 부문과 집단들에서는 얼핏 보기에 이런 점이 그다지 선명하지 않다. 전통 농민들은 원주민 문화를 주류 문화로 삼아 살면서도 이제 자신을 원주민으로 인정하지 않는다. 도시 하위 집단들은 문화적으로 동질적이지 않다. 일부는 여전히 출신 공동체의 원주민 혹은 농민 문화를 준거점으로 삼는다. 원주민 문화 계열이지만, 도시 생활의 오랜 경험에 적응하고 변형된 도시 대중문화를 단련시켜온 집단도 있다. 또 다른 집단들은 혼란 속에서, 불안정 속에서, 중산층이라는 신기루와 룸펜 사이에서 방황하며 논쟁한다. 그들 입장에서 중간 계층은 고유의 삶의 양식을 만들어내지 못했으며, 그들 자신이 발전시킨 문화를 가지고 있지 않다. 그들은 견해와 열망부터 음식과 유흥까지, 관용구부터 베스트셀러에 대한 취향까지 능숙하게 통제하는 시장이 공급해주는 외지의 문화 상품을 소비한다. 그러한 소비는 보편적인 규범과 같다.

문화적 다양성 그 자체가 문제는 아니다. 사실 역사적 경험의 다원성 위에 멕시코의 거대한 잠재력의 유무형의 자본이 형성된다. 축적된 역사적 경험은 아주 다양한 상황에 대처하려다 보니 마련된 이루 말할 수 없이 광범위한 자원의 레퍼토리를 만들어냈다. 문제는 그러한 다원성의 바탕에 놓여있는 이중적이고 비평형적인 구조에 있다. 그래서 이제 이 문제의 기원으로 다시 되돌아갈 필요가 있다. 다름 아닌 오늘날 멕시코 사회를 출현시킨 식민적 상황이다. 적대적 이중성을 기본으로 삼는 과거는 여전히 극복되지 못했고, 오히려 국가 활동 곳곳에서 표현된다. 아직 원죄에서 벗어나지 못했다.

2부
우리는 지금 이곳에 어떻게 도달했는가

두 가지 문명의 풀리지 않는 대립을 표현하는 멕시코 사회의 깊은 분열은 곧 500주년을 맞이할 역사적 과정의 결과이다. 현재 상황을 분석하고 당면한 문제를 극복할 길을 찾으려면 우리의 성찰을 정돈해줄 일반적인 분석틀로서, 역사적 과정의 기본적 특징을 고려해야 한다. 이것이 2부의 내용이다. 1부에서 종족지 요약을 하려던 것이 아니었던 것처럼 2부에서도 최근 500년 동안 발생한 사건들을 개괄하려는 것이 아니다. 우리의 과거에 대한 다른 방식의 성찰, 즉 지금 우리가 있는 곳에 어떻게 도달하게 되었는지 이해할 수 있도록 우리의 역사를 다르게 읽어내는 방법을 촉구한다. 이제 막 어렴풋이 보이기 시작하는 우리 앞에 놓인 길은 논제이지 결론이 아니다.

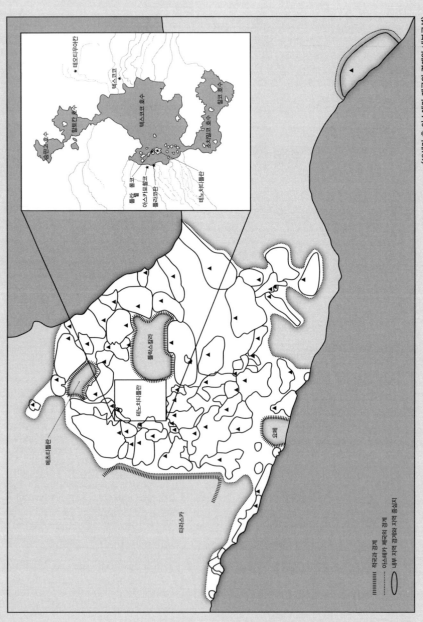

《16세기 초 아스테카 제국의 경계와 내부 구성》

████████ 왕국과 경계

◯ 아스테카 제국의 경계

◯ 내부 지역 경계와 지역 중심지

I. 국민 문화의 문제

앞선 논의에 따르면 서로 차별화되는 특정한 문화를 보유하고 실천하는 마을과 사회집단이 뒤죽박죽 섞여서 하나의 멕시코 사회를 구성한다는 결론에 이른다. 무엇을 비교 대상으로 삼을지에 따라 문화의 갈래들 사이에 벌어진 간극은 정도를 달리한다. 말하자면 동일한 기본 문화에 소속된 상태를 유지하는 지역적 모태들을 비교하는 것부터, 본질적으로 서로 다른 역사적 프로젝트가 이끌어온 결과에 의해 근본적으로 달라진 삶의 양식들을 대조하는 것까지 다양한 비교가 가능하다. 또한 멕시코의 문화적 다양성은 '문화적 격차'라는 용어로 이해할 수 없다는 점을 보여주는 논의이기도 했다. 다시 말해, 각 집단과 부분이 사회 내에서 차지하는 지위에 따라, 즉 공유하는 문화적 자산과 행위에 더 쉽게 접근할 수 있게 하거나 혹은 접근에 더 큰 제약을 받게 할 수 있는 지위에 따라, 하나의 문화가 달리 표현되는 문제가 아니다. 사회적 계층화에서 비롯된 문화적 차이라는 이러한 현상은 의심의 여지없이 멕시코의 문화적 역학관계에서 나타난다. 그러나 그것이 우리 사회의 문화적 다양성을 설명해줄 수 있는 요소는 전혀 아니다. 일시적인 차이를 완전히 넘어서서 그 바탕에 자리 잡고 있으면서, 멕시코의 단일한 문화란 존재하지 않음을 설명해주는 것

---

1 문화적 격차(desniveles culturales)는 멕시코 학계에 큰 영향을 준 이탈리아 인류학자인 알베르토 마리오 치레세(Alberto Mario Cirese, 1920~2011)가 사용한 개념이다. 안토니오 그람시의 논의를 발전시켜, 헤게모니 집단과 서발턴 집단의 문화 사이에 존재하는 차이와 불균형을 지적한다.

은 두 가지 문명의 현존이다. 그 두 가지 문명은 서로 섞이면서 새로운 문명 프로젝트에게 자리를 내어주지도 않았고, 서로를 풍성하게 만들며 조화롭게 공존해오지도 않았다.

반대로 메소아메리카 계통의 문화들과, 멕시코 사회의 지배 계급 사이에서 헤게모니를 획득해온 서구 문명의 계속된 변이들 사이에는 수렴이 아니라 대립이 있었다. 그 이유는 단순하며, 한 가지이다. (정치적·경제적·이데올로기적)권력을 잡았던 사회집단들은 유럽 침입부터 오늘날까지 대물림을 통해서든 어떤 요인을 통해서든 서구 문명의 일원이었고, 언제나 메소아메리카 문명이 낄 자리가 없는 역사적 프로젝트의 편에 서 있었다. 이 집단들의 지배적 지위는 식민지 사회의 계층 질서에서 유래한 것으로, 그들의 지위를 표현하는 이데올로기는 서구 문명의 경로를 따라서만 미래(발전, 진보, 전진, 혁명 그 자체)에 대한 개념을 형성한다. 그러한 틀 안에서 유일하게 가치 있다고 여겨지는 목표로 안내해줄 단 하나의 확실한 길 위에서, 특정한 방식으로 나타나는 메소아메리카 문명의 복잡한 현존과 문화적 다양성은 항상 그 길을 가로막는 장애물로 이해되었다. 식민자로부터 계승된 멘탈리티는 다른 길을 넘겨다보거나 새로 만들도록 일체 허용하지 않는다. 즉, 식민자의 시선으로 보았을 때 메소아메리카 문명은 논란의 여지없이 열등하며 고유의 미래가 허용되지 않기 때문에, 그것은 이미 사장되었거나 최대한 빨리 사장되어야 한다.

서로 다른 두 가지 문명의 현존은 상이한 역사적 프로젝트의 존재를 함축한다. 단순히 공통적 문명의 틀 안에서 제시되는 대안들에 관한 문제가 아니다. 그런 대안들은 여러 영역에서 나타나는 오늘날의 현실을 바꿀 수도 있었으나, 궁극적인 목적을 묻지 않고, 동일한 문명 프로젝트의 가담자들이 공유하는 깊은 가치도 묻지 않는다. 반대로 이것은 세계, 자연, 사회, 인간에 대한 개념을 형성하는 서로 다른 형식 위에 놓여 있는 두 가지 프로젝트에 관한 문제이다. 두 가지 프로젝트는 가치의 위계를 달리 상정한다. 또한 동일한 열망을 가지고 있지도 않고, 인간 존재의 온전한 실현이 의미하는 바를 동일한 방법으로 이해하지도 않는다. 두 가지 프로젝트는 각각 독자적이고, 그리하여 서로 다른 두 가지 초월성의 의미를 표현한다. 이 모든 것으로 인하여 문화적 단일화 프로젝트는 그 두 문명의 종합이 만들어 낼 새로운 문명의 창조를 바탕으로 하는 일체성을 제안한 적이 결코 없다. 그 대신 이미 존재하는 두 문명 가운데 한 가지(당연히 메소아메리카 문명)의 제거와 다른 한 가지의 일반화에서 출발하는 일체성을 제안한다.

식민사업은 자신의 이해관계의 필요 때문이 아니라면 메소아메리카 문명의 파괴를 멈추지 않았다. 식민사업이 필요로 하는 곳에서는 마을이 통째로 궤멸되었다. 반대로 원주민 노동력을 필요로 했던 곳에서는 인류 역사상 가장 폭력적이고 끔찍한 인구 재앙 가운데 하나였던 침입 초기 수십 년 동안 발생한 급격한 인구 감소에도 불구하고, 원주민 마을이 사회 문화적으로 분리된 채 존속되었으며, 메소아메리카 문명의 연속성을 확보하는 최소한의 조건이 간접적이고 모순적인 방식으로 재창조되었다. 내재적 속성으로 인하여 식민 체제는 메소아메리카 문명과 서구 문명의 흐름을 뒤섞을 문화 혼합 프로젝트를 기획할 수 없었다. 식민화를 정당화하여 면죄부로 삼고자 했던 이데올로기가 정확히 보여준 것은, 서구 문명의 설계가 구원을 향한 유일한 길이라는 믿음이었다. 그럼에도 불구하고, 원주민이 서구 문명화에 온전히 통합되어 더 이상 원주민이 아니게 된다면, 식민지배의 이데올로기적 정당화도 더 이상 유지될 수 없었을 것이기에 원주민의 서구화는 피식민자(원주민)와 유럽 식민자 사이의 구분을 뚜렷하게 유지시켜야 할 가장 중요하고 끈질긴 필요성과 모순되고 만다. 격리와 차이는 모든 식민지 사회와 불가분의 관계에 있다. 반대로 단일화는 피식민자를 지배 문화에 동화시키는 것이든, 문명들의 혼합이라는 가능할 것 같지 않은 프로젝트든, 식민 질서를 뿌리부터 부정한다.

독립 국가로서 출현하여 공고화되던 19세기 혼란기의 멕시코는 다른 프로젝트를 전혀 만들어내지 못했다. 멕시코를 서구의 길로 인도하려는 최후의 시도에서 아무것도 갈라져 나오지 않았다. 보수주의자와 자유주의자 사이의 투쟁은 그 목적에 도달하는 방법에 있어 다른 개념을 가지고 있음을 표현할 뿐, 목표 자체를 결코 문제 삼지 않았다. 당시의 (유럽적)정신세계에서 국가Estado란 공통의 역사가 만들어낸 산물로서, 동일한 문화와 동일한 언어를 가지고 있는 민족pueblo의 표현이라는 확신이 지배적이었기 때문에 새로운 멕시코 국민nación을 정의할 때 문화적으로 동질적이라는 개념이 형성된다. 그래서 권력을 두고 다투는 세력 모두 국민을 강화시키려 해왔고, 이 때문에 국민을 강화시킨다는 것은 대다수를 국가 프로젝트로 채택한 문화적 모델로 점차 통합시키는 것을 의미한다. 멕시코 국민을 단일화시켰어야 하는 그런 모델은 무엇이었나? 순전히 서구적 모델이었다. 소수의 지도층은 이제 막 태어난 국민의 항로를 정할 권한을 폐기하고, 옛 식민자가 이 땅에 이식한 서구 문명의 방향을 따랐기에 다른 방법은 없었다. 자유가 이식되고, 법 앞의 평등으로 정의가 확장된 것은 사실이지만, 그 모든 것은 서구 문명 모델에 따라 '근대적moderna' 국민으로 멕시코 사회를 변형시키는 길을 걷는다. 멕시코인 대다수는 다른 문명을 살고 있었기 때문에 그런 모델 외부에 있었다. 국민을 강화시키는 것은, 그러므로 오로지 소수만이 가담하고 있는 다른 문화를 이식하기 위해 거의 대부분의 실제 문화를 제거하는 계획을 의미했다. 강제된 그 모델은 식민 체제의 제약과 부당한 행위로 방해받지 않았다면 대다수 사람의 문화가 이미 예전에 도달할 수도 있었을, 어떤 의미에서건 우월하거나 필요하고 자연스러운 단계가 아니었다. 그것이 아니라, 그저 다른 모델이었으며 다른 문명이었다.

여기서 국민 문화의 문제를 다루는 방식으로 보자면, 멕시코 혁명의 승리 이후 펼쳐진 길 역시 방향의 전환을 의미하지 않는다. 발전주의와 근대화는 서구 모델 안에서 문화적 대체의 계보를 이어간다. 그 기본 예시는 지금 훨씬 가까이 있다. 바로 미국이다. 메스티소 문화를 국민 문화로 확언한 공식 이데올로기의 정식화에 대해 앞질러 몇 가지를 언급했는데, 이 점에 대해 곧 다시 다룰 것이다. 발을 내딛기 시작한 길이 갑자기 끊기거나 절벽으로 이어져도, 지도층은 여전히 서구 문명의 패러다임과 일치하는 목표에 도달할 수 있다고 공언하는 데 애를 쓴다. 재앙을 맞이하면 전략을 되묻고 절차를 비판하도록 용인하지만, 전지구적 프로젝트에 대한 대안이 존재할 수 있다는 상상은 용인하지 않는다.

어느 순간 대안적 국가 프로젝트가 될 거라 여겨진 단 하나의 프로젝트는 — 원주민 마을의 끊임없는 투쟁과 영속적인 저항을 잠시 미뤄둔다면 — 에밀리아노 사파타[2]가 이끌었던 운동이 주장한 프로젝트였다. 농경 중심의 삶과 수백 년에 걸쳐 단련된 삶의 실질적 형식을 거부하지 않는 마을들을 지켜내려 애썼던 사파티스타 운동[3]은 멕시코 혁명을 일으킨 여러 흐름 가운데 특별한 위상을 갖는다. 혁명 시기 나타난 다른 집단들도 깊은 의미에서는 다르지 않았던 것이 분명하지만, 당시 사파티스타의

2 에밀리아노 사파타(Emiliano Zapata, 1879~1919)는 멕시코 혁명을 이끌었던 지도자 가운데 한 명이다. 멕시코 혁명 시기 '남부해방군'을 이끌며 농민 저항의 상징이 되었다. 아얄라 계획(Plan de Ayala)을 통해 토지개혁을 주장했으나 다른 혁명분파에 의해 살해당했다.

3 1994년 치아파스에서 봉기한 사파티스타민족해방군(Ejército Zapatista de Liberación Nacional, EZLN)을 흔히 사파티스타(zapatista)로 줄여 부르지만, 이들은 에밀리아노 사파타의 이름을 계승한 것으로 멕시코 역사에서 사파티스타는 멕시코 혁명 시기에서 출발한 운동 흐름이다.

남부 혁명이 일으킨 전국적 반향과 초월성을 얻지는 못했다. 그러나 혁명은 포르피리오 디아스⁴를 넘어 에밀리아노 사파타도 거꾸러뜨렸다. 1917년 헌법에서 보장된 농업 개혁이 갖는 중요성을 누락시키지 않는다 해도, 라사로 카르데나스⁵ 대통령 집권 시기가 보여주듯 정부가 정점을 찍은 혁명의 공적을 인정한다 해도, 사파티스타 프로젝트의 핵심이 제거되었고, 그들의 요구는 혁명의 프로그램들 가운데 승리를 거머쥔 것 속으로 통합되어버렸다는 점을 상기해야 한다. 그들의 요구는 승리한 혁명의 성격을 최종적으로 규정지었던 목표들과 공존 가능해 보였다. 공존 가능해 보였다고 말하는 이유는, 시간이 지날수록 처음에 정식화했던 농업개혁 정책이 뒷걸음쳤기 때문이다. 초기에 예상했던 바와 달리, 승인된 프로젝트는 사파티스타가 상정한 것과는 공존하기 어렵겠다는 점을 명확하게 보여주는 지점이었다. 따라서 개별적인 요구들은 받아들여졌지만, 그것에 의미와 깊이를 부여하는 심도 있는 프로그램은 받아들여지지 않았다.

첫 번째 결론을 피할 수 없다. 멕시코의 지배집단 즉, 멕시코 사회 전체에 영향을 미치는 가장 중요한 결정을 하고 그 결정을 강제하는 사람들은, 주민의 대다수가 실제로 가지고 있는 문화적 역량을 해방하고 추동시켜 나갈 수 있다는 점을 결코 용인하지 않았다. 그들은 멕시코인 절대 다

---

4   포르피리오 디아스(Porfirio Díaz, 1830~1915)는 군인 출신으로 1876년 처음 대통령에 취임한 이후 1911년까지 멕시코를 통치했다. 40년 이상 계속된 통치 기간 동안 멕시코의 근대화 정책을 추진했다. 그의 장기집권에 반발하여 1910년 시작된 정치운동이 멕시코 혁명의 도화선이 되었다.

5   라사로 카르데나스(Lázaro Cárdenas, 1895~1970)는 1934~1940년 멕시코 대통령을 역임했다. 철도와 석유 등 주요 산업기반을 국유화하였고, 1917년 헌법에 명시된 농업 개혁을 실질적으로 추진하였다. 그의 이데올로기적 지향, 정책 방향을 가리켜 카르데니스모(cardenismo)라 부를 정도로 20세기 멕시코 정치사에서 중요한 인물이다.

수의 생존을 가능하게 하는 원주민의 지역적 대중문화의 다양성을 성장시키고 꽃피울 수 있는 조건을 만든다는 의미에서 발전을 계획했던 적이 결코 없다. 자신들이 혜택을 받는 지배질서 위에 자리 잡은 식민화된 멘탈리티로 인하여 지배집단은 서구화된 틀과 거리를 두는 문화적 대안을 고려하는 데 어려움을 겪었다. 그들은 무능력 때문이든, 편의에 의해서든, 순종적이어서든, 혹은 가장 그럴듯한 경우라 해도 결국 자신의 현실에 대해 그저 눈을 감기 때문에 경직된 채 서구화된 틀을 수용한다.

　　그 틀이 멕시코 역사의 여러 시점에 국민 문화로 제안되었다는 사실은 지금의 우리이기를 그만두고자 하는 지속적인 열망으로 이해될 수 있다. 그것은 언제나 멕시코 사회 형성의 역사적 현실을 부정하는 문화 프로젝트였으므로 현실에서 출발하여 미래를 건설하는 가능성을 용인하지 않는다. 어떤 경우라 해도 그것은 대체 프로젝트여서, 미래는 이곳의 구체적인 현실만 아니라면 어디든지, 저편 어디엔가 있다. 그래서 국민 문화를 건설한다는 과제는 외지의 다른 모델을 강제적으로 도입하는 것이며, 그 자체로 문화적 다양성을 제거하고, 존재하는 것을 삭제함으로써 일체성에 도달하게 된다. 이런 방법으로 사안을 이해함에 따라 멕시코인 대다수는 자신이기를 포기해야 하는 조건에서만 미래를 얻는다. 이러한 변화는 결정적인 단절 즉, 다른 존재가 되기 위해 자기 존재를 버리는 것으로 이해된다. 변화는 결코 5세기 동안 이어진 식민지배의 복합적인 억압에 속박되었던 문화들의 해방이라는 내적 변형에서 유래될 현재화로 이해되지 않는다. 멕시코 헌법사는 어떤 경우든 주민 대다수를 법적 규범과 실천에서 배제하며 허구적 국가를 법률적으로 구성하도록 인도하기 때문에, 그러한 정신분열증적 계획을 끔찍하게 그려내는 사례들 가운데 하나이다. 19세기 자유주의자들이 고집했던 개인주의와 평등주의가 포르피리오 디아스 통치 시기 아시엔다의 농노제를 쉼없이 강화시킨 것을 어떻게 설명할 수 있는가? 법 정신 자체를 부정하는 것과 다름없는 교회와 암묵적인 합의를 하려고 반교권주의 입법안을 사문화하고, 순전히 허풍으로 만든 일을 어떻게 설명할 수 있는가? 지배층의 어마어마한 허풍을 용인하는 조건이 아니라면, 주민의 절대다수가 어떤 정당에도 가입되어 있지 않고 투표권도 행사하지 않는 그런 나라에서 정당이 선거를 통한 시민 참여의 유일한 합법적 매개물로 인정된다는 점에 기초하는 민주 선거제도를 어떻게 이해할까? 멕시코 사회의 어떤 집단들은 지역마다 다른 형식들에게 자리를 내어주는 동시에 그 형식들이 점진적으로 현재화될 가능성과 추동력을 찾을 수 있는 국가 시스템을 구축하려는 목적을 가지고 권위를 얻고 인정받으려 애썼을 수도 있다. 그러나 그런 집단들이 채택하는 실제 시스템들을 파악하고 인지하려는 노력을 발견할 수 있는 사례를 찾으려 한다면, 헛수고가 될 뿐이다. 그런 노력은 존재하지 않는다. 멕시코는 이제 법에 의지해 근대화되길 원하고, 현실이 다른 길을 따라간다면 그 현실은 잘못된 것이고 비합법적인 것이다.

멕시코의 삶과 문화의 모든 질서에서 나타나는 이러한 정신분열증적 허구ficción esquizofrénica가 낳은 결과는 상상의 멕시코를 추진하는 사람들에게 전혀 고민거리가 되지 않는 사소한 것처럼 보인다. 먼저 그 허구는 대다수를 주변화하는데, 상상이 아닌 실제의 주변화다. '도달해야 할' 멕시코에 가담하는 자들은 언제나 소수였으며, 가끔은 우스울 정도로 소수였다. 나머지 모두는 법률에 따라 배제되고, 이론적으로 민주적인 과정에서 그들의 참여는 축소된다. 가장 다행스러운 경우라 할지라도 실제 삶과 동떨어져, 종국에는 허구적인 외부의 온전한 형식주의로 축소된다. 국가적 측면의 모든 질서를 지배하려 하는 규범들은 멕시코인 가운데 소수만이 가담하는 문화적 모태를 바탕으로 배태된다. 그러한 지배층의 핵심부는 언제나 서구 문명의 틀 안에 있었지만, 그들의 이해관계와 성향은 오랜 시간을 거쳐 변이해 왔고, 그것을 바탕으로 사회의 다른 부문들을 서구 모델이 전제로 하는 행동방식으로 통합시키려는 노력이 다방면으로 이루어진다. 온전한 의미에서 멕시코 시민이 되기 위해서는 이 땅에서 태어나고, 출생자에게 부여되는 국적을 거부하지 않은 것만으로는 충분하지 않다. 상상의 멕시코라는 맥락에서 그들의 고유문화는 결국 비합법적이므로 구체적이고 일상적인 삶에 틀을 지우고 의미를 부여하는 문화와는 동떨어진 문화를 배우라는 (법률적 환상에서는 표현되지 않는)추가 조건이 많은 사람에게 요구된다. 그리하여 주변화란 자원과 서비스에 대한 접근이 제한된다는 의미만이 아니라 삶의 고유한 형식으로부터 배제하는 총체적 주변화를 의미한다. 그리하여 멕시코인 대부분은 국가 활동 밖에 머물며 가능한 최소한으로 자신들의 현실 세계와 외지의 외부 세계 사이에 관계를 맺거나, 사정과 필요에 따라 세계와 문화를 바꿔가면서 역시 정신분열증적인 이중적 삶을 살거나, 소수가 원하는 상상의 멕시코에서 온전히 받아들여지길 바라면서 결국 본래의 자신을 거부해야 하는 조건에 예속된다.

민주주의라는 일반개념은 2세기 전 서구 문명이 주로 바랐던 열망들 가운데 하나로 자리잡았다. 상상의 멕시코가 상정한대로 민주주의를 기계적으로 이식하자, 그것은 실제 민족을 비 – 민족no-pueblo으로 변형시키는 일련의 배제 메커니즘으로 전환된다. 이 묘한 민주주의는 민족의 존재를 인정하지 않고, 오히려 나중에 자신이 헌신할 민족을 창조하는 과제를 수립한다. 놀라운 소수의 민주주의, 국민을 이루는 대다수 집단과 동떨어진 고려에서 출발하는 국가 프로젝트이다. 결국 대다수의 멕시코인이 창조하고 생각하는 것을 비합법적으로 만드는 프로젝트이다. 결국 민족은 민주주의를 위한 장애물이 되어버린다.

두 번째 결과도 피할 수 없다. 현실을 타불라 라사tabula rasa, 白紙로 만들면 멕시코 사회의 문화자본 대부분을 드러내기를 거부하는 셈이다. 역사가 멕시코인의 손에 쥐여준 문화유산이 광범위하고 다양하게 발전해 온 것을 알아보고, 그것을 높이 평가하여 더욱 발전시키는 것이 절대적으로 불가능해지기 때문이다. 여기에는 미래를 건설할만한 것이 없다는 오래된 식민적 맹신이 계속된다. 비–민족을 대체하기 위해 민족을 만들어야 한다면, 이미 존재하는 비–문화들을 대체하는 하나의 문화를 다시 만드는 결과를 가져온다. 새로운 문화적 자산을 형성해야 할 요소들이 이곳에 없으므로 수입품(사상, 지식, 열망, 기술 등 무엇을 할지와 어떻게 할지)으로 채워진다. 역시 현실을 변형시키는 것이 아니라 교체하는 막중한 과제와 마주한다.

수백 년에 걸쳐 축적되고 다듬어진 모든 능력, 다시 말해 깊은 멕시코의 모든 문화적 자산은 더도 덜도 아닌 무용한 것으로 분류된다. 이곳 사람들은 세대를 거듭하며, 세기를 거듭하며 잘못된 길을 걸어서 이제 막 다른 골목에 이른 것처럼 보인다. 상상의 멕시코의 기준에 따르면 그 역사는 사실 역사가 아니다. 역사의 일부조차 아니다. 분명 착오였고, 무의미한 것이었다. 남아도는 불용액(수백만 명의 멕시코인을 존재하게 하고, 규범을 정하는 살아 있는 문화들)은 채무로 남는다. 그것은 무용하고, 국가 문화 프로젝트와 동떨어진 것일 뿐만 아니라 원점에서 시작된 올바른 길, 아무런 기억 없는 무구함에서 시작하는 올바른 길을 나서기 위해 제거되어야 하는 암초가 되어버린다. 이런 제안은 가진 것을 탕진하는 것이 아니라 가진 것을 스스로 죽임으로써 거부하는 것이다.

가령 상상의 발전이라는 간교한 틀은 개인의 유용한 활동을 단순한 기계적 차원으로 환원시키려 한다. 다시 말해 개인의 노동을 무분별하게 아무 일에나 적용할 수 있는 것으로 바꿔버린다. 노동관계에 대한 문화적 모델은 개인적이면서도 집단적인 잠재력들의 온전한 실현에는 무관심하다. 그런 모델에서는 함께 어울려 발전해나가는 각종 능력들이 배제되고 활용되지 않는다. 그런 능력들은 원주민과 농민의 활동이 이루어지는 공동체적 맥락에서 서로를 발달시킬 공간과 조건을 모색하지만, 그런 문화적 모델에서는 배제된다. 이와 관련한 너무나 다양한 사례들이 있으며, 국가 활동 전반에서 그러한 사례를 발견할 수 있다. 말하자면, 깊은 멕시코가 창조한 능력을 외면하려는 끈질긴 노력을 찾아볼 수 있으며, 그러한 능력을 거세하는 대신 발전시키는 프로젝트를 마련하려는 도전과 약속에 대한 철저한 무관심을 발견할 수 있다.

다음과 같은 질문을 피할 수 없다. 우리는 지금 이곳에 어떻게 도달했는가? 국민 문화에 대한 논쟁의 바탕에 존재하는 정신분열증은 거의 500년 전 식민 체제가 수립될 때부터 시작된 길고 긴 역사적 과정의 현재적 표현임이 명확해졌다. 그때부터 문화통제 시스템이 가동되기 시작했다. 그러한 시스템을 통해 식민화된 마을들의 결정 능력이 제한되었고, 역사의 매 순간 지배 사회의 관심을 끈 수많은 문화적 요소의 통제권을 빼앗았다. 문화통제 시스템은 사회 활동의 모든 차원을 포함하고, 어떤 상황에서든 모든 행위에 반드시 필요한 문화적 요소를 나타내는 형식을 결정할 가능성을 내포하고 있다는 점에 주목해야 한다. 따라서 현재의 문화통제 시스템을 낳은 역사적 과정에 관한 연구는 사회적 행위라는 측면으로 제한하여 진행될 수 없다. 예를 들어 물질적인 부와 생산물을 처분하거나 식민화된 마을들의 노동력을 처음에는 식민자들에게 유리하게, 독립 이후에는 그들을 추종하는 자들에게 유리하게 활용하는 등의 사회적 행위를 연구하는 것만으로는 부족하다. 그러한 경제적 착취의 메커니즘은 분명 지배의 역사에서 가장 중요한 역할을 수행해왔다. 그러나 지배를 가능하게 한 문화통제 시스템은 훨씬 더 복잡하고, 다양화되고 총체적인 장치이다. 그 점을 이해하려면 경제적인 것 이외의 다른 분석 기준을 세울 필요가 있다.

문화통제 시스템이 총체적 현상이라고 해서 모든 결정이 그 사회의 하나의 집단 혹은 계층에게 집중되어 있다는 의미는 아니다. 사회의 지배 부문이 중요하다고 여길 만한 결정들, 그들의 존재 이유와 그들의 프로젝트를 어떤 방식으로든 표현하는 결정들은 한쪽으로 쏠리는 경향이 있을 것이다. 그러나 하위집단들 역시 자기 고유의 문화 영역에서 결정 권한을 가진다. 문화통제 시스템 전체가 만들어내는 힘과 조건이 변형됨에 따라 이러한 보루는 수정되고, 확장되고, 좁혀진다. 이러한 관점에서 역사적 역학관계는 지배사회가 자신의 이해관계와 필요에 따라 문화통제의 스펙트럼을 확대하고 강화하려는 시도에 맞서, 예속된 집단이 자기 고유의 문화 영역을(그들은 그러한 영역에서 사회적 행위에 요구되는 문화적 요소를 결정할 권한을 가지고 있다) 보존하고 확대하려는 끊임없는 투쟁으로 이해될 수 있다. 멕시코처럼 식민적 기원을 갖는 다원적 사회에서는 하위집단을 지배사회와 구분시키는 다양한 문화가 존재하기 때문에 이 과정은 훨씬 선명하게 나타난다. 그러한 상황에서 문화통제의 전반적인 시스템 내부에서 고유의 공간을 확보하기 위한 투쟁은 서로 다른 문화 프로젝트들과 문화들 사이의 대립이자 전체 문화통제 시스템 안에서 이루어지는 결정에 더 개입하려는 투쟁이기도 하다.

이어지는 장들에서 다루는 내용의 바탕이 되는 이론적 관점들을 독자가 파악할 수 있도록 여기서는 이러한 흐름을 도식적으로 따라가며 최근 500년 동안 멕시코에서 문화통제 시스템을 형성하고 변형시켜갔던 중요한 메커니즘과 주요시기의 전체적 흐름을 소개하려 한다. 2부의 서두에서 이미 지적했던 것처럼 종합적인 역사를 보여주려는 것은 아니다. 그것은 이 책의 맥락을 지나치게 벗어나는 과제가 될 것이다. 대신 멕시코의 문화적 현실에 담긴 문제에 주목하게 해줄, 우리 역사를 성찰하는 한 가지 방법을 적으려 한다. 그러한 현실은 다양한 마을들의 구체적 역사의 결과이며, 그들의 역사는 서로 연결되어 있지만 동시에 각자 고유하고 독자적인 결정요인을 따른다. 이어질 장에서는 결과를 분석하는 것을 넘어서 미래를 향한 과제를 제안한다. 그러한 과제는 점차 더 포괄적이고 집단적인 과제 즉, 지금 이곳에 우리가 어떻게 도달하게 되었는지 열린 사고로 분석하는 것이다. 지금 우리가 서 있는 곳에서 앞으로 나가기 위한 최선의 길은 무엇인지 기초를 닦기 위해서다. 각 국면의 문제가 아무리 극적이고 골치 아프다 해도 그것을 넘어서 문명을 통해 성찰하려 한다. 그러한 성찰이 깊은 멕시코와 상상의 멕시코의 엇갈림이 만들어낸 정신분열증을 극복하게 해줄 것이다.

II. 식민 질서

현재 멕시코 문화가 가진 문제의 기원은 분명히 1520년대부터 수립되기 시작한 식민 질서이다. 그 시기에 메소아메리카 문화를 공유하는 마을들 전체가 서구적 모태의 다른 문화를 운반해온 침입자 집단의 지배에 종속되었고, 그러한 종속에 의해 그어진 분할선을 따라 분열된 사회가 형성되었다. 그리하여 비교 가능한 모든 면에서 식민자의 사회가 피식민 마을들보다 우월함을 이데올로기적으로 긍정하는 식민 상황이 만들어진다. 이러한 식민 상황이 오늘날까지 독립국가로서 멕시코의 근본적 특징 가운데 다수를 조건 지운다. 따라서 거의 500년 전에 이식된 문화통제 시스템의 모습을 간략하게나마 살펴보는 것이 필요하다.

지배의 새로운 방법

한 마을이 다른 마을을 지배하는 현상이 식민지 시대 이전 멕시코에서 없었던 것은 아니다. 여러 지역에서 매우 다양한 시대에 걸쳐 군사력에 힘입은 예속이 이루어졌다. 그러나 모든 지역에서 언제나 그런 현상이 있었던 것은 아니다. 예를 들어 확인할 수 있는 증거에 따르면, 마야 중앙 지역의 빛나는 고전기는 9세기 말 10세기 초 무렵 쇠퇴했는데, 이 시기에 제국의 지배는 찾아볼 수 없다. 고고학자인 알베르토 루스[1]에 따르면 그

---

1 알베르토 루스 릴리에(Alberto Ruz Lhuillier, 1906~1979)는 프랑스 출신 고고학자

지역에서 발견되는 지역적 양식의 다양성은 독립적인 국가들의 중심부에서 만들어지는 마야 문화가 독자적으로 발전한 결과이다. 그에 따르면, 후에 치첸[2]의 전성기는 군사적 지배가 아니라 장거리까지 포함하는 교역에 토대를 둔다. 다른 한편, 중앙 분지들에서는 테오티우아칸의 몰락 이후인 7세기 말 혹은 8세기 초가 되어서야 군사주의가 사회조직의 중요한 특성이 된다.

그러나 유럽 침입 시기에는 강력한 지배구조가 확고하게 존재하여, 중앙과 남부에 산재한 수많은 마을이 메시카인의 헤게모니 아래 있었던 삼각동맹에 예속되어 있었다. 아스테카인의 군사주의는 이츠코아틀[3]의 통치 아래 강화되어, 1430년대부터 테노치티틀란에서 공고해졌다. 3대에 걸친 메시카 통치자들을 보좌하며 (우에이틀라토아니Huey Tlatoani와 함께 권력을 행사하는)시우아코아틀[4]의 자리에 있었던 틀라카엘렐은 왕좌 뒤의 실세로 중추적 역할을 수행하며 군사 귀족의 편에서 개혁을 추진한 것으로 보인다. 틀라카엘렐은 텍스코코의 토착 지배자señor[5]인 네차우알코

로 멕시코 치아파스주에 위치한 마야 유적지 팔렌케(Palenque)에서 통치자 파칼(Pakal)의 무덤을 발견한 것으로 유명하다. 1936년 멕시코 국적을 취득했다.

2 기원후 500년경 이차인이 유카탄 반도에 세운 도시로 오늘날 치첸 이차(Chichén Itzá)로 알려져 있다.

3 이츠코아틀(Itzcóatl, 1428~1440)은 4대 틀라토아니로 재임하였으며, 이 시기 메시카인의 영토 확장이 시작되었다.

4 시우아코아틀(Cihuacóatl)은 출산 도중에 사망한 여성들의 수호신 이름이자 아스테카 사회에서 군의 수장을 지칭하는 말로 아스테카 정치구조에서 이인자의 자리이다.

5 이베리아 반도에서 señor는 영주를 뜻한다. 에스파냐인은 정복 이전 원주민 사회의 정치경제구조를 해석하기 위해 유럽의 경험을 대입한 결과, 원주민 사회의 소규모 도시국가의 지배자를 señor로 지칭하였다. 유럽의 봉건제와 다른 고유의 정치경제구조가 정복 이전 아메리카에 존재했다는 점에서 여기서는 '영주'로 옮기

요틀⁶과는 다른 계열을 대표한다. 텍스코코의 패배 이후 텍스코코와 테노치티틀란이 맺은 새로운 동맹들은 아스카포찰코Azcapotzalco를 정복한 후 메시카 사회를 변화시키고 군사 권력의 대표자들에게 절대적인 지위를 부여하는 변화를 가져오기 시작한다. 예를 들어 프리드리히 카츠⁷에 따르면, 전사들은 패배한 아스카포찰코의 토지를 하사받은 반면, 마세우알 macehual — 일반 평민 — 은 그 땅을 받지 못했다. 메시카 사회에서 민주주의는 상실되는데, 그 당시까지 칼풀리calpulli의 대표자들이 선출했던 우에이 틀라토아니는 이제 군사적 귀족집단의 손에 좌우된다. 이 모든 변화를 정당화하려는 목적에서 역사를 다시 쓰고, 옛 그림문자책을 불사르고, 아스테카인을 선택받은 사람들, 즉 태양의 민족으로 묘사하는 다른 책을 그린다. 이 모든 것은 메소아메리카에서 새로운 상황을 만들어내는 것처럼 보인다. 에스파냐인의 손에 의해 테노치티틀란이 몰락하면서 그 과정은 돌연 중단되었으니, 그 운명이 어찌 되었을지는 상상에 맡길 도리밖에 없다.

메시카인의 경우가 지배를 보여주는 어쩌면 유일한 현상이라서 식민지 시대 이전 멕시코에서 지배라는 형식을 일반화시키기에 무리가 있을지도 모르지만, 가장 잘 기록되어 있는 경우인 데다가 식민지 시대 이전 세계에서 지배가 갖는 의미와 특징을 이해할 수 있게 해주는 몇 가지 특성을 살펴보는 데 힌트를 준다. 지배의 첫 번째 목적은 분명하다. 공물을 얻는 것이다. 메시카인의 권력에 예속된 마을들은 정기적으로 공물을

는 대신 '토착 지배자'로 옮긴다.

6 네차우알코요틀(Netzahualcóyotl, 1402~1472)은 메시카인과 군사적 동맹을 맺은 텍스코코의 틀라토아니이다. 건축가이자 시인으로서 명성이 높다.

7 프리드리히 카츠(Friedrich Katz, 1927~2010)는 오스트리아 출신의 역사학자이자 인류학자이다.

납부했고, 그 공물은 삼각동맹을 이루는 도시들로 일단 모였다. 이 공물들은 멕시코 분지의 호수 지역에 있는 다른 도시들에 돌아가기도 했다. 따라서 그 도시들은 예속된 지위에 있는 동시에 일시적인 동맹 관계이기도 한 이중적 상황에 있었다.

공물 납부 시스템의 한 가지 측면에 주목할 필요가 있는데, 예속된 각 마을에 요구된 자원과 생산물은 아스테카 지배 이전 각 지역에서 생산되고 있던 토산품이었다는 점이다. 패배한 도시들은 할당된 공물 납부를 위해 생산을 더 많이 하거나 소비를 줄여야 했던 것 같다. 이러한 자원 유출은 공물을 납부해야 하는 입장에 있는 수혜토[8] 공동체를 빈곤하게 만들 수밖에 없었지만, 그들의 생산 시스템을 근본적으로 교체했다는 의미는 아니었다. 그들은 여전히 동일한 산물을 같은 방식으로 생산했으며, 단지 그중 일부를 내놓아야 했을 뿐이다. 예외적 상황도 있어서, 예전에는 생산하지 않았던 것을 강제적으로 생산해야 했던 마을도 있던 것 같다. 그러나 일반적으로는 그와 반대였는데, 마을들이 갖추고 있는 생태적 지위의 다양성 덕분에 공물로 납부하는 생산물을 다양화할 수 있었던 것이 한 가지 이유였다. 정확히 그 덕분에 지배하는 쪽의 도시에는 그곳의 자연환경이 제공해주지 못하는 다양한 자원이 여러 곳에서 흘러들어올 수 있었다. 그러나 여러 마을에서 생산된 자원이 의미를 획득하고, 다른 마을이 그 자원을 탐낸다는 사실은 뭔가 더 중요한 점을 드러낸다. 다름 아닌, 서로 다른 마을들이 동일한 문명에 속해 있다는 점이다. 그래서 마을들은 여러 지역 토산품들을 공유할 수 있었고, 그 결과 다양한 소비를 원하는 지배사회의 필요에 맞춰서 공물을 납부하려고 수혜토 공동체들이 이른바 자기 '생산 라인'을 수정할 필요는 없었다는 사실이 중요하다. 메소아메리카 마을들에서 볼 수 있듯이 하나의 문명을 공유하는 마을들 사이에

---

8   에스파냐어 sujeto는 '얽매인', '고정된'을 뜻하며, 예속된 지위의 공동체를 의미한다.

서 이루어지는 지배는 기존의 생산 활동을 대체하거나 포기하는 쪽으로 이어지는 대신에 속박된 주민의 빈곤화 혹은 공물로 유출된 양을 보충하기 위한 생산의 증대로 이어진다. 생산되는 것(고유문화의 일부)과 공물로 납부되는 것이 처음부터 양립 불가능하지는 않다.

다음과 같은 사실을 상기시켜 앞서 언급한 점을 확실히 하는 것이 좋겠다. 아스테카인은 지역 토산품을 교역할 수 있도록 예속시킨 지역에 정기적 시장을 조직하길 요구하곤 했다는 사실이다. 마야인들과 접하고 있는 경계처럼 멀리 떨어진 지방에서는 공물을 납부하지 않는 예속된 마을들도 있었다. 대신 그들은 수비대에서 근무할 사람들을 모아주고, 군대에 양식을 보급하고, 교역을 도와야 했다. 상인들은 아스테카 사회에서 매우 중요한 입지를 얻게 되었다. 상인으로서 기본적 역할만이 아니라 군사적 목적을 — 그리고 당연히 상업적 목적을 — 가진 정보를 전하는 첩자의 역할도 수행했기 때문이다. 내가 아는 한 테노치티틀란에 공물로 들여온 물품과 교역으로 들여온 물품을 비교하려는 연구는 없지만, 상인의 사회적 중요성과 메시카인의 지배 영역을 넘어서는 그들의 넓은 행동반경을 고려하면 경제적 의미에서 교역 활동은 적어도 공물만큼 중요했다는 점을 추론할 수 있다. 많은 정복 전쟁의 목적이 공물의 강제적 도입에 있었지만, 교역도 그만큼 중요한 목적이었고, 오히려 공물보다 교역에 더 중점을 두고 있었다는 가설은 그리 근거 없는 이야기는 아니다. 어떤 경우든 교역의 부정할 수 없는 중요성은 앞서 지적했던 사실 즉, 동일한 문명의 지평에 있는 마을들 사이에서 생산물을 공유할 수 있다는 사실을 보여준다.

메시카인이 예속시킨 지역에 군사력을 행사하는 방식에는 식민지 시대 이전 지배 형식의 성격을 이해할 수 있게 해주는 특징들이 있다. 군대가 상주한 곳도 있지만, 대부분 군이 상주하지 않았고 공물 취합을 담당하는 관리인 칼픽스케calpixque를 보냈을 뿐이다. 전쟁에 인력을 공급하여 삼각동맹의 전략에 가세하는 대가로 전리품 일부를 나누어 받는 마을들도 있었다. 간접적 정치 통제 메커니즘이 존재했는데, 몇 가지 제약사항의 강제적 도입으로 지역 통치자들과 권위기관의 내적 구조를 유지시켰다. 카츠에 따르면, 새로운 통치자들은 메시카 국가의 승인을 받아야 한다는 제약사항이 있었다. 전쟁 선포와 종전도 아스테카인의 특권이었다. 마지막으로, 호수 유역의 도시들의 경우 관개시설과 관련된 결정은 메시카인의 권한이었다. 군사적 권력으로 지탱되는 관계와는 다른 새로운 신의를 쌓으며 아스테카의 지배를 공고히 하는 방법으로 통치 엘리트들 사이의 결혼동맹도 빈번히 애용되었다. 더구나 메시카인들이 다스리는 지역에는 식민자가 영속적으로 체류하지 않았다는 사실에 주목해야 한다. 역시 카츠에 따르면 유일한 예외는 푸레페차인과 맞닿는 경계지역과 마야인과 인접하는 경계지역뿐이었다.

메소아메리카 세계에서 종교적 차원은 삶의 모든 측면에 강하게 자리 잡고 있어서 지배에 담긴 종교적 의미를 몇 가지 언급해야 더 온전한 설명이 가능하다. 정복당한 자들에게 정복한 자의 종교를 강제하지 않았다는 점에서 정복 전쟁에 종교적 투쟁의 요소는 없었다. 심지어 틀라카엘렐의 개혁 이후 아스테카 종교는 유연성과 전유하는 능력을 발휘하여, 아스테카인의 신전 안에는 예속된 마을들의 신상이 금방 자리 잡았다. 지배를 종교적으로 상징화하기 위해 테노치티틀란의 테오칼리[9]에는 예속된 마을들의 신성한 이미지들을 보관하는 장소가 있었다. 그곳은 포로가 된 신들을 가두어 두는 감옥과 비슷했다. 아스테카인들은 각 지역에서 행해

---

9 테오칼리(teocalli)는 나우아어로 신, 신성, 위대함을 의미하는 teo와 집을 의미하는 cali가 합쳐져 신전을 뜻한다. 오늘날 흔히 피라미드로 불리는 건축물로 남아 있다.

지는 경배 의식을 금지하거나 추궁하지 않았고, 그들의 신을 부정하지도 않았지만, 그 땅에서도 아스테카 고유의 신성이 우월하다는 점을 드러내기 위해 노력했다. 그렇기는 하지만 승리자의 종교로 예속민을 개종시키려 하는 선교 정신 따위는 존재하지 않았다. 다만 다른 마을들에 있는 다신전에 하나를 더 끼워 넣는 식으로 우이칠로포츠틀리Huitzilopochtli(가장 아스테카적인 신)에 대한 경배를 도입하려는 뒤늦은 시도가 몇 번 있었다. 메소아메리카인들의 모든 종교 체계가 하나의 문명 발전 과정이 낳은 결과임을 생각하면, 지배 과정에서 종교적 차이들을 다루는 이러한 방법이 명확하게 이해된다. 수백 년, 수천 년 동안 지속적인 접촉이 이루어지고 영향을 주고받은 하나의 문명 발전 과정의 결과로 서로 다른 시대에 여러 마을에서 나타나는 신성이 같은 것임을 알아볼 수 있다(가장 잘 알려진 사례들만 보자면, 고원지대에서 나타나는 틀랄록과 케찰코아틀은 유카탄 반도 마야인들에게 착과 키쿨칸이고,[10] 늙은이 신이자 불의 신은 여러 문화권에서 나타난다). 메소아메리카 마을들의 종교 체계와 개념 형성의 배경에는 공통적인 기준이 있어서 마을들은 서로 배타적이지 않고 공존 가능해진다. 아마 그러한 맥락에서 종교 및 전쟁과 관련되는 한편, 메소아메리카 문명의 '야만적' 성격을 보여주는 데 항상 언급되는 행위들의 복합물이 쉽게 이해될 것이다. 지금 내가 염두에 두고 있는 것은 이른바 '꽃의 전쟁guerras floridas'으로 불리는 것과 의례로서 인신공희sacrificio humana이다.

　　종교적 동기를 가지고 희생시킬 포로를 확보하려고 두 개 마을이 정기적으로 전쟁을 하기로 합의한다는 발상은 그 자체로 설명되어야 하는 별개의 사건이 아니라 이 전쟁에 개입하는 마을들이 반드시 공유하기 마련인 완결성을 갖춘 문화 체계의 일부로 이해할 때 비로소 의미를 얻게

10　틀랄록(Tláloc)과 착(Chac)은 비의 신이며, 케찰코아틀(Quetzalcóatl)과 키쿨칸(Ki-kulkán)은 '깃털달린 뱀'을 뜻한다.

된다. 마을들은 우주에 대한 개념을 공유하고, 우주를 지속시키기 위해 인간이 수행해야 하는 초월적 의무에 대해 동의하기에, 그 수가 많건 적건 최고의 인간들을 희생시키는 것으로 정점에 이르는 정기적 의례를 받아들인다. 그렇지 않으면 적의 신전이 아니라 전장에서 더 큰 의미를 지닐 것이기에 '꽃의 전쟁'은 죽은 것이 될 것이다. 메소아메리카 문명이라는 공통적 바탕이 그러한 발상을 공유할 공간을 제공하여, 오늘날 외부에서 보기에 이해 불가능한 것을 수용 가능한 것으로 만들었을 것이다.

두 가지를 더 살펴보는 것으로 식민지 시대 이전 멕시코의 지배 형식의 특징을 뭉뚱그려 살펴보는 일을 마무리하려 한다. 첫째, 여러 메소아메리카 마을들 사이에서 전쟁 기술의 질적 차이가 두드러지지 않았다는 점이다. 그들은 비슷한 무기를 사용했고, 세력의 크기는 사용하는 무기의 수준 차이가 아니라 각 무리를 이루는 사람의 수에 따라 정해졌다. 적절한 인구 규모와 상대적으로 유리한 지리적 조건이 뒷받침되면 다른 마을의 침략에 저항하기에 충분한 군사력을 갖출 수 있었다. 그래서 에스파냐 침입 시기까지도 아스테카인이 지배한 영토 내부에 토착 지배 영토들이 유지될 수 있었다. 둘째, 메시카인은 나우아어 이외의 언어를 사용하는 예속된 마을들에게 지배자인 자신들의 언어사용을 강제하는 언어정책을 펼치지 않았다. 나우아어화는 다른 마을들을 지배하려는 목적의 일부가 아니었다.

이러한 사실 뒤에는 종교 정책의 사례에서 보이듯이 자연적이고 절대적인 열등함이라는 개념 형성에 연루되지 않는 (적이든 동맹이든, 예속되었든 아니든) '타자'라는 일반개념이 있다. 심지어 마을들 사이의 문화적 차이는 지배를 정당화하는 빌미가 되지 않는다. 만약 그랬다면 패자를 '문명화시키기' 위해 다방면의 노력이 있었을 것이다. 하지만 사실은 그와 달라서 패자의 삶의 방식, 생산 시스템, 종교적 신앙, 통치 형식, 언어를 수용했다. 그것들을 제거하거나 배제할 필요가 없었다. 그 모든 것은 지배의 목적 및 체제와 공존 가능하다. 공통의 문명을 가지고 있다는 점 덕분에 다른 마을에 예속되어 지배받는 것이 자기 자신을 부정하거나, 자기 문화를 비합법적인 것으로 만든다는 의미가 되지는 않는다.

에스파냐인이 확립한 식민 체제는 그 당시까지만 하더라도 메소아메리카에 알려진 지배 형식과 완전히 다른 속성을 지니고 있었다. 이슬람인을 대상으로 벌인 국토회복전쟁의 경험이 아직 생생했던 에스파냐에서 고조된 지배적 서구 이데올로기에 따르면, 유럽이라는 외지 문화에 여러 마을을 예속시킨 것은 기독교 신앙의 씨앗을 사방으로 퍼뜨려야 한다는 의무에서 비롯된 당연한 권리로 이해되었다. 선교를 추동하는 이러한 힘은 루터 개혁이 가져온 기독교의 분열 때문에 유럽 침입 시기 가톨릭 국가들에서 왕성하게 나타났다. 교황은 면죄부로 여겨진 정복 사업을 여러 가지 통로로 부추겼다. 그런 분위기에서 '타자'라는 개념의 형성은 필연적으로, 인간이라는 조건을 — 다시 말해 — 그들의 말을 빌리자면 초월적 영혼의 소유를 의심하거나 완전히 부정할 정도의 자연적으로 열등한 존재에 대한 개념 형성과 일치했다.

이러한 이데올로기적 개념 형성은 유럽의 식민적 팽창이 보여준 세속적 관심과 잘 부합했다. 그것은 이교도와 맞서는 것을 구원의 유일한 가능성이라 생각하는 기독교 문명이라는 망토 아래로 본국 경제를 한순간에 번영시켜 줄 값나가는 광물, 향신료, 영토, 부릴 수 있는 노동력에 대한 갈망을 밀어 넣은 논의가 일관적으로 취했던 방법이었다. 식민자에게 할당된 자연적 우월함은 진정하고 유일한 믿음을 고해했다는 확신으로 제한되지 않았다. 이러한 확신은 삶의 모든 질서에서 우월하다는 긍정으로 이어지기 마련이었다. 물질적 갈망, 진보를 이해하는 방식, 인간의 과업, 선과 악을 구별하는 모든 기준, 욕망의 대상이 될 수 있는 것과 거부되

어야 하는 것을 구별하는 모든 기준, (사고하기, 작업하기, 태도 취하기에서)
옳은 방법과 옳지 않은 방법을 구별하는 모든 기준은 전체적으로 우월하
다고 상정되는 하나의 총체를 구성했다. 심지어 유일하게 우월하다고 주
장되었는데, 주장의 근거는 그 총체가 진정으로 유일한 것이기 때문이다.

그러한 이데올로기적 맥락은 메소아메리카 마을들이 사용한 것보
다 더 효율적인 전쟁과 지배의 기술로 무장되었고, 식민지 시대 이전 지
배의 형식과 근원적으로 다른 프로젝트에 동원되었다. 여기서 에스파냐
인이 강제적으로 도입한 권력 구조와, 그 결과 식민사회에 이식된 문화통
제 시스템이 지배의 새로운 형식을 구성했으리라는 것이 분명하다. 그러
한 형식의 결과도 과정도 그 당시까지는 이 땅에서 알려진 바 없었다. 앞
선 상황이 무엇인지에서 비롯되는 차이는 근본적이다.

식민 질서는 자연히 배타적이어서 피식민자 문화와 식민자 문화의
양립불가능성 위에 자리 잡는다. 식민사업의 필요와 이해에 맞추어 피식
민자가 삶의 방식을 조정함에 따라 식민화의 목적이 달성된다. 그러나 이
러한 피할 수 없는 변화는 피식민자가 지배 문화에 동화되는 것이 아니라
패자이자 피식민자의 역할에 맞추어 새로운 질서에 적응하는 방향으로
진행될 뿐이다. 차이는 유지된다. 그 차이 위에 식민지배의 정당화가 자
리하기 때문이다.

배제란 지배당한 마을의 문화를 그 자체로 가치 있다고 인정하지 않
는다는 의미이다. 그것은 양립될 수 없는, 부정당한 문화이다. 피식민자
들이 만든 것 혹은 생산한 것을 빼앗기 위해 그들을 예속시키는 것이 아
니라 그들에게 다른 것을 만들고 생산하게 하려고 예속시킨다. 16세기에
강제적으로 도입된 식민 질서와 그 이전 지배 형식 사이의 깊은 차이가
여기에 있다. 새로운 속박에서 '타자'는 부정된다. 그들의 문화와 프로젝
트는 양립불가능하고 존재할 수 없는 것이 된다. 장착된 문화통제 시스템

이 명확히 보여주는 것은 다른 문명의 강제적 도입이 낳은 결과로서 그러한 배제이다.

원주민의 창조

유럽 침입 이전 오늘날 멕시코 영토에 자리 잡고 있었던 각 마을은 선명하게 정의되는 독자적인(종족적인) 사회 문화적 정체성을 가지고 있었다. 메시카인의 영토 확장 과정의 마지막 수십 년 동안에도 예속된 마을에 내재적인 차이가 있거나 그들을 열등한 인간 범주로 분류하는 개념은 형성되지 않았다. 일반적으로 치치메카인이라고 불리는 북쪽의 유목민은 그 단어에 담긴 부정할 수 없는 경멸적 의미가 보여주듯, 차이가 있다고 여겨졌다. 그러나 그 경우조차 아스테카인 자체가 유목민 출신으로 추정되었기에 그런 유목민들을 자연적으로 열등하다고 개념화하는 것이 용인되기는 어려웠다.

원주민은 식민 체제 수립의 결과물이다. 유럽 침입 이전에는 원주민이 아니라 고유한 정체성을 가진 마을들이 있었다. 반대로 식민사회는 에스파냐인(식민자)과 원주민(피식민자)이라는 수렴 불가능한 양극단을 대립시키고 구분하는 엄격한 분할 위에 서 있었다. 그러한 틀에서 근본적인 단 하나의 구분은 그 모두를 '타자들', 다시 말해 비유럽인으로 만드는 구분이므로 예속된 마을 각각의 독자성은 부차적인 것으로 밀려났고, 의미를 상실했다. 식민지 시대 초기 누에바에스파냐는 원주민공동체와 에스파냐인공동체로 구분되는 두 가지 공동체[11]로 구성된 사회로 배태되었다.

----

11 이 절에서 식민 체제의 구성을 설명할 때 사용하는 '원주민공동체'와 '에스파냐인 공동체'는 república de indios와 república de españoles를 옮긴 것이다. 이 책 전

두 가지 공동체는 서로 다른 질서를 따라서 공동체 내부 생활이 따라야 할 바와 상대 공동체와 관계 맺는 형식을 확립하고 성문화한다. 상대 공동체와의 관계란 당연히 동등한 관계가 아니라, 스스로 모든 면에서 우월하다고 여기는 지배사회와 결과적으로 열등하다고 정의되는 원주민공동체 사이의 관계다. 루이스 데 벨라스코[12] 부왕은 1559년 다음과 같이 적는다.

> 이 왕국을 이루는 두 개 공동체인 에스파냐인공동체와 원주민공동체는 각자의 통치구조, 그리고 성장과 안정에서 서로 관계 맺는 데 큰 반감을 느끼고 어려움을 갖는다. 에스파냐인공동체를 유지하려면 언제나 원주민공동체를 억압하고 파괴해야 하는 것 같기 때문이다.
>
> — 깁슨[13]에서 재인용

토마스 아퀴나스가 상정한 '자연의 질서orden natural'는 '가련한 종들 siervos miserables'인 피식민자, 즉 원주민의 불평등, 예속, 착취를 정당화하는 이데올로기적 기반으로 완벽히 맞아 들어간다. 원주민이라는 범주는 자연적이고 불가피한 열등함의 조건을 나타내는 그 기원부터 불명예스러운 정의를 담고 있다. 그러한 이데올로기적 분위기에서 '자연적인' 것

반에서 사용하는 원주민공동체(comunidad india)의 제도적 기원이므로 동일한 번역어를 사용하였다.

12 루이스 데 벨라스코(Luis de Velasco, 1511~1564)는 1550~1564년 누에바에스파냐 부왕령의 제2대 부왕으로 멕시코시티에 거주했다.

13 찰스 깁슨(Charles Gibson, 1920~1985)은 미국의 역사학자로 멕시코의 식민지 시대 연구자이다. 1964년 출간된 『에스파냐 통치 하의 아스테카인. 1519~1810년 멕시코 분지 지역 원주민의 역사The Aztecs under Spanish Rule. A History of the Indians of the Valley of Mexico, 1519~1810』(Stanford: Stanford University Press, 1964)는 식민지 시대를 다루는 역사학의 고전이다.

이란 짐작할 수 없는 신의 섭리가 계획한 바라고 이해할 도리밖에 없다. 원주민은(카스칸인[14]이든 마야인이든, 오토미인이든 아스테카인이든) 백인 기독교도 유럽인보다 반드시 열등하고, 그러한 열등함이 원주민을 사회 내에서 종속적 위치로 이끌었다. 그들은 '공동체에 필요한 천한 발los pies humildes y necesarios de la República'이었을 것이다. '타자'의 발견에 당황스러워하면서, 그들이 인간의 조건을 갖추었는지에 대한 논쟁이 먼저 있었고, 일단 인간의 조건을 갖추었다고 용인되자 규범을 만들어나가고, 열등한 원주민이라는 전제를 이데올로기적으로 상정한 후 식민 질서 내부에서 실질적인 사회적 열등함으로 전환 시키는 행위를 차곡차곡 진행해나갔다.

몇 가지 근본적인 측면에서 원주민은 단지 열등함이 아니라 악의 화신 자체로 여겨졌다. 신의 손길이 닿지 않는 이 땅에 언제나 만연했던 악함 때문이든, 악마가 간교하게 초기 복음화의 성공을 타락시키는 데 성공한 덕분에 케찰코아틀과 동일시되었던 사도 성 토마스에게 책임을 돌리는 지경에 이르렀기 때문이든,[15] 악마가 직접 개입한 탓이라고 여기는 종교적 개념 형성과 실천에서 그 점은 특히 분명해진다. 그러나 어떤 경우라도 '우상숭배'는 자연적 열등함뿐 아니라 악함을 표현하는 것이었다. 만약 왕에게 원주민이라는 열등한 신하를 자애롭게 보호할 의무가 있다면, 악마에게 지배당하는 원주민을 물리치고, 추적하고, 벌해야만 했다. 피식민자에게 부여된, 열등함이자 악함이라는 이중적 조건으로 말미암

---

14 카스칸(cazcán)인은 에스파냐 접촉 시기 현재 멕시코의 사카테카스주 지역에 거주했던 정주 집단 혹은 반(半)유목집단으로, 치치메카인으로 분류되는 6개 집단 가운데 하나이다.

15 16세기 수도사들이 아메리카 대륙의 원주민을 성서적으로 해석하기 위해 내놓은 가설에 따르면, 에스파냐인이 도착하기 이전에 아메리카 대륙에 이미 기독교가 전해져 있었고, 원주민 문화의 주요 신성 가운데 하나인 케찰코아틀은 사도 성 토마스와 동일 인물이다.

아 모든 억압 수단을 사용하여 원주민이라는 새로운 주인공을 식민사회가 부여한 역할에 예속시킬 수 있었다.

'원주민'이라는 공통적 범주로 메소아메리카의 여러 마을을 무차별적으로 통합하면서, 그 마을들을 구별시키는 독자성 가운데 많은 부분을 효과적으로 축소시키는 일련의 과정들이 진행되었고, 그 결과 식민지 시대 이전 멕시코보다 원주민공동체들의 중심부는 더 평준화되었다. 메소아메리카 사회조직의 최상위 단위(도시국가, 토착 지배 영토, 지역 공동체보다 더 광역의 의미인 종족 단위에 해당하는 층위)는 파괴되었고, 지배층에 속했던 성원들, 다시 말해 지식인 사제와 군사적 정치적 지도자들은 물리적으로 제거되는 경우가 많았다. 지역 공동체의 제한적 영역에서만 옛 권위 기관의 형식 일부가, 이제는 식민화의 이해관계에 따라 좌지우지되며 그에 맞춰 유지될 수 있었다. 하나의 카베세라와 그에 귀속된 여러 수혜토로 정의되었던 아스테카 '제국'의 영토 단위는 초기 수십 년 동안 여전히 독트리나의 경계를 정하는 것은 물론이고 공물 징수와 레파르티미엔토를 통한 강제노동을 조직하는 데 활용되었다.[16] 나중에는 물리적 공간을 나누는 그러한 구분선이 중요성을 상실했고, 지역 공동체만이 메소아메리카 문명의 연속성을 가능하게 했던 유일한 사회적 공간으로 남게 되었다.

점차 원주민 세계의 옛 사회 계층구조는 하향화되어, 이전의 마세우

---

16 식민지 시대 원주민공동체는 카베세라(cabecera) 공동체와 수혜토 공동체로 나뉜다. '선두', '상석' 등의 의미를 갖는 카베세라는 일종의 대표 공동체이며, '얽매인', '고정된'을 뜻하는 수혜토 공동체는 카베세라의 관할 아래 있었다. '교리'를 뜻하는 독트리나(doctrina)는 원주민 교구 단위를 지칭한다. 에스파냐에서 가톨릭 교구를 의미하는 파로키아(parroquia)와 달리 원주민은 교리를 배우는 단계에 있다고 여겨져, '가르침'을 의미하는 단어, 독트리나를 사용하였다. '분배', '할당'을 의미하는 레파르티미엔토(repartimiento)는 일종의 부역 제도로, 원칙적으로는 임금을 제공하고 원주민 노동력을 이용하는 제도였으나 실질적으로 강제부역제도로 기능했다.

알과 그들보다 더 아래에 위치한 계층과 짝을 이룬 사회 속으로 녹아들어 갔다. 많은 공동체의 프린시팔레스와 카시케[17]가 식민 권력의 중개인이 되어, 합법적 권위를 가진 것으로 인정받았고, 그들 다수가 자기 이익과 개인적 치부를 위해 특권을 행사하며 명맥을 이어간 것은 확실하다. 그러나 이 집단의 운명은 역사적으로 둘 중 하나였다. 원주민 정체성을 거부하고 에스파냐화되어 메스티소의 행렬에 가 서거나, 중간 영역으로서 중요성을 잃어버리면서 공동체 내부에서 권위를 상실하여 보통 원주민과 같은 운명을 걸으며 그들 안으로 흡수되었다. 원주민의 사회적 평준화 경향은 식민 질서 내부에서 피할 수 없었다.

원주민에 대한 수많은 정책이 드러내놓고 그러한 평준화를 향해 나갔다. 적어도 법조문에서는 금지사항과 의무가 모든 원주민에게 보편적으로 적용되었다. 공물, 의무노동, 토지 경계 설정, 거주지 재편, 공동체 조직, 복식, 종교적 의무 등에서 그러했다. 실제로는 각기 다른 현실이 강제적으로 도입되었지만 식민사회의 열망은 의심의 여지없이, 명확히 경계가 설정된 단일화된 하나의 총체를 구성하여, 실수 때문이든 무지 때문이든 그때부터 '원주민indio'이라고 부른 그 사회적 범주를 포괄하는 것이었다.

한쪽의 원주민이 다른 쪽의 에스파냐인에게 봉사하고 그들의 부를 증식시켜주는 기본적인 기능을 하는 명확한 이중적 구조로 구상된 식민사회는, 그 출발부터 예견치 못한 집단들의 등장을 받아들여야만 했다. 먼저 아프리카에서 데려온 흑인 노예는 도망가거나, 오지의 팔렌케[18]에 거주하는 도망노예가 되어, 도로를 망가뜨려서 교통과 무역을 위험하게

---

17 1538년 원주민 사회 내에서 토착지배영토를 가진 세습형 지배층인 토착 지배자 (señores naturales)와 구분하여, 세습적 성격을 지니지 않은 지배층을 카시케(cacique)라 부르기 시작했으며, 점차 원주민 지배층을 의미하는 용어로 정착되었다.

할 때만 모습을 드러내면서 문젯거리가 되었다. 얼마 지나지 않아 메스티소와 카스타들이[19] 등장했다. 불편하지만 어쩔 수 없는 그러한 뒤섞임은 도시의 '평민'을 형성했고, 그들은 방향도 법도 없이 전국을 떠돌았다. 카스타들을 분류한 후 식민사회의 계층질서 안에서 정확한 지위를 부여하려고 공을 들였지만, 에스파냐인(페닌술라르와 크리오요)도 아니고 원주민도 아닌 사람들은 식민자와 피식민자라는 엄격한 이중 질서 위에 자리 잡고 있었던 사회에서 결코 정확한 위치를 찾지 못했다.

비록 카스타들을 형식적으로 정의하는 방법은 여러 혈통(아메리카, 아프리카, 유럽)의 비율을 따지는 것이었지만, 다양한 집단의 경계를 나누는 것은 사실 사회적 기준이었지 생물학적 기준이 아니었다. 원주민공동체에서 나고 자란 인종적 의미의 메스티소 다수가 원주민으로 간주된 것이 틀림없다. 마찬가지로, 섞이지 않은 원주민 다수가 출신 공동체를 떠나 농장일꾼이나 자유노동자가 되면 메스티소가 되었다. 크리오요가 메스티소 자리를 차지한 경우도 있었는데, 한 집단에서 다른 집단으로 건너가는 것은 상대적인 '피의 순수함'보다는 다른 사회적 요소들과 더 깊은 관련을 맺고 있었다. 그런 사회적 요소들 가운데 특히 의미 있는 것은 부유함이었다. 궁핍한 삶을 영위하는 에스파냐인들은 '평민'의 일부를 이루며 카스타와 혼동되었다. 아시엔다, 광산, 직물공장obraje에서 물라토와 메스티소는 노예와 원주민의 노동을 감시하고 재촉하는 일을 맡은 십장이나 관리자가 되기 일쑤였다. 아직 면밀한 분석이 이루어지지 않았지만, 지역과 시기에 따라 카스타에 속한 성원들은 식민지 사회를 구성하는 근본적인 두 세계, 즉 원주민 혹은 에스파냐인 둘 중 하나로 위치 지을 수 있

---

18 팔렌케는 도망노예들의 은신처로 정치적인 조직을 갖추었다.

19 카스타(casta)는 원주민과 유럽인의 혼혈을 뜻하는 메스티소 이외, 여러 형태로 교차되어 탄생한 혼혈 집단들을 의미한다.

을 것이다. 그 두 가지 집단으로부터 카스타들을 구분시키는 (사회적이고 문화적인)현실적 차이를 무시한다는 뜻이 아니라, 누에바에스파냐 사회가 벗어날 수 없었던 식민 질서의 근본적인 이분법을 따라 그 사회에 참여하고 있었다는 점을 이해한다는 뜻이다. 이 점에 대하여, 메소아메리카 문명과 서구 문명에 속한 사회들 사이의 혼합을 대표할 새로운 '메스티소' 사회의 부재에 대해 앞으로 여러 차례 다루어야 할 것이다.

시초의 폭력

정복은 폭력적인 침입이었다. 폭력(물리적이고 유혈이 낭자한 잔인한 폭력)이 첫 회로 끝난 것은 아니었다. 폭력은 16세기부터 오늘날까지 원주민 마을들과 맺는 관계에서 영속적으로 나타나는 표식이었다. 아나우악[20]은 피와 불로 예속되었다. 후에 나머지 영토도 그렇게 점령당한다. 촐룰라와 템플로 마요르[21]의 대학살이 우리 시대의 시작이다.

그들은 그저 배신으로, 그저 눈 뜬 장님으로, 그저 그 사실을 모른 체 죽었다.
— 『피렌체 고문서 *Códice Florentino*』

물질적 관점에서 폭력은 에스파냐인의 전술과 무기가 가진 치명적

---

20 아나우악(Anáhuac)은 나우아어로 '물 옆에 있음'을 뜻한다. 멕시코 분지 일대를 가리킨다.

21 템플로 마요르(Templo Mayor)는 직역하면 '대신전'이라는 뜻으로 오늘날 멕시코 시티 소칼로 광장 자리에 있었던 아스테카의 신전이다. 총 78개 건물로 이루어져 있었다.

인 우월함의 결과였다. 연대기 작가인 디에고 무뇨스 카마르고[22]에 따르면, 코르테스가 에스파냐인을 평화롭게 받아들여달라고 촐룰라에 보낸 틀락스칼테카인이[23] "그들은 화가 나면 매우 사나워지고, 못되게 굴고, 물불을 가리지 않으며, 번쩍이는 철로 만든 매우 강하고 뛰어난 무기를 가지고 있다"고 전했다. 무뇨스 카마르고는 또한 다음과 같이 적었다.

> 그들이 이렇게 말한 이유는, 철이 없고 구리만 있는데, 불을 뿜는 총을 가져왔고, 철창에 가둔 맹수를 줄에 묶어 데려왔으며, 철로 된 신발을 신고 옷을 입었으며, 강력한 석궁, 사자, 사람을 잡아먹는 사나운 표범이 있었기 때문이다. 그들은 실제 우리가 데려온 하운드와 알라노 개들을 그렇게 불렀는데, 개들은 무척 쓸모가 많았다.
>
> ― 『틀락스칼라의 역사*Historia de Tlaxcala*』

전쟁에서 원주민보다 에스파냐인이 우세했던 것은 총, 말, 갑옷, 투구, 철로 만든 칼과 창, 사냥개 같은 것들 덕분이다. 그러한 우세함은 식민지 시대 3세기 동안 조심스럽게 유지된다 ― 그리고 필요할 때면 언제나 사용된다. 죽이는 데 탁월한 능력을 가진 군사력이 식민 질서를 유지시키는 핵심, 지배의 최종적이고 확실한 논거다.

그러나 무기는 저 혼자 죽이지 않는다. 무기를 사용하는 사람이 죽이려는 동기를 가져야 한다. 모험심에 가득 찬 정복자들에게는 금과 은으로 벼락부자가 되어 에스파냐에서 얻지 못했던 명예를 얻겠다는 포부가

---

22 디에고 무뇨스 카마르고(Diego Muños Camargo, 1529~1599)는 에스파냐 정복자 디에고 카마르고와 원주민 여성 사이에서 태어났다.

23 틀락스칼테카(tlaxcalteca)인은 정복 당시 에스파냐인과 동맹관계를 맺고 아스테카인을 무너뜨렸다.

있었다. 그러나 그러한 동기를 실현시키는 데 사용하는 폭력을 정당화할 그럴듯한 다른 이유가 필요했으며, 정복과 식민지배의 이데올로기가 적절한 논거를 제공해준 덕분에 침입자들은 폭력의 사용이 정당하다고 여기게 되었다. 그들은 교황에게 인디아스[24]의 관할권을 양도받은 왕의 이름으로 우상숭배와 싸웠으며, 전쟁은 최종적으로 패자를 구원으로 이끌기 때문에 모든 폭력이 정당화되었다. 세속 세계에서 왕의 신하인 원주민은 이견을 달 수 없는 왕실의 최고 이해관계에 걸맞게, 폭력이 행사되는 경우 그 폭력을 피할 수도 없었다. 왕실의 이해관계는 충성스러운 신하들의 이해관계와 반드시 일치해야 하기 때문이다. 식민지배의 첫 반세기 동안 엔코멘데로[25]가 원주민을 폭력적으로 다루는 것을 두고 선교사와 엔코멘데로 사이의 불화가 있었다. 가장 소리 높여 항의했던 사람들 중 한 명이 바르톨로메 데 라스 카사스[26] 신부이다.

---

24 1492년 대항해 시대가 시작될 당시 아메리카 대륙과 인도를 혼동한 결과 19세기 까지도 넓은 의미에서 아메리카 대륙과 인도 및 동남아시아를 인디아스(las Indias)라고 불렀다. 후에 아메리카 대륙은 서인도(Indias occidentales)로, 아시아 대륙은 동인도(Indias orientales)로 구분했으며, 현재는 좁은 의미에서 카리브해 지역을 서인도 제도로 부른다. 16세기 초반 인디아스는 카리브해 지역과 현재의 멕시코를 지칭하는 데 사용되었다.

25 에스파냐어 encomendar는 '위임하다'는 뜻으로, 에스파냐 정복자들에게 원주민을 위임하여 개종시키는 대신 원주민의 노동력을 사용할 수 있게 해준 초기 식민지 통치 제도이다. 엔코멘데로(encomendero)는 엔코미엔다(encomienda)를 수여받은 에스파냐인을 의미한다.

26 바르톨로메 데 라스 카사스(Bartolomé de las Casas 1474(?)~1566)는 도미니크 수도사로 에스파냐인들이 아메리카 대륙에서 자행하는 만행을 멈추고 원주민의 권리를 보호하기 위하여 신학적, 실천적 노력을 병행했다. 오늘날 '원주민 인권 수호자'로 추앙받는다.

아! 저 천진한 사람들이 악독한 에스파냐인들에게 당하는 고통과 불행의 100분의 1이라도 알려줄 사람이 누가 있더란 말인가! 그것을 바로잡을 수 있고, 마땅히 바로잡아야 할 사람들에게 그 사실을 알릴 분은 하나님이실 겁니다.

산티아고, 공격! 이라 외치며 칼집에서 칼을 꺼내 원주민들의 맨살을 가르기 시작했고 철철 흘러나오는 피를 뿌리기 시작했다.

— 『인디아스 파괴에 관한 간략한 보고서』[27]

엔코미엔다가 중요성을 상실하고, 수도회 스스로 식민 질서 안에서 자리를 잡아가며 원주민의 안녕보다 자신들의 이해관계와 특권을 지키는 데 마음을 더 쏟게 되었고, 결국 신부들의 반발은 16세기 마지막 삼분기부터 한풀 꺾였다.

식민지 시대 첫 백 년 동안 원주민 사망자수는 역사상 가장 끔찍한 인구 재앙을 가져왔다. 전문가인 셔번 F. 쿡[28]과 우드로우 보라[29]는 중앙 멕시코의 원주민 인구를 1519년 2,530만 명, 1523년 1,680만 명, 1548년

---

27 인용문의 첫 번째 단락은 "산타 마르타 지방에 관하여"의 마지막 부분, 두 번째 단락은 "누에바에스파냐 지방에 관하여"의 일부이나, 중략 표시가 되어 있지 않다. 국내에는 바르똘로메 데 라스 까사스, 『인디아스 파괴에 관한 간략한 보고서 *Brevísima relación de la destrucción de las Indias*』(최권준 옮김, 북스페인, 2007)로 번역되어 있다. 여기서는 번역본을 일부 수정하였다.

28 셔번 F. 쿡(Sherburne F. Cook, 1896~1974)은 미국의 생리학자로, 고고학의 양적 연구 방법론에 선구적인 업적을 남겼다. 메소아메리카와 북아메리카 원주민 인구에 관한 선구적인 연구였다.

29 우드로우 보라(Woodrow Borah, 1912~1999)는 미국의 역사학자로 멕시코 식민지사 연구에 큰 업적을 남겼다.

260만 명, 1595년 130만 명, 1605년 100만 명으로 추정한다. 다른 추정치에 따르면 멕시코 분지의 인구는 1519년 거의 300만 명에 육박했지만, 17세기 중반에는 7만 명에 불과했다. 테노치티틀란 몰락 직후 몇 년은 그 수가 너무 적어 오싹할 정도인데, 1524년 멕시코 분지의 인구는 3분의 1까지 감소했다. 원주민 인구는 17세기 후반부터 서서히 증가하기 시작하지만, 1519년 같은 크기의 땅에 살았던 인구와 비슷한 수준으로 인구를 회복한 것은 20세기 초에 이르러서야 가능했다. 이것은 사실이다.

상상하기 어려운 제노사이드를 이해하려면 전쟁이 야기하는 폭력에 덧붙여 다른 원인, 다른 형태의 폭력을 고려해야 한다. 식민지 시대 이전에는 알려지지 않았던, 원주민에게 면역력이 없었던 질병을 침입자들이 가져온 탓에 정복과 동일한 시기에(틀라텔롤코 수비대 사이에) 전염병이 퍼졌고, 식민지 시대 내내 사라지지 않았으며, 원주민의 사망률을 끔찍한 지경으로 만들었다. 마틀라사우아틀[30]이라고 불리는 발진 티푸스는 원주민만 감염시켰고, 식민지 시대 동안 적어도 32번 발생했다. 인구 감소, 경작지 축소, 공물의 과잉 차출로 공동체는 빈곤해졌고, 여전히 질병에 저항력이 없는 상태에서 원주민들의 원래 식생활은 무너지고 영양섭취는 불균형해졌다.

식민자들이 강제적으로 도입한 생활과 노동의 새로운 조건도 그들을 죽음으로 몰고갔다. 초기 노예제에 따라 북쪽의 '반란의 기미가 보이는' 원주민을 합법적인 형태로 노예로 부리고, 엔코미엔다와 뒤이은 레파르티미엔토가 원주민을 강제노동에 동원함으로써 원주민은 닳아 없어질 때까지 소진되는 상황에 처했다. 레둑시오네스와 콘그레가시오네스[31] 같

---

30   나우아어로 마틀라사우아틀(matlazáhuatl)은 붉은 색을 뜻하는 matlatl과 발진을 뜻하는 zahuatl이 합쳐진 것으로 붉은 발진을 의미한다. 현대의 학자들은 페스트 혹은 티푸스였다고 추정한다.

은 피식민자의 대규모 거주지 이전은 생활의 습관을 깊숙이 바꾸었고, 견딜 수 없을 만큼 수없이 원주민 세계를 휘저어 놓았다. 알코올 중독이 일반화되고 (깁슨은 에스파냐 지배 하의 아스테카인에 대한 연구에서 "역사상 에스파냐 식민지 시대의 원주민만큼 술에 기댔던 민족은 많지 않다"고 결론지었다), 집단자살과 체계화된 낙태가 만연했고, 알레한드라 모레노[32]가 지적하듯이 여러 배우자를 두지 않는 것은 삶에 대한 욕망이 사라지고 있었음을 보여준다. "왜냐하면 이 원주민들은 상상력이 풍부해서 자신이 뿌리 채 뽑혔다고 생각하면 고통과 슬픔에 완전히 사로잡혀 산에 가서 죽기 때문이다."

식민적 폭력은 원주민들 사이의 폭력을 부추기기도 했다. 코르테스는 에스파냐인 900명과 원주민 '동맹군' 15만 명으로 테노치티틀란을 공격했다. 무뇨스 카마르고는 틀락스칼테카인이 어떻게 설득당했는지 알려준다.

이 도시에는 상상하기 어려운 대학살과 몰락이 있었다. 그로부터 우리의 친구들은 우리 에스파냐인의 가치를 잘 이해하게 되었고, 덕분에 큰일 날 잘못을 저지를 생각을 하지 못했다. 이 모든 것이 신의 섭리였으며, 우리 예수 그리스도가 악마의 손아귀로부터 이 땅을 지켜내고 구하셨다.

– 『틀락스칼라의 역사』

나중에는 식민지 확장을 위해 필요해진 군대를 엔코미엔다에 소속

---

31 '축소'를 뜻하는 에스파냐어 레둑시온(reducción)과 '집회'를 뜻하는 콘그레가시온(congregación)은 식민지 시대 복수형으로 사용되어 거주지 이전 정책을 의미한다. 에스파냐인은 원주민 통제를 위하여 산재되어 있던 거주지를 한곳으로 모으고, 성당과 광장을 중심으로 설계된 격자형으로 주거지를 재배치했다.

32 알레한드라 모레노 토스카노(Alejandra Moreno Toscano, 1940~)는 멕시코의 역사학자이다.

된 원주민 혹은 목숨을 걸 수밖에 없는 공동체 소속 원주민으로 편성했다. 토지 경계와 물에 대한 권리를 두고 벌어진 마을들 사이의 갈등은 멕시코 시골에서 폭력이 사라지지 않는 근원이었는데, 그러한 갈등은 토지의 경계설정과 토지 할당에 대한 잘못된 식민지 정책에서 유래한다. 에스파냐에 대항하려는 원주민들이 만일의 경우 단결하지 못하게 하려고 그들을 쪼개고 대립시키려는 의식적인 조치였다고 여기는 것도 억측은 아니다.

체형을 가하는 것은 예외적 상황이 아니라 규범이었다. 원주민은 엔코멘데로, 아시엔다 주인, 광산과 직물공장의 관리자, 알칼데와 코레히도르[33], 원주민 카시케, 성직자에게 체형을 받았다. 불명예스러운 죽음에 이르게 할 정도의 중벌이 아니라면 족쇄와 채찍은 피식민자에게 익숙한 경험이었다. 정복자들 스스로 역겨움을 느낄 정도로 원주민에게 가해지는 폭력이 심해졌다. 알레한드라 모레노의 지적에 따르면, 많은 정복자들이 수도원에서 삶을 마감했다. 레르마Lerma라는 어느 군인은 자신의 이름을 강에 남기고 원주민과 함께 사라지기를 선택했는데 (또 한 명의 곤살로 게레로[34]인 셈이다), 그에 대해 더 알려진 바는 없다…….

갖가지 형태의 폭력이 식민지의 삶에 나타났다. 그러나 그 폭력은 변칙적이고, 기이하고, 뿌리칠 수 있는 것이 아니라, 필수적인 조건으로, 백인의 지배 아래 원주민을 예속시킬 수 있는 유일한 관계의 형식으로 나타난다. 식민지의 고유한 상황으로서 어디에나 존재하는 완전한 폭력이

---

33 알칼데(alcalde)와 코레히도르(corregidor)는 왕실관료로 하위행정구역의 통치자이다.

34 곤살로 게레로(Gonzalo Guerrero, 1470~1536)는 에스파냐 군인으로 쿠바섬을 근거지로 삼아 주변 지역 탐험을 하던 중 1511년 카리브해에서 조난당한다. 유카탄 반도로 흘러들어간 후 마야인들과 함께 생활했다. 1519년 내륙 정복을 목적으로 유카탄 반도에 도착한 코르테스 일행과 다시 만나게 되었지만, 에스파냐인들에게 돌아가지 않고 오히려 마야인들과 함께 에스파냐 정복자들과 싸웠다.

다. 지속적이고 단단히 뿌리내린 폭력이 독립 이후 현대 멕시코를 물들인다. 폭력과 식민화는 따로 뗄 수 없이 서로 강화시킨다.

칼 옆의 십자가

지배를 강화하기 위한 처음이자 마지막 자원이 물리적 힘이라면, 종교는 지배와 뗄 수 없는 단짝이었다. 원주민을 통제하는 데 정복과 식민화의 이데올로기적 정당화가 수행한 역할만큼 교회 위계조직과 성직자들이 수행한 역할이 컸기 때문이다. 적어도 18세기 말까지 교회는 군대보다 훨씬 더 중요한 식민자의 역할을 하게 되었다.

역사가들은 1570년 무렵을 기준으로 누에바에스파냐의 첫 번째 선교 활동이 일단락되었다고 시기를 구분하는 데 익숙하다. 이때가 프란시스코 수도회, 도미니크 수도회, 아우구스틴 수도회의 수도사들 손으로 "영혼의 정복"이 이루어진 시기이다. 신부들은 평화 회복이라는 과제를 안고 있었고, 원주민에 대한 통제권을 두고 자기들 안에서도 다투었고, 군인 출신 식민자와 일반 식민자와 맞서 싸우기도 했다. 정복이 지닌 영적 목적과 물질적인 목적 사이에서 깊은 모순이 확인되었다. 수도사들은 여러 영역에서 전투를 벌였다. 그들은 도덕적으로 유해한 에스파냐인과의 접촉으로부터 원주민을 떨어뜨려 두고 싶어 했고, 엔코멘데로의 만행을 고발했고, 원주민 귀족 여성이 낳은 아이들 가운데 살아남은 아이들부터 시작해서 순종적인 새 기독교인 원주민 엘리트를 키워내려고 학교를 세웠으며, (로베르 리카[35]가 지적한 바와 같이) 원주민 주교와 사제가 있는

---

35 로베르 리카(Robert Ricard, 1900~1984)는 프랑스의 역사학자로 1933년 소르본 대학에서 발표한 논문에서 '영혼의 정복(conquista espiritual)'이라는 표현을 처음 사

원주민 교회까지 짓고 싶어 했다. 여기에 유토피아를 실현하여, 지상에 신의 왕국을 세우고 싶어 하는 사람들도 있었다. 그러나 그 누구도 복음화라는 사명에서 식민화 자체가 가진 본질을 부정하려 들지는 않았다. 그들은 대안이었던 것이 아니라, 식민지배가 다양한 가치의 서열과 여러 가지 방식에 따라 이루어졌음을 보여주었을 뿐이다. 그들에게도 원주민은 열등한 존재, 영원히 어린아이에 머무르는 존재, 자기도 모르는 사이에 구원받아야 하는 영혼이었다. 그러한 숭고한 목적을 위해서라면 어떤 수단이든 정당하기 때문에, 필요하다면 (폭력을 포함하여) 동원하지 못할 것이 없었다. 처음 기독교로 개종한 원주민 청년들은 같은 원주민의 '우상 숭배'를 고발하라는 강요를 받았고, 무리지어 우상을 파괴했다.

손에 잡히는 즉각적이고 세속적인 이익을 얻는 데 혈안이 된 정복자와 마찬가지로 신부들도 선교를 하려면 원주민을 효과적으로 통제할 필요가 있었다. 공동체들은 명시적으로 왕권에 예속되어 있기는 했지만, 사실 수도사들의 직접적인 통제에 훨씬 더 가까이 있었다. 원주민들과의 관계에서 선교사들이 그들을 소유물로 여기는 경향이 매우 강했던 탓에 먼저 도착한 수도사들이 자기들만의 사냥터라고 ― 영혼의 사냥이었던 셈이다 ― 생각했던 교구를 감히 다른 수도회에서 넘보면, '자기네' 원주민을 다른 수도회의 수도사를 몰아내는 데 동원하는 경우도 있었다. 원주민들이 맡아주는 여러 가지 일들과 십일조에 욕심을 내는 것처럼 신앙심과는 거리가 먼 다른 동기들도 이러한 내부적 다툼과 무관하지 않았다. 16세기 신부들은 이런 혜택을 누리려고 거침없이 폭력을 사용했다. 1539년 교회 위원회Junta Eclesiástica는 수도사가 원주민을 잡아 채찍질하는 것을 금지해야 할 정도였다.

선교사는 매우 다양한 일에 원주민을 강제로 혹사시켰다. 선교사들

용했다.

은 새로운 작물을 가져왔고 에스파냐에서 곧잘 사용하는 농업기술을 도입했으며, 그 당시로는 메소아메리카인의 세계와 동떨어진, 식민지를 영위하는 데 필요한 여러 일을 가르쳤다. 원주민이 맡은 기본적인 일 한 가지는 교회와 수도원을 짓는 것이었고, 누에바에스파냐 전역에 교회와 수도원이 우후죽순처럼 생겨났다. 원주민 영토 내부에 수도원 – 요새가 지어졌고, 도시와 광산구역real de minas에는 휘황찬란한 교회들이 세워졌다. 수도회들끼리 그리고 세속 성직자clero secular와 일반 성직자clero regular 사이에서 끝없는 비난의 화살이 오고갔다. 1563년 마투리노 질베르티[36] 수도사는 끝나지 않을 호화로운 대성당 건축에 시간을 쏟아부어서 미초아칸Michoacán 남쪽 지역 원주민을 곤경에 빠뜨렸다는 등의 여러 이유로 다름 아닌 '우리 신부님Tata' 바스코 데 키로가[37] 주교를 몰아세웠다. 종교 건축물 건립에 지나치게 동원된 원주민은 급기야 반란을 일으켰다. 깁슨에 따르면 1557년 텍스코코 원주민은 산아구스틴San Agustín 성화를 불태우고, 아구스틴 수도사들에게 폭력을 행사하기에 이르렀다. 그곳에 수도원을 짓고 싶어 했던 수도사들이 아콜만[38] 수도원을 지을 때처럼 원주민들이 일하기를 바랐기 때문이다. 원주민들은 건축에 욕심을 덜 부리는 것처럼 보이는 프란시스코 수도사들을 원했고, 그들이 돌아오게 하는 데 성공했다.

....

36 마투리노 질베르티(Maturino Gilberti, 1498(?)~1585)는 프랑스 출신 프란시스코 수도회 소속 수도사로 누에바에스파냐에서 사망할 때까지 푸레페차 언어에 관한 다수의 저술을 남겼다.

37 바스코 데 키로가(Vasco de Quiroga, 1470(?)~1565)는 에스파냐 출신의 성직자로 마초아칸 대교구의 첫 번째 대주교였다. 푸레페체 원주민 사이에서 신망이 두터워 '타타 바스코(Tata Vasco)'로 불렸다.

38 아콜만(Acolman)은 오늘날 메히코(México)주에 위치한 곳으로 멕시코시티 북쪽 인근이다.

신부들은 노동력을 조직하고, 십일조를 걷고, 독트리나를 확보하고, 이제 막 기독교인이 된 사람들의 행동거지를 살피려고 공동체 내부 생활에 깊숙이 개입했다. 그들은 교회를 운영하려고 1년 주기의 카르고 시스템을 확립했는데, 그 시스템은 어떤 방식으로든 기존의 지역 조직에 기대고 있었다. 에스파냐인공동체에서 코프라디아가 같은 직종의 사람들이 결성한 조합이라면, 수도사들은 그와는 매우 다른 코프라디아[39]를 결성했는데, 가톨릭 축일에 필요한 재정을 마련할 책임을 졌고, 소속 회원에게 기독교식 장례를 보장해주는 등의 역할을 했다. 공물을 모아두고 내보내며, 내부 축제와 비상시를 대비해 일부를 저축해두는 공동체 금고cajas de comunidad가 수도사들의 수중에 있는 경우가 많았다. 수도사들이 공동체 일에 왈가왈부하는 일은 다반사였기에, 종교적 업무를 관장하는 기관만이 아니라 곧이어 정부 기관에서도 원주민 관리인을 임명하거나 내보낼 때 수도사들이 거의 무제한의 권력을 행사하는 진정한 단 하나의 권위기관이 된 것은 이상한 일이 아니었다. 그들의 권위 뒤로, 곧이어 성무성성 Santo Oficio, 다시 말해 종교재판소Inquisición가 1536년에 처음 설치되었고, 1571년 제대로 자리를 잡게 되었다. 누에바에스파냐 사회에서 이 재판소는 교회기관이라는 조건에서 생각할 수 있는 것보다 훨씬 더 폭넓은 영역에서 제멋대로 권한을 휘둘렀다는 점을 지적할 필요가 있다.

틀라텔롤코의 산타크루스 학교Colegio de Santa Cruz에서 프란시스코 수도사들과 그의 원주민 제자들이 남긴 교재와 연구물을 분석한 리카에 따르면, 복음화의 첫 번째 단계가 절정기에 이르자 메소아메리카 문명과 서구 문명이 달성한 성취가 합류할 수 있는 가능성이 엿보이는 것 같았다. 그러나 에스파냐 왕실과 탁발 수도회의 수많은 대변인이 이 사업을

---

39 교회조직에서 코프라디아(cofradía)는 평신도 단체를 의미한다. 각 단체마다 서로 다른 성인 혹은 성물을 숭배하며, 종교 행렬 등 관련 행사를 주최했다.

못마땅하게 여긴 탓에 얼마 지나지 않아 중단되었다. 원주민 교회를 세운다는 프로젝트와 마찬가지로 문명들 간 대화 가능성의 싹은 잘려나갔다. 1555년 공회에서 원주민, 메스티소, 흑인의 사제서품이 금지된 탓에 17세기 중반이 되어서야 처음으로 원주민 주임사제가 여기저기 작은 교구에서 등장했다. 그러나 그조차 계획된 것은 아니었고 교회 서열상 그들의 자리는 없었다. 식민 질서의 피할 수 없는 현실이 가차 없이 강제되었다.

다른 한편에서는 표면적인 수준에서 기독교화가 이루어졌다는 점을 고려해야 한다. 페드로 데 간테[40] 신부에 따르면, 1524~1536년 사이 500만 명의 원주민이 누에바에스파냐에서 세례를 받았다. 그에 따르면 모톨리니아 신부[41] 혼자서 40만 명에게 세례를 주었다. 그 결과는 예견 가능한 것이었고, 예리한 사람들의 눈을 속이지 못했다. 베르나르디노 데 사아군 신부[42]는 다음과 같이 말했다.

50년 이상 전도를 했지만, 그들(원주민)이 홀로 남겨진다면 50년도 지나지

---

[40] 페드로 데 간테(Pedro de Gante, 1478~1572)는 오늘날 벨기에 서부에 해당하는 플란데런 백국 출신으로, 정복 직후인 1522년 프란시스코 수도회 소속으로 누에바에스파냐에 처음 도착한 수도사 가운데 한 명이다.

[41] 본명은 토리비오 데 베나벤테(Toribio de Benavente, 1482~1569)이다. 에스파냐 출신의 프란시스코 수도회 소속 사제이자, 원주민의 삶에 대한 기록을 남긴 누에바에스파냐 역사가이기도 하다. 모톨리니아(Motolinia)라는 이름은 멕시코 원주민들이 붙여준 것으로, 나우아어로 '번민하는', '불쌍한'의 의미이다.

[42] 베르나르디노 데 사아군(Bernardino de Sahagún, 1499~1590)은 에스파냐 출신의 프란시스코 수도회 소속 사제로 나우아어와 에스파냐어로 다양한 저술을 남겼다. 『피렌체 고문서』로도 불리는 『누에바에스파냐의 만물사*Historia general de las cosas de Nueva España*』는 1540년부터 1585년까지 45년에 걸쳐 원주민을 통한 조사를 기반으로 나우아어, 에스파냐어, 라틴어로 집필되었으며 총 12권으로 구성되었다. 에스파냐 정복 이전 원주민에 관한 가장 중요한 역사 사료로 평가받는다.

않아 그 전도의 흔적은 사라질 것이라 생각합니다.

　종교적 가르침을 더 오래, 충실히 받은 원주민에게서도 전도의 효과는 별 볼 일 없는 수준이었는데, 틀라텔롤코 학교 출신으로 텍스코코의 중요한 지위에 있었던 어느 카시케는 우상숭배를 퍼트리고 성스러운 신앙의 승리를 방해했다는 이유로 종교 재판소에서 사형을 받았다.

　신부는 복음화라는 과제를 무구한 세계에서 수행하는 것이 아니라, 수 세기에 걸쳐 뿌리내린 종교가 삶의 모든 측면에 깊이 중첩되어 있는 사회 즉, 형식적으로 종교가 확립되어 있던 사회에서 수행하고 있었다. 메소아메리카의 의례와 기독교 의식 사이에는 형식적 유사성이 존재했다. 그러한 유사성이 에스파냐인 도착 1,500년 전 최초의 복음화가 남긴 흔적이라고 믿는 사람들도 있었다. 사아군과 같은 사람들은 그러한 가설을 완고히 거부했고, 가톨릭과 유사해 보인다 해도 원주민 종교들의 관념과 실천을 완전히 뿌리 뽑으려 혼신의 힘을 다했다. 결국 이런 입장이 승리를 거두었다. 그러나 실제로는 메소아메리카 종교의 현존을 인정하고, 그들의 종교를 진정한 개종을 향한 지름길로 삼으려는 시도를 피할 도리가 없었다. 눈에 보이는 신전과 우상은 파괴되었다. 수마라가[43] 주교의 기록에 따르면, 1531년 500곳의 신전과 2만 개의 우상이 파괴되었다. 그러나 새로운 기독교 신전은 옛날 '쿠'[44]가 있던 자리에 세워지거나 피라미드 위에 건설되는 경우가 많았다. 오늘날 매년 수많은 순례객을 맞이하는 주요 성지 다수는 예전에 저 멀리 사방에서 순례객이 찾아왔던 메소아메리카 신전이 있었던 자리와 정확히 일치한다. 가령 테페약Tepeyac, 찰마Chal-

---

43　후안 데 수마라가(Juan de Zumárraga, 1468~1548)는 멕시코 대교구의 첫 번째 대주교이다.

44　베르나르디노 데 사아군은 원주민의 신전 혹은 제단을 쿠(cú)라고 적었다.

ma, 아메카메카Amecameca, 촐룰라 등이 그러하다. "성당제단 뒤의 우상"
은 재치 있는 수사적 비유 이상의 의미를 지닌다.

다른 부분에서 수도사들은 메소아메리카 의례에서 빠질 수 없는 춤
과 노래를 용인하지 않을 수 없었다. 그들은 당연히 가사를 바꾸었고, 새
로운 악기, 리듬, 멜로디를 소개했다. 그러나 '미토테'[45]는 가톨릭 의식에
반드시 필요한 요소로 유지되었다(그리고 지금도 유지된다).

원주민이 본래 종교를 유지하고, 기독교적 메시지를 왜곡하여 해석
할지 모른다는 위험을 감지한 몇몇 사람의 불안에도, 신부들은 수십 년
동안 원주민 언어를 배웠고, 복음화라는 과제를 수행하는 데 그들의 언어
를 사용했다. 나우아어는 특권적 언어였으며, 누에바에스파냐 전체를 대
상으로 쉽게 선교하기 위한 방법으로 나우아어를 보편적으로 가르치자
는 제안이 나오기도 했다. 오늘날 멕시코의 여러 지역에서 관찰되는 나우
아어화는 아스테카의 영토 확장보다 선교활동의 결과라고 보는 편이 낫
다. 이에 덧붙여 다른 종류의 목적도 이루게 되었는데, 신부들만이 유일
하게 패자의 언어를 완전히 습득한 덕분에 그들은 원주민 언어를 사용함
으로써 피식민자들에 대한 통제권을 독점적으로 가지게 되었다. 의사소
통의 가능성은 통제와 지배의 무기로 바뀌었다.

다른 한편 독트리나들 간의 물리적 경계설정, 복음화가 이루어지는
전체적인 경계는 유럽 침입 이전 영토 단위를 토대로 이루어지는 경우가
많았다. 그래서 선교사들이 자신들의 목적을 위해 원주민들의 본래 영토
단위를 활용할 방법을 발견하기만 하면, 공동체 단위 혹은 소규모 지역
사회조직의 형식이 지속될 수 있었다. 지역별로 존재하는 신성이 각 바리
오, 목장 혹은 마을의 수호성인이라는 형식으로 새로운 상황에 안착한 것

---

45 미토테(mitote)는 '춤'을 의미하는 나우아어 mitotiqui에서 유래한 말로, 화려하게
    치장한 다수의 사람들이 원을 그리며 추는 춤이다.

처럼 메소아메리카의 종교적 독자성까지 지속될 수 있었다. 이러한 수호성상에 참배하기 위해 건립된 작은 예배당은 원주민의 공동체 정체성을 유지시키는 데 중요한 참조점이 되었다. 그 덕분에 공동체를 아우르는 더 포괄적인 사회적 단위들이 식민 체제 아래 좌지우지되고 파괴되었을 때도 공동체 단위의 정체성은 힘을 얻었다.

초기 선교 정신이 점차 사라지면서 16세기 마지막 3분기가 되면 이미 누에바에스파냐에서 가톨릭교회는 지배를 위한 교회의 모습을 가감 없이 드러냈다. 리카는 다음과 같이 표현했다. "설립된 것은 그 무엇보다도 에스파냐 모델에 따라 조직된, 에스파냐인이 이끄는 에스파냐의 교회였고, 그곳에서 원주민은 이등 기독교인의 역할을 겨우 맡았다. 말하자면 에스파냐 교회에 원주민 기독교가 포개졌고, 결국 멕시코의 교회는 멕시코 자체에서 발흥한 것이 아니라 본국에서 발흥한 것, 외부에서 도착한 것, 원주민공동체에 씌워진 외지의 틀이었다. 멕시코는 식민지였지 국가가 아니었기 때문에 그것은 국가의 교회가 아니라, 식민지의 교회였다."

1572년 도착한 예수회 수도사들은 반종교개혁의 정신을 들여와서 크리오요 주민들에게 관심을 쏟았다. 세속 성직자가 일반 성직자를 대체하며, 탁발 수도회는 드넓은 땅을 식민화하는 것을 거들고 그곳에 자리를 잡도록 북부 지방으로 보내졌다. 부유해진 수도사들이 환속하여 에스파냐로 돌아가는 일은 보기 드문 일이 아니었다. 얼마 지나지 않아 교회는 누에바에스파냐의 주요 대토지 소유주가 되었고, 특히 예수회 사제들은 추방될 때까지 그 방면에서 두각을 나타냈다. 선교사는 점점 보호자라는 이미지를 잃었다. 적어도 원주민에게 해를 덜 끼치는 선택지라는 이미지는 탈색되었다. 원주민과 신부 사이의 거리가 멀어지다가 결국 그 관계가 깨졌고, 서로 적대감을 숨기지 않았다. 그럼에도 불구하고 예수회 수도사들의 추방을 반대하는 반란이 있었고, 예사롭지 않은 폭력을 통해 진압되고 처벌받았다. 교회는 식민지 시대가 끝날 때까지 원주민을 통제하는 기본적인 기관으로서 다양한 방식으로 유지되었다.

원주민, 유용한 대상

식민화는 착취 사업이었다. 물질적 부의 추출이 식민자 사회의 첫 번째 목적이자 영속적인 목적이었다. 식민화 초기 신부들이 추진했던 정신적 목적의 추구(물질적 부의 증식에 반대하는 것은 아니었지만, 그런 단순한 목적을 넘어서는 것은 사실이었다)가 식민사업의 실제 도전 과제였던 적은 결코 없으며, 고작해야 그들이 가하는 억압을 변명해야 하는 상황에 처했을 때 사용되는 그저 이데올로기적 언사에 불과한 것으로 결론이 났다. 그런 언사는 아주 소소한 일상적 착취조차 바꾸지 못했다.

착취의 기본적 대상은 원주민, 피식민자였다. 누에바에스파냐 사회에서 그들의 역할에 대해서 법률적으로는 결론이 나지 않았는데, 그건 차치하고 이곳과 대서양 넘어 식민자들이 향유할 부를 창출해야 하는 폐하의 '가련한 신하súbditos miserables'의 역할이었다. 누에바에스파냐의 사회적, 경제적, 정치적, 법률적, 이데올로기적 조직은 방대하고 복잡한 장치였다. 그러나 그 복잡한 장치는 결국 원주민의 착취를 보장한다는 단 하나의 단순한 목적을 따라 움직였다. 원주민은 착취의 대상이 되는 한 유용했다. 착취를 피하려하거나 그 구조를 뒤흔들면 적의를 가진 적이 되었다. 점령당한 멕시코, 수탈되는 멕시코, 유용한 멕시코 밖에 있을 때 원주민은 관심 밖에 있었고 외면당했다(이런 경우에 원주민은 잠재적 피식민자였다).

원주민의 활용 – 착취 메커니즘은 기본적으로 공물과 노동력 두 가지였다. 두 가지 모두 결국은 원주민의 육체적 고난과 지적 노고에서 나오는 것이었으나, '공물'은 토지, 조직 형태, 지식, 기술, 문화 등 공동체가 보유한 자원을 총동원하여 만들어내는 부에서 추출되는 반면, '노동'은 원주민 개개인을 물리적 노동력으로 셈하는 에스파냐의 사업에 사용되었기 때문에 공물과 노동은 구별하는 편이 타당하다. 앞으로 살펴보겠지만 각 경우에 문명의 지속성이란 의미에서 시사하는 바가 있기 때문에 이런 차이는 중요하다.

비록 납부방식과 양은 300년에 걸쳐 변화했지만, 공물은 처음부터 도입되었다. '발견된' 땅은 에스파냐 왕실에 속하고, 그곳의 원래 주민들은 국왕이 자애롭게 양도해준 땅을 경작하는 대가로 공물을 납부하는 신하라는 전제가 깔려 있었다. 식민지 시대 초기 수십 년 동안 정복자들에게는 엔코미엔다를 양도하는 것으로 보상이 주어졌다. 엔코미엔다는 공물을 비롯하여 수가 많건 적건 원주민의 노동력을 제공받을 권리와 그들을 보호하고 기독교 신앙으로 이끌 의무를 의미했다. 처음에는 각 엔코멘데로가 공물의 양을 자기 임의로 정했다. 거의 대부분 수확량을 확인하고, 한 해 동안 공물납부자가 먹고살기 위해 필요한 최소량을 추정했고, 그 나머지는 모두 공물이 되었다. 얼마 후에 이와 관련된 법률이 마련되었고, 공물납부자의 범위를 정확히 규정하고, 공물납부의 비율을 단일화시키려 했다. 또한 공물을 노동력으로 대신하지 못하게 했고, 현물이 아니라 화폐로 납부하도록 했는데, 이로써 원주민을 식민자들의 화폐경제와 연계시킬 방법을 모색했다.

본래 공물은 에스파냐 왕실에 귀속되는 것이었다. 왕은 자격이 있다고 여기는 사람에게 엔코미엔다를 하사했다. 똑같이 나누어 주지는 않았다. 정복 전쟁의 지휘관들에게 가장 대규모의 엔코미엔다를 하사했고, 왕은 그들을 통해 흡족한 신하를 거느리게 되었다. 어떤 정복자들은 소규모의 엔코미엔다를 하사받았고, 아무것도 받지 못한 자들도 있었다. 코르테스에게는 광대한 영지가 주어졌고, (다른 엔코멘데로들과 달리) 그곳에서 사법관할권을 가졌다. 엔코미엔다는 원주민에 대한 소유권을 의미하지 않았지만(이 점에서 엔코멘다도[46]는 노예와 구분되었다), 사실상 그 두 가지를 구분하기 어려웠던 탓에 에스파냐 왕실은 엔코미엔다를 폐지하고 봉신인 원주민에 대해 왕실이 가지는 권한을 재확인하여, 왕실의 식민지가 오롯이 엔코멘데로의 권력에 좌지우지되는 그들의 영지로 변할 위험의 싹을 잘라내기로 결정했다. 그렇게 공물은 왕에게 돌아갔다.

공물은 본국을 살찌웠고, 에스파냐 왕실을 떠받쳤다. 원주민에게 강제된 여러 가지 조세 부담이 하나의 공물제도로 통합되기 전까지 그들은 왕실이나 엔코멘데로, 자신들을 개종시켜주는 신부, 고베르나도르[47]와 카시케에게 각각 공물을 내야 했고, 그 모든 것에 앞서 공동체 재정 기여분을 비롯하여 공동체에서 다양한 용도로 요구되는 '추가부담금derramas'과 공물을 부담했다. 에스파냐 왕실이 복음화와 민간행정을 직접 맡기로 결정했다고 공물납부자들의 상황이 더 나아진다는 의미는 아니었다. 추가 기여분은 코레히도르, 알칼데 마요르, 고베르나도르, 판사, 카시케를 비롯하여 각계각급의 관리들 간에 제대로 정리되지 않기 일쑤였는데, 이것을 납부해야 할 의무에서 벗어나게 해주지 못하는 이상, 그들이 이전에 지고 있었던 조세 부담과, 시간이 흐르면서 덧붙여진 부담이 하나로 합쳐져서 고스란히 납부해야 할 공물이 되었기 때문이다. 어쨌든 식민지의 세속 정부와 하늘의 정부에 재정을 조달하는 것은 공물이었다. 말하자면 민

---

46 엔코멘다도(encomendado)는 '위임되는 쪽'으로 원주민을 뜻한다.

47 고베르나도르(gobernador)는 '통치자', '주지사', '시장' 등 지방행정기관의 최고위 관료를 의미한다. 식민지 시대 고베르나도르는 흔히 '총독'으로 옮기지만, 경우에 따라 원주민공동체 내부의 최고위 관료를 뜻하는 경우도 있다. 반드시 식민지배자를 대변하는 지위가 아니므로 여기서는 혼란을 피하기 위해 원어로 표기한다.

간관료와 교회관료의 늘어가는 사치와 에스파냐 왕이 유럽에서 벌이는 전쟁에 필요한 기금은 공물에서 나왔다.

공물을 현물만이 아니라 화폐로 걷기 시작했을 때 원주민들은 어떤 방식으로든 필요한 돈을 구해야 했다. 공동체 밖에서 구하는 임금노동이 한 가지 방법이었다. 그들이 가진 생산물을 파는 방법과 공동체 토지의 임대라는 방법도 있었다. 개별적으로 납부한 공물은 '공동체 금고'에 보관되었는데, 처음에는 신부가 금고를 관리했다. 그 금고에 모인 것 대부분은 공물로 지출되었고, 공동체 소요 재원, 특히 종교적 축제 비용을 위해 소량이 남겨졌다. 원주민 카빌도의 구성원과 고베르나도르에게는 성당참사회원 자리와 특권이 부여되었는데, 그 일부도 공물에서 지출되었다. 그러나 동시에 그들에게는 책임이 있었다. 16세기 말 납부하지 못한 공물은 해당 고베르나도르와 카빌도 구성원 개인의 채무로 간주되었고, 그러한 채무는 대물림되었다. 원주민공동체 당국은 그러한 위험을 감수하지 않으려고, 에스파냐의 규범에는 어긋나는 것이지만 옛날 방식에 꼭 맞아떨어지는 방법을 취했다. 이를테면 모든 납부대상자에게 똑같은 양의 공물을 거두는 대신 각자가 가진 땅과 서열에 따라 다른 세율을 적용했다. 이런 방식으로 공동체의 세입은 그 내부 조직과 연동되었고, 그 조직을 강화시켰다.

원주민 착취의 다른 메커니즘은 이미 언급한 대로 노동이었다. 의무노동이 식민지 시대 이전부터 존재했고, 유사한 기능을 수행하기도 했지만 그 성격은 달랐다. 깁슨에 따르면 억압과 노예제를 함축하는 유럽의 의무노동과 달리 에스파냐 침입 이전 의무노동은 유쾌하고 만족감을 선사하는 집단적 의무였다. 그러한 관점에서 의무노동의 짐이 원주민에게 강제된 것이 분명하다.

원주민은 에스파냐인을 위해서, 식민자를 위해 일했다. 그 방식은 다양했다. 이미 지적한 바와 같이 초기 수십 년 동안 엔코멘데로와 코레히도르는 공물 이외 노동을 요구했다. 16세기 중반에 이르자 원주민 인구가 감소하면서 부족한 노동력을 최대한 활용하려는 대안을 찾게 되었다. 그리하여 부왕령의 행정당국이 주관하는 레파르티미엔토를 통해 엔코멘데로의 특권을 제한하면서, 다수의 에스파냐인을 위해 원주민 노동력을 분배하였다. 메소아메리카의 옛 관습을 활용하여, 정복 이전 영토 단위에 따라 각 공동체에게 순환제로 노동의 의무를 부여했다. 공식적으로는 '공공의 목적'을 가진 사업에만 레파르티미엔토를 통해 노동력을 동원할 수 있었지만, 공공의 목적을 지나치게 느슨하게 규정한 탓에 얼마 되지 않는 임금을 주고 에스파냐인들이 원하는 일에 모두 동원할 수 있었다. 레파르티미엔토로 동원된 원주민은 도시를 건설하고, 짐꾼으로 일하고, 광산에서 일하거나, 땅을 넓혀가기 시작한 아시엔다를 경작하고, 가축을 돌보며, 가사노동을 하고, 전쟁에서 주인의 이름으로 죽거나, 홍수에서 주인을 구하기 위해 물을 빼내다가 죽어갔다.

식민지 시대 이전의 쿠아테키틀[48]과 달리 레파르티미엔토는 공동체들이 가진 노동의 전문성을 인정하거나 활용하지 않았다. 처음에는 모두 같은 일, 더 정확히 말하자면 그들에게 요구되는 한 가지 일에 매달렸다. 일할 사람을 모으는 데는 공동체 조직의 인맥이 이용되었지만, 일을 하는 사람은 그때그때 요구되는 일에 개별적으로 대응했다. 의무노동에서 원주민은 오로지 육체적 노동력에 불과하여, 에스파냐인이 정하는 목적에 따라 그들의 이해관계에만 부응하는 일에 무차별적으로 투입되었다.

원주민에게 '자유'란 식민지배의 수많은 상황에서 강제된 선택을 의미하는 것이기는 했지만, 자유노동도 있었다. 에스파냐인의 아시엔다는

---

48 쿠아테키틀(cuatequitl)은 에스파냐 정복 이전 아스테카 사회에서 평민이 귀족을 위해 담당했던 부역을 뜻한다.

레파르티미엔토로도 충분히 공급되지 않는 노동력을 필요로 했다. 특히 원주민 인구가 급격하게 감소함에 따라 더욱 그러했다. 아시엔다 주인은 농장일꾼을 고용했고, 자기의 페온이 다른 곳에서 일해야 하는 상황을 피하려다가 원주민 고베르나도르를 비롯하여 레파르티미엔토를 관할하는 에스파냐인 코레히도르 및 판사와 갈등을 빚었다(그리고 조정에 들어갔다). 직물공장과 제분소 역시 상시 노동자를 필요로 했다. 그곳의 노동조건은 너무나 가혹해서 죄수를 고용하여 그곳에서 죗값을 치르게 할 정도였다. 집안일은 노예와 나보리오naborío라고 불리는 자유 원주민이 담당했다. 광산과 플랜테이션에서는 임금을 받는 원주민이 일했는데, 거의 언제나 카스타에 속한 십장, 보통 물라토와 메스티소가 맡고 있는 십장의 감독 아래에서 일했다. 아시엔다의 페온처럼 나보리오 원주민은 곧이어 고용주가 그들에게 빌려준 빚에 평생 옭매게 되었다.

멕시코시티에서 원주민은 곧 에스파냐인들의 수작업을 익혔다. 그들은 그 일을 훌륭히 해냈고, 집안에서 가르치고, 바리오별로 전문성을 유지하는 그들 조직의 고유한 형태에 그 일을 포함시켰다. 에스파냐인 수공예가들은 조합을 결성해서 원주민들을 배제시키거나 적어도 원주민이 장인의 지위에 오르기 어렵게 하여 스스로 방어하게 될 정도로 원주민이 보여준 기량은 뛰어났다.

공동체가 피폐해지고 과도한 착취에 시달리면서, 많은 원주민이 공동체에서 이탈하여 자유 노동자로서 삶을 찾게 되었다. 공물과 강제노동의 부담, 제멋대로 부과되는 추가 의무, 원주민과 에스파냐인 권위기관이 툭하면 자행하는 가혹한 대우는 공동체 토지 상실과 결합되었다. 공동체 토지는 아시엔다로 단장되었고, 유통 가능한 이 상품에 대한 대가로 원주민에게는 헐값을 지불했다. 공동체는 원주민으로서 연속성을 가능하게 해주는 고유의 영역이었지만, 이제는 그곳에서 태어난 모두를 붙여 잡을 능력이 쇠퇴했다는 진단을 받았다.

점령당한 멕시코의 공동체들, 식민 착취에 유용한 멕시코의 공동체들에게 토지의 상실은 근본적인 제한 요소였다. 아시엔다는 그러한 착취의 기본 수단이었다. 아시엔다에서는 먼저 식민자들이 가져온 밀, 사탕수수, 가축 그리고 부차적인 작물들을 재배했다. 그러나 곧이어 원주민으로부터 옥수수와 용설란 같은 메소아메리카의 주요 작물 몇 가지를 수용했고, 그러한 작물이 오가는 시장을 통제하기에 이르렀다. 아시엔다가 점점 넓혀간 광활한 면적의 토지는 당연히 원래 원주민의 땅을 점령한 것이었다. 대토지 농장의 게걸스러움을 맞닥뜨린 공동체는 토지의 경계를 표시했지만, 인구 증가를 염두에 두지 못하고 빠듯하게 표시해버렸다. 말하자면 17세기 중반 원주민 인구가 회복되기 시작했을 때 공동체 농민보다 아시엔다의 페온이 더 많이 태어나고 있었다. 다른 한쪽에서 아시엔다 주인은 공동체에 형식적으로 양도된 토지까지 탐냈고, 무력을 쓰든 원주민 고베르나도르와 카시케와 공모하든 그 토지를 빼앗는 일이 잦았다. 그렇게 토지 강탈에 공모한 원주민 고베르나도르와 카시케 중 일부는 지주가 되었다. 목장이 급격히 성장한 것도 공동체에 영향을 미쳤다. 원주민 경작지를 목장의 가축 떼가 짓밟아 망가뜨리면서 발생하는 분쟁은 16세기부터 오늘날까지 끊이질 않는다.

토지의 주인이 바뀌었고 용도도 바뀌었다. 가장 비옥한 땅의 밀파에서 자랐던 작물들과 옥수수를 밀이 대신했다. 끌어오는 물은 에스파냐인의 작물을 위한 것이지, 원주민 농경을 위한 것이 아니었다. 예전에 농사를 지었던 곳과 순식간에 나무가 잘려나간 산을 소, 말, 양, 산양이 차지했다. 에스파냐인이 고원지대를 점령해나가면서 산은 점점 더 깎여 나갔는데, 건설용으로, 집에서 쓸 땔감용으로, 광산 작업장 설치용으로, 여러 곳에서 사용하는 연료용으로 쉴 새 없이 나무를 쓸어갔기 때문이다. 아시엔다의 많은 땅은 장자상속제[49]로 만들어진 대토지 농장의 부와 명예의 상징처럼 경작되지 않은 채 남아 있었다. 광활한 땅이 용설란을 심는 데만 사용되었다. 에스파냐인들의 아시엔다에서는 풀케를 생산했지만, 그것을 소비하는 것은 원주민이었다. 1749년 공동체 토지에 용설란을 심는 것이 금지되었다. 포도나무, 올리브, 아닐을 심어봤지만 일부 지역을 제외하고 별다른 성과를 얻지 못했다.

아시엔다가 밀고 들어오는 데다가 식민화에 더 직접적으로 얽히는 사태를 피하려고 많은 공동체가 외지고 인적 드문 지역으로 피신했고, 그런 까닭에 아기레 벨트란은 그런 지역을 '피난처'라고 불렀다. 그러나 그곳에서조차 시간이 흐르면서 원주민은 위협을 받았고, 그들의 땅은 포위당했다.

엔코미엔다 제도를 반대했던 수도사들은(수도사들이 그 제도를 반대한 이유에는 자신이 엔코멘데로가 될 수 없었던 탓도 있다) 결코 공동체의 편을 들어서 아시엔다의 확장을 멈추게 하려 하지 않았다. 교회는 누에바에스파냐의 주요 대농장 소유주였고, 예수회 수도사들은 진취적이고 가장 호황을 누리는 아시엔다 주인이었다. 수도사들이 돌보는 양 떼로서 원주민은 정신적 목자의 소 떼와 경작지를 돌보았다.

교역 역시 원주민을 착취하는 메커니즘이었다. 식민지 시대 초기 원주민은 현물 공물만이 아니라 필수적인 식료품을 판매하여 도시를 먹여 살려야 했다. 에스파냐인들에게 달걀과 고기를 공급하기 위해 1579년 기준 원주민 가구당 12마리의 닭과 6마리의 칠면조를 키워야 했다. 분지 남쪽 차남파에서 생산되는 과일과 채소는 멕시코시티에서 소비되기 위한

49 장자상속제(mayorazgo)는 한 가문에게 주어진 재산권으로, 이에 속하는 재산은 판매, 양도, 담보물이 될 수 없었다. 또한 왕실의 허락 없이는 세금을 부과할 수 없었다. 토지가 분할되는 상황을 방지하면서 대토지 농장을 만들어내는 효과가 있었다.

것이었다. 알칼데 마요르는 자기 구역의 원주민에게 선불로 몇 푼을 쥐여주며 '흥정'을 했고, 원주민의 작물을 나중에 제값을 받고 되팔았다. 혹은 반대로 원주민이 필요로 하거나, 필요하지 않더라도 구입해야 하는(강매로 새 신발을 12켤레 가지고 있었던 원주민의 경우가 잘 알려져 있다) 에스파냐 상품을 거래했다. 식민당국이 심혈을 기울였던 화폐경제의 도입은 다양한 착취의 레퍼토리를 더 풍부하게 만든 셈이었다. 상품교환은 언제나 에스파냐인에게 유리하게 돌아갔다. 식민자들이 양심의 가책을 느낄 기미가 보이는 경우를 대비해 그들의 영혼을 다시 평온하게 만들어줄 로페스 데 고마라[50] 같은 인물도 빠지지 않았다.

그들이 짐을 지지 않도록 짐을 질 가축을 주었고, 옷을 짓도록 양털을 주었고, 그들에게 없었던 고기를 먹을 것으로 주었다. 생활을 편리하게 해줄 철과 기름 등잔을 사용하는 법을 알려주었다. 사고파는 것을 알도록, 빌리는 것과 소유하는 것을 알도록 돈을 주었다. 그들로부터 가져온 금은보다 훨씬 가치 있는 라틴어와 과학을 가르쳤다. 글자는 진정한 인간이 되게 해주지만, 은은 모두에게 필요한 것도 아니고 쓸 곳이 많은 것도 아닌 법이다. 그리하여 그들은 정복당함으로서 온전히 해방되었다. 기독교인이 됨으로써 더 온전히 해방되었다.

---

50 로페스 데 고마라(López de Gómara, 1511~1566)는 에스파냐 신부이자 연대기 작가로, 1522년 에스파냐 사라고사에서 『인디아스의 역사*Historia general de las Indias*』 제1권을 출간하였다.

III. 국민의 단련

> 독립으로 우리는 원주민의 가추핀[1]이 되었다.
> ─기예르모 프리에토[2]

크리오요식 독립

17세기 말 누에바에스파냐에서 식민자의 사회는 지역 특산물이 유통되는 지역 시장을 갖춘 자급자족 사회이자 농촌이었다. 엔리케 플로레스카노[3]와 이사벨 고메스 힐Isabel Gómez Gil이 지적했듯이 농촌은 원주민 농업을 주변화시킨 아시엔다와 란초가 장악하고 있었고, 그곳에서는 크리오요와 부유한 메스티소가 권력을 휘둘렀다. 교회와 상인이 유용한 멕시코를(지금 나는 그 멕시코만 염두에 두고 있다) 경제적으로 통제하고 있었으며, 그들은 광산업자, 농업주, 직물공장 주인과 손을 잡고 있었다. 18세기에는 광산에서 새로운 노다지를 가져와 다른 경제활동에 긍정적인 파장을 미치게 되었다. 그러나 이러한 만족감으로도 독립으로 수렴될 모순들이 심화되고 있음을 숨기지 못했다.

자신들의 반체제성을 양분 삼아 크리오요 내부에서는 다른 사회적 의식이 출현하였다. 19세기 초 크리오요는 백만 명에 이르렀고, 누에바에

---

1   가추핀(gachupin)은 에스파냐 하급귀족의 성에서 유래한 것으로, 중상 계층 인물의 전형을 의미한다.

2   기예르모 프리에토 프라디요(Guillermo Prieto Pradillo, 1818~1897)는 멕시코의 시인이자 정치인이다.

3   엔리케 플로레스카노(Enrique Florescano, 1937~)는 멕시코 역사가로 왕성한 저술 활동을 해왔다.

스파냐 전체 인구의 16퍼센트를 차지했다. 그들의 불만은 여러 가지 문제에서 비롯되었다. 케케묵은 문제도 있었고 새로 잉태된 문제도 있었다. 무엇보다 그리고 시종일관 크리오요는 그들이 태어난 땅에서 이등 에스파냐인이었다. 식민행정의 고위직은 그들에게 금지되었다. 크리오요 출신 부왕은 단 한 명도 없었고, 에스파냐인을 제치고 교회 위계조직에서 고위직에 앉으려면 힘껏 싸워야 했다. 다른 행정직의 경우도 왕실의 임명을 받고 대서양을 건너온 페닌술라르에 비해 크리오요는 소수였다. 운이 제일 좋은 경우 성당 참사회원 자리에 올랐고, 약삭빠른 크리오요는 귀족 작위를 구입할 수 있을 정도로 벼락부자가 될 방법을 찾아냈다. 그러나 '진짜' 귀족은 여전히 에스파냐에 있었지, 인디아스에 있지 않았다.

부르봉 개혁[4]은 누에바에스파냐를 더욱 속박시켰고, 식민지라는 지위를 더 확실시했다. 에스파냐 왕실이 개혁에 박차를 가하려고 보낸 감찰관, 갈베스[5]는 개혁의 나사를 조였고, 모든 방면에서 크리오요의 이해관계에 영향을 미쳤다. 결정권을 가진 자리는 페닌술라르에게 더 집중되었고, 상인협회consulado de comerciantes가 누렸던 특권은 종지부를 고했고, 매관매직으로 얻은 알칼디아 마요르 자리에서 꽤 짭짤한 수입을 챙길 수 있었지만 이제 그 자리는 사라졌고, 국왕이 전쟁 중이었기 때문에 재정 부담을 더 지게 되었고, 에스파냐로 더 많은 돈을 보내게 되었다. 이제 크리오요의 국민적 열망이 자랄 훌륭한 토양이 마련되었다.

그곳이 아니라 이곳에서 태어났다는 상흔. 유럽이 하찮게 보는 이

4 부르봉 개혁(reformas borbónicas)은 1700년 부르봉 왕조가 에스파냐 왕위를 계승하면서 시작된 일련의 개혁 조치이다. 식민지 통치 체제를 공고히 하여 왕실의 수입을 증대시키는 데 목적이 있었다. 누에바에스파냐에서는 1786년부터 본격적인 개혁이 시작되었다.

5 호세 데 갈베스 이 가야르도(José de Gálvez y Gallardo, 1720~1787)는 에스파냐 법률가이자 정치가이다. 1765년 누에바에스파냐 감찰관으로 임명되었다.

곳, 자연이라는 면에서도 인간이라는 면에서도 열등하다고 간주되는 이 대륙. 독창적인 것도 가치 있는 것도 — 그들은 구대륙을 생각했다 — 강등된 대륙인 아메리카에서는 나오지 않았다. 크리오요는 그곳에 속해 있었다. 두 가지 이데올로기가 그들의 대답을 뒷받침했다. 과달루파니스모 guadalupanismo와 원주민 과거의 전유였다.

1648년 미겔 산체스Miguel Sánchez가 밝힌 바에 따르면 1531년부터 원주민들이 테페약 언덕에서 숭배해온 갈색 피부 성모의 성상은 사실, 후안 디에고Juan Diego라는 한 원주민 앞에 성모가 현현한 직접적 증거로 나타난 기적의 성상이었다. 현현한 성모는 후안 디에고를 통해 그곳에 예배당을 세우라는 말을 수마라가 주교에게 전했다. 미겔 산체스 이전에 성모의 발현을 언급한 사람이 있었는지는 확인되지 않지만, 테페약 언덕의 성모 숭배는 광범위하게 확산되어 있었고, 대부분 원주민으로 이루어진 순례객은 사방에서 그곳으로 모여들었다. 그곳은 에스파냐 침입 이전 토난친[6]을 모셨던 곳이었다. 사실 라파예[7]가 지적하듯이 18세기 중엽까지만 하더라도 테페약 언덕에 오는 원주민 순례객들 대부분은 과달루페라는 이름을 알지 못했다. 그럼에도 불구하고 성모 발현에 관한 이야기는 누에바에스파냐에서 즉각 받아들여졌고, 과달루페 성모 숭배는 순식간에 널리 퍼졌다. 크리오요 입장에서는 성모 마리아가 직접 자신의 성상을 남겨주고 숭배를 위해 선택한 곳이 그 많은 땅 중에 이곳이라는 (이로써 다른

---

6 나우아어 토난친(Tonantzin)은 어머니 신으로 원주민 신화에서 여성성을 가진 신들을 뜻한다.

7 자크 라파예(Jacques Lafaye, 1930~)는 프랑스 역사학자이자 인류학자이다. 식민지 시대 분석을 토대로 한 『케찰코아틀과 과달루페 성모: 1531~1813년 멕시코 국민의식의 형성Quetzalcóatl et Guadalupe: la formation de la conscience nationale au Mexique, 1531~1813』(París: Gallimard, 1974)은 멕시코 정체성 연구의 역작으로 손꼽힌다.

국민들과 달라졌다) 명백한 사실이 에스파냐와 유럽이 아닌 멕시코의 정당성, 아메리카의 정당성…… 그리고 크리오요 자신의 정당성(그리고 당연히 우월성)을 보여주는 가장 숭고하고 반박할 수 없는 증거였다. 이러한 확신은 결과적으로 그들 자신의 조국이 부여한 이등 시민이라는 지위와 양립할 수 없는 것이었다.

크리오요에게 왜 누에바에스파냐가 조국으로 변해갔는가. 저술 초기 클라비헤로[8]는 자신을 멕시코인으로 여겼지만, 나중에는 그의 글에서 (라파예가 지적하듯) 멕시코인이란 원주민만을 뜻하게 되었다. 오늘날 크리오요 자신의 과거인 양 원주민 과거를 소환하는 일은 그에게 크게 빚지고 있다. 과달루파니스모처럼 이러한 과거 수용은 페닌술라르 지배를 정당화하려는 기반을 마련하는 데 필요한 이데올로기적 과정이었다.

물론 원주민의 과거를 자신의 것으로 소환하는 것과 동시대 원주민의 권리를 회복시키는 것은 매우 다른 사안이었다. 세르반도 테레사 데 미에르[9] 신부조차 그 점에서 평등이라는 원칙을 지지하지 않았고, 노예제와 카스타들을 폐지하려고 싸우지 않았다. 1811년 멕시코 영사는 카디스 의회[10]에서 원주민을 다음과 같이 묘사했다.

---

8 프란시스코 하비에르 클라비헤로(Francisco Javier Clavijero, 1731~1787)는 누에바에스파냐 출신의 예수회 수도사로 다수의 역사 저술을 남겼다.

9 세르반도 테레사 데 미에르(Servando Teresa de Mier, 1765~1827)는 누에바에스파냐 출신의 도미니크 수도사였으나 과달루페 성모와 토난친의 혼합을 설교했다가 추방당했다. 에스파냐의 수도원에 감금되었다가 1801년 프랑스로 도주했다. 멕시코 독립 후 헌법의회 의원으로 선출되어 연방공화국을 주장하였다.

10 1808년 프랑스의 에스파냐 침입 이후 1810년 구성된 입헌의회로, 1811년부터 1814년까지 에스파냐 남부도시 카디스에서 개최되어 카디스 의회(Cortes de Cádiz)로 불린다. 원칙적으로 아메리카 식민지 대표들도 의원 자격을 가졌다. 1812년 카디스 헌법(Constitución de Cádiz)을 공표하였다.

게으르고 허약하며, 구조적으로 어리석으며, 창조적 재능과 사고력이 결여되어 있으며, 술에 취해 있으며, 육체적 본능을 따르며, 종교적 진실에 무디고, 사회적 책무에 대해 무감각하고, 모든 이웃에게 냉담하다.

— 모이세스 곤살레스 나바로[11]에서 재인용

어제의 원주민을 오늘의 원주민과 분리시키는 능력은 오늘날까지 이어지는 심리적 연금술이다.

내외부적 일련의 요소들이 결합한 덕분에 크리오요의 불만은 국가 프로젝트로 형태를 갖출 기회를 얻었다. 그런 요소들 중에서도 에스파냐에 맞선 프랑스의 승리와 페르난도 7세의 퇴위가 도화선이 되었다. 그러한 상황에서 아메리카의 왕국들reinos과 에스파냐 국왕 사이를 이어주는 연결의 합법성은 깨진 것으로 간주될 수 있었다. 누에바에스파냐 내부에서 크리오요는 원주민은 물론이고, 메스티소와 카스타들에 속하는 중요한 집단들의 누적된 불만의 도움을 받았다. 사실상 반란을 시작하고 1821년까지 독립의 불꽃이 꺼지지 않게 한 사람들은 메스티소, 크리오요 가운데 하위직 성직자, 원주민 사제였다. 그러나 결국 새로운 국가의 통제권을 손에 넣은 것은 그들이 아니라, 반란에 적극적으로 가담하지 않고, 때로는 왕당파의 편에서 싸우며 독립전쟁 기간 동안 몸을 사리며 한 걸음 뒤에 있었던 부유한 크리오요들이었다

새로 탄생하여 반질거리는 멕시코 사회가 독립 그 자체로 깊은 변화를 맞이한 것은 아니었다. 아마도 아파칭간 헌법에 표현된 모렐로스[12]의

---

11   모이세스 곤살레스 나바로(Moisés González Navarro, 1926~2015)는 멕시코의 역사학자로 19세기와 20세기 멕시코의 정치와 사회에 관한 다수의 저술을 남겼다.

12   호세 마리아 모렐로스(José María Morelos, 1765~1815)는 멕시코 독립전쟁의 지도자 중 한 명으로 아파칭간 헌법(Constitución de Apatzingán) 공표를 주도했다.

프로젝트만이 독립한 멕시코가 계승한 식민 구조를 저 깊은 곳까지 바꿀 만한 요소를 담고 있었을 것이다. 비록 모렐로스는 사상의 무정부 상태가 야기할지 모르는 사회적 무정부 상태에 대한 두려움 때문에 가톨릭의 배타성과 정통성을 지키려 했던 것으로 보이고, 그러한 틀 안에서 제안한 프로젝트이기는 하지만, 이 프로젝트에서는 파로키아를 바탕으로 정치 조직의 기본 단위를 형성하려 했으며, 주민 대다수가 독립전쟁에 실제 참여할 가능성을 열 수 있었을 것이다. 그러나 독립이 완수되자마자 터져 나온 갈등은 포르피리오 디아스 시대의 평화가 그 갈등을 잠재울 때까지 반세기 동안 계속되어, 모렐로스가 추구한 바는 프로젝트로만 남았다.

독립한 멕시코의 목표는 여러 측면에서 1812년 카디스 헌법이 상정한 것과 멀리 떨어져 있지 않았다. 카디스 헌법에서 이미 원주민의 공물 납부가 폐지되었고, 권리와 의무를 구분하는 범주로서 카스타는 사라졌다. 또한 당대의 자유주의 정신에 따라 부의 사유화에 착수했다. 나중에 개혁Reforma13이 이 모든 것을 국민의 현실로 만들게 된다. 프랑스와 미국 헌법 모델만큼, 혹은 그 이상으로 에스파냐 1812년 헌법의 영향이 여러 방면에서 수십 년 동안 감지되었다.

독립한 국민이 처한 상황은 누에바에스파냐 때와는 근본적으로 달라진 변화를 의미했다. 독립으로 새로운 사회정치적 단위인 멕시코(한때는 국가명으로 '아나우악'이 제안되었다)가 만들어졌다. 멕시코의 시민은 국가 영토에 포함된 모든 유산과 부의 배타적 소유자이자 수혜자가 되었다. 멕시코인이라는 새로운 정체성은 정확히 이것, 자신을 국민적 유산의 통

---

13 멕시코에서 대문자 Reforma는 식민지에서 국민국가로 전환하는 과정에서 수반된 일련의 정치구조의 이행기로 '19세기 자유주의 개혁'을 뜻한다. 독립 직후부터 멕시코는 자유주의와 보수주의 사이의 정쟁이 반복되었고, 1857~1861년 '개혁전쟁(Guerra de Reforma)'이라고 불리는 내전으로 격화되었다.

제와 사용권을 요구하는 집단의 일부로 여기고, 그렇게 받아들여진다는 의미이다. 국민적 유산이란 토지, 그 토지의 생산물과 매장된 보물, 산업과 교역이 가져오는 수익, 사회적 계층 상승의 길과 그것이 의미하는 즐거움을 향유할 수 있다는 보장, 외부인에 맞선 공동의 방어, 과거, 현재, 미래의 영광에서 비롯되는 국민적 자부심을 누릴 권리, 운명을 함께한다는 약속을 모두 포함한다. 이 모든 것을 위해 국가 프로젝트를 결정해야 했다. 먼저 멕시코 시민은 누구이며, 시민의 권리를 행사하려면 어떤 조건을 갖추어야 하는지, 그렇게 규정된 멕시코인의 배타적 소유권 아래 있게 될 국민적 유산을 통제하고 배분하는 데 적용할 방법은 무엇인지 국가 프로젝트가 명확히 정하게 된다. 19세기의 혼란스러운 역사와, 사실상 현재까지 이어지는 멕시코의 모든 역사는 사회집단 사이의 대립이 꼬리를 물고 이어진 것이라 이해할 수 있다. 사회집단들은 위와 같은 점들에 관해 자신들만의 프로젝트를 도입하려고 겨루거나, 자신의 의지나 이해관계와 어긋나는 지배적 프로젝트가 강제적으로 도입될 때 스스로 방어하기 위해 싸운다.

멕시코가 식민지 사회로 출발한 이상 해결하기 어려운 사안이었다. 두 가지 문명의 현존에 의해 양극화된 식민지 사회에서 차이들이란, 여러 소수 집단들이 계속해서 다수를 지배하는 것을 정당화하기 위해 이용되어 왔기 때문이다.

약속된 땅

영토를 정하는 일은 새로운 국가의 첫 시민들에게 가장 기본적인 문제였다. 처음에는 에스파냐 지배 마지막 시기 5개 프로빈시아provincia로 나뉜 땅을 계승했다. 멕시코인의 유산을 형성할 부와 잠재력이 이 땅에서 나올 수 있었다. 얼마 지나지 않아 중앙아메리카가 독립하면서 영토는 줄어들었고, 곧이어 미국의 군사력과 야심이 남은 땅의 절반 이상을 가져가면서 영토는 더 줄어들었다. 국경수비, 특히 북쪽의 국경 수비는 언제나 골칫거리였고, 일련의 조치를 취하면서 오늘날 멕시코의 많은 특징을 표식으로 남겼다.

누에바에스파냐 초창기부터 북쪽의 식민화에 대한 우려가 있었고, 우려는 점점 커져갔다. 중앙 지역에 모여 사는 사람들을 북쪽으로 유인하려고 매우 다양한 방법을 시도했다. 수천 명의 원주민을 강제로 북쪽으로 데려갔고, '합리적인 사람gente de razón'에게는 다른 곳에서 누릴 수 없는 특권을 주었다. 그럼에도 불구하고 북쪽에는 사람이 겨우 거주하는 정도였다. 자유주의자들은 북쪽에 거대한 대토지 농장을 쉽게 만들 수 있게 해줌으로써 식민화에 한 걸음 다가섰다. 누구에게도 속하지 않은 그 땅에는 원주민만 있었다. 그러나 그들은 용맹하고, 침입에 맞서 싸울 줄 알고, 말을 다루는 데 능숙하고, 신출귀몰하며, 수는 적지만 넓은 땅을 필요로 하는 ― 그래서 그 땅을 지키는 ― 원주민이었다. '선한 사람gente de bien'에게 그들은 불안한 존재이고, 북쪽을 식민화하려는 열정에 찬물을 끼얹는 지속적 위협이었다. 19세기 동안 그에 대한 응답은 전쟁과 말살이었다.

독립한 멕시코는 자유로운 원주민을 똑같은 국민으로 인정하지 않았다(인정하는 때라면 그들이 차지한 광활한 땅에 대한 통제권을 내놓을 때였을 것이다). 그들은 멕시코의 법을 따르는 멕시코인이거나, 국민주권을 위험에 빠뜨리는 반란세력으로 조국의 적이자 반역자이다. 북쪽 원주민을 국민화nacionalización하는 것은 새로운 정복, 더 강력한 무기와 최신의 논의로 이루어지는 새로운 침입이었다. 그들은 멕시코와 미국이라는 두 가지 불길 앞에서 자신을 보호해야만 했다. 이쪽에서 불길을 피하면 저쪽에서 몰살당했고, 남쪽으로 국경을 넘으면 멕시코 군대의 힘이 닿는 곳까지 이곳에서 추적당하고 습격당했다. 그들을 없애는 데 모든 것이 동원되었다. 모이세스 곤살레스 나바로에 따르면 원주민을 사냥하는 사람에게 다음과 같은 보상이 주어졌다. 1859년 치와와주에서는 원주민 전사 한 명을 죽이는 데 300페소, 생포하는데 250페소, 여자와 아이를 사로잡으면 150페소, 여자와 아이를 죽이면 100페소였다. 1883년에도 같은 금액으로, 생포하면 250페소, 잘라온 머리카락묶음 하나에 200페소였다. 생포한 원주민은 좀 더 값을 쳐주었는데, 그들을 사려는 미국인 모험가들이 언제나 있었기 때문이다. 마지못해 협정에 서명하게 되는데, 1843년 동맹과 보호의 이름으로 코만치인[14]과 협정을 맺었고, 1850년 치와와 주정부는 아파치인[15]과 협정에 서명했다. 또한 미국과도 협상을 하여, 과달루페 이달고 조약[16]에 따라 새로 확정된 국경 너머 미국 영토가 된 곳에 거주하는 원주민은 그 순간부터 미국인이 되고, 그들이 멕시코를 침입할 시 미국정부가 이를 막아준다는 약속을 받았다. 그러나 이 약속은 오래가지 않았다.

---

14   코만치(comanche)인은 미국의 텍사스 북동부와 뉴멕시코 동부, 멕시코의 치와와 북부 지역에 거주했다. 오늘날 미국 오클라호마주의 보호지에서 약 만 명이 살고 있다.

15   아파치(apache)인은 미국 아리조나주와 멕시코 소노라주, 치와와주, 코아우일라주 등에서 소규모 부락을 이루어 거주했다. 1928년 멕시코 정부는 공식적으로 멕시코 영토에서 아파치인이 사라졌다고 공표했다. 오늘날 아리조나 등 미국 일부 지역의 보호구역에서 소수가 살아가고 있다.

16   정식명칭은 '멕시코 미국 간 평화, 우정, 국경선 확정을 위한 조약(Tratado de Paz, Amistad, Límites y Arreglo Definitivo entre los Estados Unidos Mexicanos y los Estados Unidos de América)'이다. 멕시코시티 인근 과달루페 이달고(Guadalupe Hidalgo)시에서 체결되어, 흔히 '과달루페 이달고 조약'으로 불린다. 미국과 멕시코 전쟁이 멕시코의 패배로 끝나면서 1848년 이 조약을 통해 멕시코는 당시 영토의 약 절반을 미국에 양도했다.

산타 안나[17]가 라메시야 조약[18]에서 그 의무를 면제해주었기 때문이다.

이 모든 것에도 불구하고 저항하는 사람들이 있었다. 야키[19]인과 마요[20]인은 1825년 후안 반데라스[21]라는 젊은 지도자를 따라 반란을 일으켰고, 1885년부터 1905년까지 처음에는 카헤메,[22] 그다음에는 테타비아테 Tetabiate[23]의 지휘 아래 다시 반란을 일으켰다. 포르피리오 디아스 대통령은 '문명의 끈질긴 적'이라는 이유로 수많은 야키인을 밧줄에 묶어 유카탄 반도로 보냈다. 그곳에서 야키인들은 용설란 아시엔다에서 도망친 후 걸어서 자신의 땅으로 돌아가기 시작했고, 그렇게 자유를 향한 투쟁의 가

17　안토니오 로페스 데 산타 안나(Antonio López de Santa Anna, 1794~1876)는 수차례 멕시코 대통령을 역임했다. 그의 재임기간 동안 멕시코는 영토의 상당 부분을 상실했다.

18　1853년 라메시야 조약(tratado de La Mesilla)으로 미국은 멕시코와 접경지대 일부를 헐값에 매입했다. 오늘날 애리조나주 남부와 뉴멕시코주 일부에 해당한다.

19　야키(yaqui)강을 따라 거주하여 야키인이라 불렸다. 야키어를 사용하며 오늘날 멕시코 소노라주에 약 3만 명이 살아가고 있다.

20　마요(mayo)인은 오늘날 멕시코 소노라주 남부와 시날로아주 북부 마요강과 푸에르테(fuerte)강 사이에 거주한다.

21　후안 이그나시오 후수카네아(Juan Ignacio Juzucanea, ?~1833)는 1825년 야키인의 반란을 주도한 후 어느 성당에서 뺏은 깃발을 가지고 다녔기 때문에 깃발을 뜻하는 '반데라스(Banderas)'라는 별명으로 불렸다. 멕시코 정부가 모든 원주민에게 세금 납부의 의무를 지우고, 세금 징수를 강제하는 한편 토지 경계를 설정하자 이에 반발하여 반란을 일으켰다. 1833년 사로잡힌 후 처형당했다.

22　본명은 호세 마리아 레이바(José María Leyva, 1837~1887)이다. 그의 아버지가 당시로서는 보기 드물게 소노라 지역의 사막을 건너 미국으로 간 덕분에 인근 지역에서는 널리 알려진 인물이 되었고, '물을 마시지 않는'이라는 뜻의 '카헤메(Cajeme)'라는 별명이 붙었다.

23　본명은 후안 말도나도 와스웨치아(Juan Maldonado Waswechia, 1857~1901)로 카헤메 사망 후 군대를 지휘했다.

장 경이로운 서사시 한 편을 남겼다. 그 서사시는 같은 나라에서 한 세기 동안 쏟아져 나올 에피소드 가운데 겨우 하나일 뿐이다.

영토의 남쪽 끝인 유카탄 반도에서는 왕실의 특권으로 식민지 시대 내내 엔코미엔다가 사라지지 않았고, 19세기 중반에 이르러 유카탄은 용설란 수출로 완전히 절정기를 맞이한 아시엔다로 빼곡해졌다. 무방비 상태로 예속되어 그곳에서 일하고 살아가는 마야 원주민 페온은 남은 19세기 동안, 1900년대 초까지 정부를 뒤흔들었다. 이 문제에서 자유주의자들은 망설이지 않고 자유주의라는 자신의 원칙을 거스르는 수단까지 취했다. 말하자면 '자발적 계약'으로 위장된 것이 분명한 거래로 마야인을 쿠바에 노예로 팔기까지 했다.

나중에 주써로 바뀌게 될 프로빈시아는 각자 살아갈 싹을 틔우고 자치autonomía를 엿보고 있었는데, 독립한 멕시코의 이러한 해체는 국가 활동이 시작되고 처음 수십 년간 피를 흘리게 만드는 갈등의 원인이었다. 연방주의자federalista와 중앙집권주의자centralista 사이의 투쟁은 형식적으로 연방주의자들의 승리로 끝났으나 실제로는 중앙집권주의자들의 승리였는데, 전투와 분쟁 속에서 죽어간 자들이 원주민과 농노라는 점에서 그들의 투쟁은 깊은 멕시코와 연관 지어 이해되어야 한다. 그 분쟁은 원주민이나 농노의 것이 아니었다. 국가의 부(어느 영역에서 어떤 방식으로 표현되는 것이든 상관없이 모든 부)가 멕시코인 모두의 것인지 아니면 각 프로빈시아, 각 지역, 각 지방토호가 그곳의 유산에 대해 우선권을 가지는지를 둘러싼 대립에 관한 문제였다. 원주민은 명분이자 최전선에 서는 병사였을 뿐이다.

원주민에게 중요한 문제는 공동체 토지 분배에 반대하는 투쟁이었다. 자유주의자들은(부르봉 개혁과 함께 시작된 자유주의는) 개인 재산을 신성하게 여겼다. 그들에게 진정한 시민이란 재산을 가진 자이고 토지는 기본적인 재산이었다. 근대적이고 문명화된 국가란 개인이 크건 작건 자신의 능력과 미덕에 따라 땅 한 뙈기는 가지고 있는 사회이다. 자유주의자들이(어쩌면 자유주의자를 흉내 내는 사람들이) 생각하기에 사유 재산에 토대를 둔 개인의 이해관계, 개인의 이해관계에 토대를 둔 개인의 노동 이외에 국가의 번영을 위한 다른 길은 없다. 그리하여 원주민공동체의 토지 공동소유는 결국 즉시 제거되어야 할 장애물이 되어버렸다. 공동체 토지의 사유화는 카디스 헌법이 이미 앞당겼던 것이고, 그러한 움직임은 독립한 멕시코에서 일찍이 구체화되었다. 1824년 멕시코시티에서는 식민지 시대 내내 유지되었던 원주민 동네인 산후안San Juan과 산티아고Santiago의 자산 분할을 법령화했다. 반발이 심해 그 목적의 일부만 달성되었는데, 개인이 아닌 마을들과 바리오들에게 분할한 것이다. 1827년 미초아칸 주정부는 공동체 토지의 분할을 명령했다. 다른 주들도 같은 시도를 했다. 나중에는 개혁법Leyes de Reforma이 공포되어 멕시코 전체에서 공동체 소유의 토지가 매각되었다. 이 일은 기대처럼 진행되지는 않았다. 예를 들어 베라크루스주에서는 1882년 4개 혹은 5개 공동체만이 땅을 큼직하게 나누어 개인들이 공동소유 하게끔 매각했다. 1910년 혁명이 터졌을 때 40퍼센트 이상의 마을들이 법에서 정한 것과 달리 공동체 자산을 보유하고 있었다. 깁슨은 이 점을 다음과 같이 정확히 설명하고 있다. "멕시코 역사에서 법에 의해 의미 있는 변화가 생겨난 적은 거의 없다. 법은 역사적 사건의 근사치거나 그것에 대한 주석이다."

그럼에도 불구하고 상상의 멕시코가 취한 자유주의 정책은 깊은 멕시코에 재앙과 같은 결과를 초래했다. 대토지 농장은 법의 비호를 받거나 법을 비웃으며 공동체 토지 곁에서 몸집을 불렸다. 무토지 원주민의 수가 많아져서 아시엔다의 페온이 되지 않을 방도가 없었다. 빚 때문에 혹은 강제로 발목이 붙잡혀서 값싼 노동력이 될 수밖에 없었다. 공동체 토지는 매각되고, 공동체 조직은 와해된 채 원주민은 맨손으로 싸우는 것 외에는 아무런 무기도 없이 이 모든 상황을 개별적으로 헤쳐 나가야 했다. 그것이 자유주의의 근대 시민이 도입되는 방식이었다. 상상의 멕시코는 법률적 평등이라는 또 하나의 거짓말로 식민지 시대 동안 원주민에게 허락된 얼마 되지 않은 특권, 무엇보다 토지의 공동소유라는 권리를 제거함으로써 원주민을 또다시 저버렸다. 공동체 토지를 지키려는 원주민 반란은 묵주처럼 그치지 않고 계속되었고, 이 점에 대해서는 나중에 상세히 살펴볼 것이다. 멕시코 전역에서 수많은 반란이 터져 나왔고, 때로는 오랫동안 지속되었다.

유럽의 모델, 그리고 얼마 지나지 않아 북쪽 이웃나라의 모델을 따르는 국민을 원했던 것이 분명했다. "자유주의자들의 입장에서는 ― 루이스 곤살레스[24]는 이렇게 지적한다 ― 멕시코의 역사적 자취와 미래에 도래할 위대함 사이에는 어찌할 수 없는 대립이 존재했다." 원주민은 무거운 돌이었다. 과거와의 절연은 나라를 위한 의무로 간주되었다. 호세 마리아 비힐[25]은 "반쯤 공상에 가까운 아스테카 왕들의 영광은 골동품 애호가에게나 흥미를 불러일으키는 시대와 문명에 관한 것에 불과하다"라고 썼다. 후스토 시에라[26]는 후아레스[27]가 가장 바랐던 바를 다음과 같이 적으

---

24 루이스 곤살레스(Luis González, 1925~2003)는 멕시코의 역사학자이다.

25 호세 마리아 비힐(José María Vigil, 1829~1909)은 멕시코의 언론인, 번역가, 역사가로 멕시코국립도서관과 국가기록원 책임을 맡았다.

26 후스토 시에라 멘데스(Justo Sierra Méndez, 1848~1912)는 멕시코 언론인, 역사가, 작가, 정치인으로 오늘날 멕시코국립대학교 설립에 크게 기여했다.

27 베니토 후아레스(Benito Juárez, 1806~1872)는 1858~1872년 동안 여러 차례 멕시코의 대통령을 역임했다. 오아하카 원주민 출신으로 자유주의 정책을 추진하다가 내전이 발생하였다. 자유주의가 승리한 후 개혁을 추진하여 멕시코를 근대화시킨 인물이다.

며, 후아레스가 고향의 형제들에 대해 가지고 있었던 의견을 윤색했다.

조금씩이라도 도덕적 허약함 즉, 미신으로부터, 정신적 천박함 즉, 무지로부터, 생리적 천박함 즉, 알코올 중독으로부터 원주민 가족을 끄집어내어 더 나은 상태로 만드는 것.

— 루이스 곤살레스에서 재인용

흥미로운 다른 의견들도 있었다. 막시밀리아노[28] 황제의 입장에서 "원주민은 멕시코에서 가장 착한 사람들이다. 나쁜 사람들은 스스로 품위 있다고 말하는 사람들, 성직자와 수도사이다". 황제는 원주민의 생활 조건을 알아보려고 (멕시코인과 유럽인으로 구성된)위원회를 창설했다. 그러나 아무 변화도 일어나지 않았다. 황후는[29] 아시엔다에서 체형을 폐지하는 포고령을 발표했고, 노동시간을 단축하고 빚을 빌미로 사람을 부리지 못하게 했다. 그러나 역시 아무 변화도 일어나지 않았다.

원주민으로 가득 찬 나라(1810년 기준 60퍼센트 이상)는 자유주의자들의 생각처럼 근대성과 진보를 강하게 열망할 수 없었다. 원주민은 물건을 팔려고 들지 않았고, 꼭 필요한 것만 사려고 들었다. 이런 성향 때문에 원주민은 당시 만병통치약으로 여겨졌던 자유로운 교환과 자유로운 거래의 훼방꾼이 되었다. 조상 대대로 내려오는 옛 방식에 대한 애착은 기

---

28 막시밀리아노 1세(Maximiliano I, 1832~1867)는 프란츠 카를 요제프(Franz Karl Joseph) 대공의 아들로 오스트리아 비엔나에서 출생하였다. 멕시코 보수주의자들의 추대로 1864년 멕시코 제국의 황제가 되었으나 자유주의자들과의 내전에서 패배하여 총살당했다.

29 멕시코에서는 카를로타(Carlota, 1863~1927) 왕후로 불린다. 벨기에에서 공주로 태어난 후 1857년 합스부르고 가문의 막시밀리아노 1세와 결혼하여 멕시코 황후가 되었다. 막시밀리아노의 멕시코행을 권유한 것으로 알려져 있다.

술로 모습을 드러낸 새로운 신을 부정하게 만들었다. 파도가 덮쳐오고 있음을 감지한 사람들이 있었다. 예를 들어, 마누엘 카스테야노스Manuel Castellanos에 따르면 원주민은 "그들이 정복자라고 부르는 사람들에 대한 증오에 휩싸여 지적인 진보에는 나태한 사람들"이었다. 어쨌든 국민 사회에서 원주민이 수행했고, 수행할 수 있었던 역할에 대한 비전은 본질적으로 엔코멘데로가 가졌던 비전, 나중에는 18세기 크리오요가 가졌던 비전과 크게 다르지 않았다. 원주민은 조국의 불운이었고, 멕시코인이 될 수 있는 유일한 방법은 프랑스인이나 미국인이 되는 것인데도, 완전히 프랑스인이나 미국인이 되지 못하게 방해하는 것이 원주민이었다.

무엇이든 해야 했고, 내전이 벌어지고 외국과 전쟁을 치르면서 뭔가를 할 시간이 주어졌을 때 해보려는 시도가 잠깐씩 이루어졌다. 더 나은 인종으로 만들고, 나라가 필요로 하는 추진력을 가하려고 이주민을 끌어왔다. 독립 이후 '가추핀'이 부랴부랴 본국으로 돌아가면서 남긴 공백을 노리고 먼저 알아서 도착한 이주민도 있었다. 프랑스인, 영국인, 독일인, 그리고 '그링고gringo'[30]는 수익이 짭짤한 사업들에 달려들었다. 그러나 그들은 수가 적었다. 야만적이고 비위생적이라는 악명과 함께 새로운 나라의 불안정한 치안이 그들을 쫓아냈다. 그래서 모든 편의를 제공하고, 멕시코가 가능성 많은 전도유망한 땅이자 순식간에 부자로 만들어 줄 땅이라고 알려야했다. 포르피리오 디아스의 첫 번째 재임기간 동안 이탈리아인, 쿠바인, 카나리아인, 중국인, 모몬교도 등 만 명 이상의 이주민을 데려오는 데 성공했다. 아무리 해도 금발의 푸른 눈을 가진 사람들은 오지 않았지만, 어쨌든 누군가 왔다. 또한 원주민의 지속적인 반란으로 불안정한 치안에도 신경을 썼다. 확고한 자유주의자인 모라[31]는 멕시코에 정착하고

---

30 멕시코에서 미국인을 부르는 말이다.

31 호세 마리아 루이스 모라(José María Luis Mora, 1794~1850)는 역사가이자 정치인

싶어 하는 외국인을 모두 받아들이라는 해결책을 조언했다.

어떤 조건이든 어떤 방법이든 망설이지 말고 실행하라. 일단 정착 하고 나면 사법권에 대한 공개적 침해가 아닌 다음에야 피부색이 무엇이든 모든 이주민에게 정부의 지원을 제공하는 것이 필요하다.

– 모이세스 곤살레스 나바로에서 재인용

여러 해가 지나자 원주민의 운명을 염려하는 시민들 일부가 멕시코 인디아니스타협회[32]를 결성하여 다음과 같이 말했다.

사회학의 가르침에 따르면, 상대적으로 순수한 인종으로 구성된 민족pueblo 들을 무기력에서 깨우는 최고의 방법은 교배이다. 여전히 그들 스스로 바뀔 만한 여지가 있다면 그렇다. 종족적 요소의 뒤섞임이 진보를 가져온다. 구 릿빛 인종에 속하는 개인이 동종과 교차되어 문명화된 사례를 나는 전혀 알 지 못한다. 모두가 본능적으로 자기가 속한 인종을 더 낮게 만드는 경향이 있다.

– 1911년, 프란시스코 에스쿠데로[33]

그럼에도 불구하고 무차별적인 뒤섞임은 안 된다.

으로 멕시코에 자유주의를 선보인 사람들 가운데 한 명이며 국가와 교회의 분리
를 주장했다.

32 멕시코인디아니스타협회(Sociedad Indianista Mexicana)는 1910년 멕시코시티에서
    창립되어 1914년까지 활동했다.

33 프란시스코 에스쿠데로(Francisco Escudero, 1876~1928)는 멕시코 혁명 시기 정치
    인이다.

상상할 수 있듯이 원주민과 중국인의 뒤섞임은 신체적으로나 도덕적으로나 퇴행한 존재를 낳는다. 적절한 때 외국 자본, 특히 영국 자본을 유치해서, 자본 유치에 긍정적인 반응을 할 만한 지역의 기반을 닦도록 해야 할 것이다. 우리는 외국 자본을 양팔 벌려 맞이하고, 모든 종류의 보증을 할 테지만 중국인은 안 된다. 영국 자본 자체가 그들의 아늑한 홈Home에 중국인을 들이지 않을 것이니…….

— 호세 디아스 술루에타José Díaz Zulueta

국민적 유산이란 결국 일부만이 누리는 유산이었고, 그들은 갈색 피부 원주민이 아니라 흰색 피부 외국인과 그 유산을 나누어 재산을 불리는 편을 원했을 것이다. 크릴[34]은 십만 명의 유럽 이주민이 오백만 명의 원주민보다 더 가치 있다고 생각했다. 백인과 함께 기술, 기업가 정신, 품위 있는 예의범절, 진보가 온다는 확신이 있었다. 원주민에게 기대할 수 있는 것은 무기력, 교활한 증오, 모퉁이를 돌아 만나게 되는 배신뿐이었다. 원주민이 다수이기는 했지만, 그들과 같은 시민이길 원치 않았다. 그리고 '모든' 멕시코인의 유산이기도 한 땅을 감히 원주민들만 움켜쥐고 시장에 내놓지 않으려 하는 것도 탐탁지 않았다. 두 가지 문명은 각기 다른 방향으로 나갔다.

---

34 엔리케 크릴 쿠일티(Enrique Creel Cuilty, 1854~1931)는 멕시코 포르피리오 디아스 정권 시기 기업가, 정치인, 외교관이다. 1882년 치와와 광업은행을 설립했다.

원주민이라는 적

19세기 내내 상상의 멕시코는 어떤 모습인가? 부유하고 근대화되길 소망하는 나라이다. 부는 개인의 노동이 가져오는 자연스러운 결과이며, 사유재산으로 표현된다. 각자가 부의 생산에 얼마나 기여했는지에 따라 부의 차이는 당연한 것이다. 에스파냐의 지배 동안 출신 카스타에 따라 정해졌던 차이와 같은, 주어진 차이의 영향을 받지 않는 각 개인의 문제이다. 이제 모든 멕시코인은 평등하고 각자 자신의 운명을 책임진다. 자연 자원까지 포함하여, 국가의 문화적 유산은 공동의 소유물이므로 이에 대해 특정 집단이 특권을 행사하지 않는 것이 아니라 자유로운 경쟁 속에서 각자 자기 방식으로 활용할 수 있어야 한다.

상상의 멕시코가 그리는 이런 근대성은 수입품이었다. 진보된 기술이 중요한 역할을 수행할 것이 분명했다. 사마코나[35]는 "두 세대에 걸친 희생과 피흘림으로도 해결할 수 없었던 모든 정치, 사회, 경제적인 문제를 철도가 해결할 것"이라고 생각했다. 선진 국가들의 정치적 관습, 유행, 공연을 모방해야 했다. 선두를 차지하려 서로 싸우는 두 가지 모델, 한동안 자신들의 위신을 떨어뜨린 전쟁이나 침략에 분개한 프랑스와 미국을 따라 상상의 멕시코의 근대성을 구성하려는 법 제정이 잇따랐다.

깊은 멕시코는 상상의 멕시코를 근원적으로 부정하는 셈이었다. 토지를 두고 벌어진 갈등에서 한쪽은 자유로운 상품이자 사유재산으로서 토지를 원한 반면, 다른 쪽에서 토지란 공동체의 것이고 양도 불가능한 것이었다. 이러한 분쟁은 양측이 화해하기 어렵게 갈라섰음을 가장 명백하게 보여주는 증거였다. 그러나 토지문제만이 아니었다. 원주민적인 것

---

35 마누엘 마리아 데 사마코나(Manuel María de Zamacona, 1823~1904)는 언론인, 외교관, 정치인으로 베니토 후아레스 대통령 내각에서 외교부 장관을 역임했다.

모두가 상상의 멕시코의 적으로 보였다.

독립부터 혁명까지,

그 시대 이데올로기에 따라 정부가 거의 전적으로 원주민을 맡았다. 처음에는 원주민 사회의 옛 제도들을 끝장내기 위해서였고, 나중에는 그들이 일으키는 소요를 진압하기 위해서였다.

— 모이세스 곤살레스 나바로

북쪽의 자유 원주민, 나머지 지역에서 땅을 지키려는 원주민, 외국과의 전쟁에 참여하라는 꼬드김에 넘어간 원주민, 식민지 시대부터 엉터리로 모호하게 그어진 토지의 경계를 두고 서로 싸우는 공동체 원주민들은 그런 식으로(거의 모두 그런 식이었다) 상상의 멕시코가 요구하는 평화와 평온함을 위협하는 견딜 수 없는 존재들이 되어갔다. 그들을 예속시키려고 물리력이 동원되었다. 그들은 징집되었다. "군대가 원주민을 문명화시킨다."

마누엘 볼라뇨스 카초Manuel Bolaños Cacho는 그렇게 이 문제를 받아들였고, 다름 아닌 『멕시코인디아니스타협회회보Boletín de la Sociedad Indianista Mexicana』에 다음과 같이 썼다.

그렇다면 해결책은 물리력으로 원주민을 순응시키는 것이다. 한편에는 자유 안에서 야만에 가까운 현재 그들의 존재 방식, 다른 한편에는 자유를 제약하는 전제주의 안에서 더 나은 존재가 되리라는 희망, 그 사이에서 우리는 후자를 [……] 원주민은 농장주인을 향해 거센 반발은 아닐지언정 종종 반기를 들었다. 징집 명령을 어기려고 하지도 않았고, 대통령의 작품인 이른바 '제비뽑기'를 무심하게 바라보았다. 언제가 될지 아무도 모르지만 아버지에게, 형제에게, 자기 아들에게 돌아가려고, 혹은 돌아가지 않으려고 가족들이 자리를 뜨는 모습을 무심하게 바라보았다. 징집병이 돌아오면, 아마 그는 타락했겠지만 그럼에도 불구하고, 같은 고향 사람들 중에 그가 **으뜸**이 된다. 그래서 실제 사실은 **징집**이, 그 대상은 수가 매우 적긴 하지만, 원주민의 지적이고 도덕적인 조건을 개선하는 간접적인 방법이라는 사실이다.

'문명화 하다'가 핵심어이다. 멕시코에서 문명화는 언제나 탈원주민화, 서구를 강제 도입하는 것을 의미했다. 원주민이 이곳에 있는 다수였기에 근대국가의 해결책은 그들을 문명화시키는 것이었다. 그것은 그들을 진정시킨다, 길들인다, 그들의 폭력을 끝낸다는 뜻이기도 했다. 포르피리오 디아스 대통령은 "원주민 한명 한명이 멍에를 맨 소 두 마리 뒤에서 막대기를 들고 개간하는 모습을 볼 때까지 우리는 마음을 놓아서는 안 된다"고 경고했다. 가장 안전한 최상의 방법은 유럽 이주민의 문명화된 퇴적물로 원주민을 희게 만드는 일이었을 것이다. 그것이 인종적 문제라고 파악한 사안을 해결하는 공식이었다. 모라처럼 가장 진취적인 자유주의자들까지도 19세기 동안 원주민의 '인종적 열등함'을 받아들였다. 그러나 이주는 실패했다. 이제 멕시코를 탈원주민화 시키기 위한 새로운 만병통치약으로 구원의 학교가 남았다. 그 시대의 다재다능한 많은 사람들이 교육에 매달렸다.

첫 번째 문제는 언어적 다양성이었다. 이그나시오 라미레스[36]는 원주민 교육에서 원주민 언어를 사용하자는 제안까지 했지만, 결국 그러한 가능성을 완전히 거부하는 대다수의 의견을 따르게 되었다. 프란시스코 피멘텔[37]은 멕시코 문학이 가야 할 길에 대해 알타미라노[38]와 논쟁하면서

---

36 이그나시오 라미레스(Ignacio Ramírez, 1818~1879)는 멕시코의 자유주의자로 작가, 시인, 언론인, 정치인이다.

메소아메리카 언어에 관한 묘비명을 쓰려 했다. "카스티아어는 사실 멕시코 공화국에서 지배언어, 우리의 공식어, 우리 문학의 언어이다. 멕시코 원주민의 언어들은 죽은 것으로 간주된다." 원주민 언어로 할 수 있는 것이라고는 그들이 가진 다른 모든 것들과 마찬가지로 매장하는 길밖에 없다.

그러나 기본적인 문제는 언어의 다양성이 아니라 현실에서 더 큰 무게를 가지는 사실 즉, 상상의 멕시코, 부유한 멕시코, 근대적 멕시코는 대도시의 몇 군데에만 자리 잡고 있다는 사실에 있었다. 분명 교육에 착수하여 근사한 성과를 올리긴 했지만 도심 반경이라는 식민적 울타리를 넘어서지 못했다. 교육이 시골까지 도달하는 경우는 예외적이었고, 원주민 공동체에서는 교육 시도가 있을까 말까 하는 상황이었다. 원주민은 교육에 대해 공개적이고, 때로는 폭력적이기까지 한 적대감을 가졌다. 후아레스 대통령이 코아우일라Coahuila주에 정착하도록 인가해주었던 키카푸인[39]은 1909년 개교일이 되었어야 하는 날 학교를 불태웠다. 멕시코 전국 여기저기에서 그런 거부반응이 나타났다.

원주민 주임사제를 양성하다는 설립취지를 가지고 예수회 수도사들이 멕시코시티에 세운 산그레고리오 학교Colegio de San Gregorio는 한동안 남아있었다. 독립 직후인 1824년 학교를 둘러싸고 흥미로운 논란이

---

37 프란시스코 피멘텔(Francisco Pimentel, 1832~1893)은 멕시코의 작가, 역사가이다

38 이그나시오 마누엘 알타미라노(Ignacio Manuel Altamirano, 1834~1893)는 멕시코의 자유주의자로 작가, 언론인, 정치인이다.

39 키카푸(kikapú)인은 미국 애리조나에 근거지를 두고 있었던 것으로 추정된다. 18세기 중반 식민화를 피해 미국 오클라호마와 캔자스에 정착했고 일부는 당시 누에바에스파냐 부왕령이었던 멕시코로 흘러들었다. 카를로스 3세는 정착지를 제공했으며 독립 후 멕시코에서도 토지를 주어 오늘날 코아우일라주 무스키스 무니시피오에 거주한다.

있었는데, 원주민이 다른 사람들처럼 똑같은 시민이라면 그들만을 위한 학교가 있을 이유가 없다는 것이었다. 원주민만을 위한 학교가 있다는 사실은 원주민을 비하하는 데 한몫했던 에스파냐인들의 차별과 후원자적 태도를 계속 유지한다는 뜻이기 때문이다. 이 논란에서 모라는 이 사회의 한 부문을 지칭하는데 '원주민indio'이라는 용어를 사용해서는 안 되고, 법률 상 "원주민은 더 이상 존재해서는 안 된다"고 주장했다. 산그레고리오 학교는 조금씩 내규를 수정해나갔고, 1853년 비원주민을 위한 농업학교로 바뀌기는 했지만 어쨌든 계속 문을 열어도 된다는 허가를 받았다. 후안 로드리게스 푸에블라[40]처럼 그 학교 졸업생 몇 명이 애를 썼던 원주민을 위한 특성화 교육은 그것으로 마무리되었다.

　　보수주의자 입장에서는 탐탁지 않은 상황이었다. 루카스 알라만[41]은 원주민 교육이 위험하다고 생각했다. 그들이 읽을 줄 알게 되면 위험한 서적을 손에 넣어, 반체제적 성격을 띠고 반란을 일으키기 쉽다고 여겼다.

　　만약 학교도 기대처럼 제 역할을 해주지 못해서 원주민이 문명화되지 않는다면, 적어도 원주민을 눈에 덜 띄게 숨겨야 했다. 지긋지긋한 그들의 존재가 멕시코의 근대화 과정에 매일같이 강한 의문을 제기하고 있었다. 풀케 술집은 도시에서 금지되었고, 변두리의 원주민 바리오에서만 허용되었다. 테픽[42]과 할리스코Jalisco주에서는 원주민의 전통적 바지 대

40　후안 로드리게스 푸에블라(Juan Rodríguez Puebla, 1798~1848)는 산그레고리오 학교와 산이델폰소(San Idelfonso) 학교에서 수학한 후 수 차례 하원의원과 상원의원을 역임했다. 1829년 산그레고리오 학교 총장이 된 후 근대적 교과서를 채택하고 교육 혁신을 시도했다.

41　루카스 알라만(Lucas Alamán, 1792~1853)은 기업가, 정치인, 역사가로 독립 직후 멕시코에서 가장 영향력 있는 인물 중 한 명이었다. 멕시코 보수당 설립에 기여했으면 중앙집중적 정부 구성을 추구했다.

42　테픽(Tepic)은 나야릿(Nayarit)주의 주도이다.

신 유럽식 바지 착용을 의무화했다. 원주민적인 것은 공동체, 아시엔다의 골짜기, 도시 변두리로 숨어들었다. 다시 추적당하며 그곳에 남았다.

원주민이 사는 시골은 가난해졌다. 인구는 늘었지만 토지는 줄거나 없어졌다. 아시엔다가 제공하는 일자리는 고되고 보수는 형편없었다. 상황이 심각해지자 1896년 가난한 농민에게 토지를 무상분배하기로 할 정도였다. 상상의 멕시코의 자유주의는 정반대에 있는 깊은 멕시코의 존재를 마지못해 인정했다.

크리오요 정체성은 메스티소 멕시코라는 이데올로기에 자리를 내어주었지만 밑바탕의 내용은 바뀌지 않았다. 초기 몇 년 동안은 반에스파냐주의라고까지 할 정도로 에스파냐와의 형식적인 거리두기가 있었다. 옛 본국, 크리오요의 모국은 멕시코인이 따를만한 모델이 가져야 할 조건을 다시 회복하지 못했다. 다른 법안을 모방하는 것에 그치기는 했지만 식민지가 남긴 법률적 유산은 점점 교체되었다. 옥타비오 파스[43]는 단정적이다. "우리 메스티소는 크리오요가 만들어낸 것보다 훨씬 더 많은 것을 파괴했고, 오늘날 폐허와 잘린 밑둥에 둘러싸여 있다. 우리는 우리의 과거와 어떻게 화해할 것인가?" 상상의 메스티소 멕시코는 에스파냐와 거리를 두고 있지만 결코 서구와 관계를 끊어내지 않았고, 그러려고 하지도 않았다. 미래를 향한 열망은 다른 곳에 있었고 모방이 그곳에 이르는 여정이다. 이그나시오 M. 알타미라노는 국민주의적 낙관론을 가지고 그 점을 언급한다.

멕시코에서 우리 모두는 여전히 감히 모든 면에서 돌로레스의 외침grito de Dolores[44]을 하지 못했다. 과거 우리의 선조들이 칙령을 통해 전제군주가 부

---

43 옥타비오 파스(Octavio Paz, 1914~1998)는 멕시코의 시인이자 외교관으로 1990년 노벨문학상을 수상했다.

2부 우리는 지금 있는 이곳에 어떻게 도달했는가

왕을 임명했다는 사실, 축제를 금지한다는 명령, 왕비가 아이를 가졌다는 흥미로운 소식을 전해 받으며 '두려움과 경의'를 느꼈듯이, 지금 우리는 똑같은 '두려움과 경의'를 느끼며 여전히 옛 본국으로부터 상업, 산업, 농업, 문학에서 수칙을 전달받고 있다.

－ 호세 루이스 마르티네스[45]에서 재인용

아마도 네르보[46]는 몇 년 후에 상상의 멕시코의 노고를 다음과 같이 인정하게 된다.

결국 우리가 이 나라에서 좋다고 하는 것은 모조리 인위적인 것이고 주변과 적대적인 것이라서 대중의 견해를 불사하고 실현된 것임을 생각하자. 우리는 이 나라 대중이 하늘을 찌를 만큼 질색하는 자유주의 헌법을 가지고 있다. 또한 우리는 사람들과 부유한 계층이 드러내는 반감 속에서 교회와 국가를 분리시켜 공교육을 세속화시켰고, 우리는 멕시코인들이 분명히 반대하는 상황에서 철도와 전신을, 그리고 [⋯⋯] 공화국까지 손에 넣었다.

－ 호세 루이스 마르티네스에서 재인용

---

44 미겔 이달고 신부가 1810년 9월 16일 새벽 돌로레스 교구의 종을 울리며 봉기했고, 멕시코 공식역사는 이 날을 멕시코 독립전쟁의 시작으로 간주한다. 현재 멕시코에서 매년 9월 15일 밤은 가장 중요한 국경일로, 대통령이 이날을 기념하며 '외침'을 재현한다.

45 호세 루이스 마르티네스(José Luis Martínez, 1919~2007)는 멕시코의 학자, 작가, 역사가, 편집자이다.

46 아마도 네르보(Amado Nervo, 1870~1919)는 시인이자 작가로 모더니즘 운동에 참여했다.

IV. (혁명화된) 현대

사그라드는 혁명의 고뇌

지금 우리는 라사로 카르데나스 대통령 체제의 마지막 해인 1940년
에 있다. 단단히 굳어버린 포르피리오 디아스 체제를 무너뜨릴 혁명이 발
생한 지 30년이 지났다. 1917년에는 새로운 헌법을 공포해 20세기 첫 번
째 대혁명인 무장투쟁에서 출발한 멕시코가 자신을 펼쳐나갈 법률적 근
거를 마련했다. 무장혁명 단계에서 정치적 이해관계가 평행선을 달리거
나, 갈라져 나가면서 발생한 당파 투쟁은 유혈 낭자한 25년 동안 화해하
거나 제거되었고, 어느 쪽이든 국가권력이라는 단일화된 새로운 틀을 따
라야 했다. 그렇다면 혁명이 만들어낸 문화통제의 새로운 구조는 무엇인
가?

첫째, 포르피리오 디아스 시기 권력을 잡고 있었던 주요 집단들이
교체되었다. 옛 지주 과두 지배 세력은 포르피리오 디아스 정권 마지막 6
년 동안 고강도로 진행된 유례없는 규모의 농업개혁이 가져온 충격에 분
노하고 있었다. 중앙권력을 지탱해왔던 지방 토호들은 혁명이 승리한 그
순간에도 여전히(아마도 다른 이름으로) 존재감을 나타냈으나, 이제는 대
부분 붕괴되었거나 새로운 정치기구 즉, 카예스[1]가 창당한 여당으로 통합

---

1   플루타르코 엘리아스 카예스(Plutarco Elías Calles, 1877~1945)는 1924~1928년 멕
     시코의 대통령을 역임했다. 1912년 프란시스코 마데로의 혁명군에 들어간 후 베
     누스티아노 카란스, 알바로 오브레곤과 함께 멕시코 혁명의 핵심에 있었다. 무장

되었다. '펠로네스'² 군대는 새로운 혁명군으로 교체되었고, 혁명군은 주
도권을 잃고 정치권력의 권위 아래 놓이게 되었다. 20세기 초 멕시코 경
제의 근간이 되는 부문들을 직접적으로 통제하고 있던 외국 세력은 제거
되거나, 그렇지 않았다면, 심각한 타격을 받았다. 외세를 향한 최후의 일
격은 지난 석유산업의 국유화였다. 구체제의 이데올로기적 방향을 지시
해주었던 '과학자 집단'³은 새로운 지식인 집단에게 자리를 내어주었고,
이들은 혁명의 프로젝트를 구성하고 정당화하는 과제를 맡았다.

포르피리오 디아스 시기 권력층을 밀어내는 과정은 무엇보다 무장
투쟁의 승리, 다시 말해 물리력에 있었다. 무장투쟁 단계에서 멕시코 주
민 대다수가 그러한 물리력 행사를 지지했고, 직접 참여했다. 얼마 후에
는 몰락한 그 집단들이 자신의 것인 양 다루었던 자원들과 문화적 요소들
을 제한하거나 억제하기 위해, 혁명이 만든 정부Revolución hecha gobierno는
법의 힘도 이용했다. 이제 그 자원들과 문화적 요소들은 '국민'을 위해, 다
시 말해 새로운 체제를 위해 사용될 터였다.

누가 옛 포르피리오 디아스 지지 세력의 자리를 차지했는가? 먼저
혁명군의 장군과 지도부였다. 그들 사이의 권력 다툼은 계속되었다. 무장
투쟁에 참여했으니 마땅히 자기 권리라고 여겼던 것을 지켜내려는 다툼
은 최소한 계속되었다. 개인적 혹은 집단적 이해관계, 정치 강령과 정치

투쟁 단계를 지나 혁명을 제도화 단계로 진입하도록 했다. 1929년 국가혁명당
(Partido Nacional Revolucionario, PNR)을 창당했다.

2   에스파냐어 pelón은 대머리를 뜻하는데, 군인들의 짧은 머리 때문에 연방군을 펠
로네스(pelones)라 불렀다.

3   과학자 집단(científicos)은 19세기 말 포르피리오 집권 시기 멕시코 정치에 막대한
영향을 미쳤던 정치인, 지식인, 사업가들로 당시 오귀스트 콩트(Auguste Comte)의
실증주의 이론에 토대를 두고 멕시코 사회를 이끌고자 하여 과학자 집단이라 불
렀다.

적 요구, 특정 지역 내에서 권위를 두고 다툼이 벌어졌다. 새로운 싸움터(승리자들끼리의 싸움)에서 많은 사람이 목숨을 빼앗기거나 추방당했고, 최종 승자를 판가름하는 승리자들끼리의 마지막 라운드, 마지막 통합 과정에서 포상을 받은 사람들도 있었다. 그러나 제도화된 나라에서, 군대가 아닌 다른 집단과 역량을 필요로 하는 나라에서 혁명 장군들이 자기들끼리만 오랫동안 사회지도층의 자리에 있을 수는 없었다. 새로운 집단들은 조합주의적 형태의 복잡한 정치적 메커니즘 속에서 권력에 다가갔다. 노동자는 정부 소속으로 인가된 조합과 센터를 통해서, 농민은 상명하복식의 단일화된 단체를 통해서, 정치기구에서 조합적 대표성을 곧 상실하기는 했지만 군대도 권력에 다가갔다. 그 가운데 '민중 부문'은 모두를 아우르며 가장 중요한 비중을 차지하게 되었고, 결정권을 행사하는 데 가장 큰 영향력을 미치게 되었다. 이들과 함께 고유의 힘을 가진 관료제가 있었다. 또한 국가 발전 프로젝트를 멈출 수 없는 시급한 과제라고 판단한 국가는 프로젝트에 대해 공개적으로 반대하지 않고 동조하는 대가로 사기업 부문에 푸짐한 상을(에너지, 도로, 기술 교육, 세제 혜택, 시장 보호 등) 차려주었다.

당연히 모두가 평등하게 결정에 참여하지 못했고 문화통제가 가져다주는 보상을 조건 없이 골고루 받지 못했다. 그러려면 그 자리에 있어야 했다. 즉 게임의 규칙을 받아들여야 했다. 규칙 가운데 한 가지, 점점 더 강하게 요구된 규칙은 상부의 결정을 따르는 것인데, 그 꼭대기에는 대통령 개인의 존재가 절대적이었다. 명령에 따르고 충성하는 것이 새로운 질서에 속하는 기본 전제였다. 그 규칙에 따르는 대가로 '상대를 봐가며 홍정'하되, '우는 아이 떡 하나 더 준다' 같은 격언에 들어맞게 조합의 이익과 개인의 이익이 돌아왔다. 시간이 지나면서 비슷하게 우는 것이 아니라 크고 작게 울음의 차이가 커졌는데, 큰 물고기가 작은 물고기를 먹지 않으면 플랑크톤을 모조리 쓸어버리기 때문이다.

국가권력을 차지한 새로운 집단들은 더 많고, 더 다양한 문화적 요소와 자원을 좌지우지하려 들었다. 당연히 그것이 혁명의 목표였다. 포르피리오 디아스 통치 시대 국가발전을 이미 지체시킨 적 있었던 경제적·정치적·사회적·이데올로기적 굴레를 끊어내고, 국가의 문화적 유산을 이루는 자산들을 더 널리, 더 민주적으로 이전과 다른 방식으로 분배하는 것이 목표였다. 그리하여 기존의 물질적 자원(토지, 석유, 철도 등)만이 아니라, 정부가 설립하여 경제의 공공 부문을 견인하게 했던 새로운 생산 기업들도 국가의 통제 아래 들어갔다. 국가가 어느 정도 간접적으로 통제하는 사회 부문도 마찬가지였다. 그러나 국가 통제를 강화하는 이러한 과정은 물질적 자원의 통제만이 아니라 문화적 요소에 대한 통제를 요구하기도 하는데, 물질적 자원으로 생산을 해내고, 어떤 프로젝트에서 그 자원들에 의미를 부여하는 것이 문화적 요소이기 때문이다. 그리하여 정부의 방침은 멕시코인의 삶을 이루는 여러 영역을 크든 작든 두루 포함하게 되었고, 국가 프로젝트를 형식화하고 실행하는 데 필수적인 문화적 요소를 수용하거나 창조하려 애쓴다.

멕시코는 문화적으로 동질적인 사회여야 한다는 옛 자유주의의 열망에 새로운 옷을 입혀 다시 내세우는 것이 첫 번째 목표였다. 그러한 일체성을 확보하기 위한 기반으로 삼을 수 있는 것은 무엇일까? 선택지는 또다시 혼혈이었다. 멕시코는 메스티소 사회이며 메스티소가 아닌 나머지 인구는 최대한 빨리 메스티소로 통합되어야 한다고 여겼다. 메스티소로의 통합은 혁명 시기 정부들의 의무로 여겨졌고, 그와 동시에 정부의 정당성을 강화하고 독자성의 기반을 마련하는 데 매우 중요한 이데올로기적 요소가 되었다. 바로 직전에 선례가 있었다.

1909년 안드레스 몰리나 엔리케스[4]는 『국가의 중대한 문제들*Los*

grandes problemas nacionales』을 출판했다. 이 책의 한 단락에서 멕시코 사회
의 이질적 구성에 대한 저자의 관점을 엿볼 수 있다.

> 미래 멕시코의 번영을 향한 모든 노력의 근본적인 바탕에는 우세한 종족적
> 인 요소로서, 사회의 정치적 지도층으로서, 메스티소가 존속되고 있음을 회
> 피할 수 없다.

몰리나 엔리케스가 보기에는 메스티소만이 통합을 달성할 조건에
있었다. 그가 보기에 원주민은 내적 응집력이 없어서 분열되어 있었고 조
직화되지 않았으며, 생존에만 급급했다. 크리오요는 이제 더 이상 멕시코
의 국민성을 구현할 수 있는 역사적 범주가 아니었다. 1857년 자유주의
승리 이후 그러한 이데올로기적 역할을 메스티소가 수행했다. 메스티소
는 항상 두 개의 인종과 두 개의 문화가 풍부하게 합류되는 지점에서 생
겨난 것으로 보였다. 자신을 메스티소로 여기는 사람들은 원주민은커녕
크리오요가 되고 싶어 하지도 않았다. 그들은 새로운 뭔가, 단 한 번도 충
분히 정의된 적 없는 무언가가 되고 싶어 한다.

멕시코 혁명은 왜 메스티소 프로젝트로 선언되었을까? '덩어리bola'[5]
로 몰려다니는 사람들은 모든 계층, 집단, 지역에 걸쳐 있었다. 그들은 비
슷한 비율로 구성된 것도 아니었고, 그들의 구체적인 요구는 전국에서 무

---

4 안드레스 몰리나 엔리케스(Andrés Molina Enríquez, 1868~1940)는 실증주의 사회학
   자이자 변호사로 멕시코의 농업 문제에 천착했으며 1917년 헌법 작성에 영향을
   미쳤다.

5 에스파냐어 bola는 구슬 혹은 공을 뜻한다. 멕시코 혁명기 널리 사용되었던 비유
   로, 특정한 형태를 띠지 않는 대중을 지시했다. 뚜렷한 정치적 동기 없이 혁명에
   참여하여 이리저리 굴러다니는 사람들로, 주로 하위계층으로 이곳저곳의 전투에
   참여한 일반 대중을 지칭하는 표현이었다.

장봉기한 수많은 분파가 각각 내놓은 프로그램에 포함될 가능성도 각각 똑같지 않았다. 대다수의 병사가 원주민 농민과 탈원주민화된 농민이었다. 반면에 이데올로기적 지도자는 물론이고 군사적 지도자도 포르피리오 디아스 정권 아래 구가된 평화시기에 정치적으로 밀려나 있던 도시중산층이었다. 당연히 예외는 있다. 사파타주의가 대변하는 농민운동들은 도시 지식인들과 연대했지만, 자기 운동이 가진 힘에 대한 통제력을 잃지 않았고, 최후의 그날까지 주장을 굽히지도 않았다.

상상의 멕시코와 깊은 멕시코는 자기 나름의 동기와 목적을 이루려고 멕시코 혁명의 무장투쟁 단계에서 혁명에 참여했다. 혁명에 참여한 집단들은 후에 단일화되는데, 단일화 과정에서 제거당한 집단도 있고 다른 집단에 속박당한 집단도 있다. 그러나 그러한 단일화로 인해 그 후 서술된 공식적인 역사에서는 멕시코 혁명의 복합적인 성격을 외면하거나 중요하게 다루지 않았다. 멕시코 혁명은 수많은 반란으로 이루어진 운동이었으며, 그 수많은 반란 대부분은 독자적인 특징을 지니는 공동체 단위와 지역 단위가 처한 조건에서 유래한 것이었다. 당연히 그 모든 조건은 19세기 마지막 3분기와 20세기 처음 10년 동안 형태를 갖춘 지배 형식들이 만들어낸 결과물이었다. 그러나 그 모든 반란은 하나의 모양을 띠지도 않았고, 멕시코의 모든 곳에서 똑같은 무게를 지니지도 않았으며, 모든 국민에게 같은 무게로 다가오지도 않았다. 불붙은 도화선이 여기저기서 폭발을 일으켰다. 투쟁에 뛰어들게 되는 동기는 각기 달랐다. 심지어 어떤 경우에는 상반된 동기를 가지고 참여하기도 했다. 혁명을 겪은 사람들의 증언을 최근에 채록했는데, 그 증언들은 포르피리오 디아스 체제의 붕괴를 향해 나가는 수많은 평행적 역사를 뚜렷하게 보여준다. 그러한 역사들은 단일화되지 않았다. 권력투쟁에서 승리를 거둔 역사들이 있고, 승리를 거두지 못한 역사들이 있으며, 이익을 얻은 역사들이 있고, 예전과 똑같은 역사들이 있었다. 1920년대 말 도달하게 된 형식적 일체성은 승리한 분파들이 이룬 일체성이었지, 혁명 운동에 합류했던 모든 이해관계와 모든 요구가 통합된 것은 전혀 아니었다.

멕시코 혁명의 프로그램을 정하게 된 승리한 프로젝트는 사파타의 농민 중심 프로젝트나 사파타와 같은 이유와 같은 목적으로 전국 각지에서 들고 일어났던 여러 집단이 내세운 프로젝트가 아니었다. 그들이 싸운 이유에 대하여 워맥[6]은 사파타와 멕시코 혁명에 관한 책을 시작하며 정확히 한마디로 요약했다. "이 책은 변화를 원하지 않았고, 그리하여 혁명을 했던 농민들에 관한 것이다"

혁명 시기 정부들이 점차 형식화한 국가의 목표에서 농민들의 그러한 갈망이 중요한 입지를 차지하지 않았던 것은 분명하다. 그럼에도 불구하고 깊은 멕시코가 혁명 과정에 실질적으로 참여한 덕분에 혁명정부들은 농민들의 요구, 무엇보다 토지의 반환과 재분배를 받아들이지 않을 수 없었다. 그러나 혁명 프로그램은 원주민과 농민들이 바라는 근본적인 목적과 일치하지 않았다. 다시 말해 그들이 혁명에 참여한 것은 고유문화를 유지하고, 그 문화에 대한 지배적 통제권을 행사하며, 그것을 바탕으로 고유문화를 계속 발전시킨다는 결정을 의미했다. 고유문화를 교체하는 것이 아니라, 지난 4세기의 지배 동안 마을들과 공동체들이 빼앗겼던 문화통제의 층위들을 회복하여 고유문화를 풍요롭게 하려 했다. 농민들에게 농지개혁의 의미는 (농민들에게 농지개혁은 반드시 필요한 물질적 자원이자 사회적 공간이며, 상징적이고 정서적인 의미로 가득 찬 요소인 땅을 회복한다는 의미이다. 생존의 가능성일 뿐 아니라 지속의 가능성을 의미한다) 혁명으로

---

6   존 워맥(John Womack, 1937~)은 미국의 역사학자로, 멕시코 혁명과 사파타 연구에 매진했다. 여기서 인용한 책은 『사파타와 멕시코 혁명*Zapata and the Mexican Revolution*』(New York: Alfred A. Knopf, 1969)이다.

출현한 멕시코의 설계자와 지도자들이 생각하는 것과는 달랐다. 그들에게 농지개혁은 사회정의를 이루는 한 가지 방법이었다. 그러나 그 무엇보다도 국가발전을 위한 새로운 프로젝트들을 통해 토지가 생산하도록 하는 메커니즘이었다. 이러한 프로젝트는 깊은 멕시코가 지속되길 희망하는 대신, 깊은 멕시코의 존재를 부정함으로써 새로 태어나길 원하는 사회에 통합되기를 희망했다. 따라서 메스티소 멕시코가 되어야지, 다원적 멕시코가 되어서는 안 되며, 원주민의 멕시코가 되는 일은 더욱 있어서는 안 되는 일이었다.

메스티소 멕시코라는 혁명의 이데올로기적 개념 형성은 쉬운 일이 아니었고 아직도 그렇다. 도식적으로 보자면, 일반적인 논리는 다음과 같다. 국민성의 깊은 뿌리는 원주민 과거에 있으며, 그곳에서 우리의 역사가 시작된다, 그 영광스러운 과거는 정복으로 무너져 내렸다, 그 무렵부터 진정한 멕시코인 메스티소가 나타난다, 메스티소는 줄줄이 이어지는 투쟁(독립과 개혁)을 통해 자기 역사를 정복해나간다, 그 투쟁들은 조화를 이루며 맞물려 이어지다가 멕시코 혁명으로 수렴된다, 멕시코 혁명은 멕시코인, 메스티소인이 밟아온 투쟁의 종착점이다, 혁명은 필연적이고, 예견된 것이며 역사에 의해 앞당겨진 사건이다, 혁명 이후 멕시코인은 온전히 보편적 문화로 통합될 수 있을 것이다.

이러한 이데올로기는 다양한 형식으로 예술 문화적 산물에 표현된다. 혁명 시기 정부들은 1940년까지 대놓고 그러한 작업을 후원했고, 그 후에도 강조는 덜하면서 더 시시때때로 후원했다. 원주민 뿌리는 언제나 인정되었다. 벽화들은 식민지 시대 이전 멕시코를 찬양했고, 원주민의 표식이 조국의 역사와 운명에 관한 모든 알레고리를 주관했다. 국민주의 음악이 식민지 시대 이전을 연주하는 악기와 리듬을 되살릴 궁리를 했다. 건축은 한동안 아스테카 혹은 마야 양식을 거부하지 않았다. 고고학은 대신전들을 복원하고, 박물관 진열대를 채워서 국민성의 새로운 신전을 마감해야 하는 국민주의 애국적 과제로 여겨졌다. 콰우테목[7]은 첫 번째 영웅이요, 국민주권을 위한 영원한 투쟁을 상징하는 첫 번째 멕시코인이다.

이에 대한 확고한 형식화가 이루어졌다. 1923년 예술기능인·화가·조각가 노조Sindicato de Obras Técnicas, Pintores y Escultores 선언문은 다음과 같이 적고 있다. "멕시코인의 예술은 세계에서 가장 위대하고 건전한 정신적 표현이며, 원주민 전통은 최고의 전통이다."

크리오요 국민주의와 달리 혁명의 국민주의는 살아 있는 원주민을 외면할 수 없다. 원주민의 얼굴이 멕시코 미술 학교의 커다란 캔버스, 포사다[8]의 위대한 유산을 이어받은 판화들, 책의 삽화에 등장했다. 구릿빛 피부, 눈꼬리가 올라간 눈, 높은 광대뼈로 얼굴이 묘사된 원주민은 농부 차림을 하고 있거나, 마을 축제에서 옷을 갖춰 입고 춤을 춘다. 어떤 알레고리에서는 파란색 작업복을 입은 메스티소 노동자나 금발의 투명한 눈을 가진 기술자와 형제인 양 포옹하는 모습으로 나타나기도 한다. 민속예술과 수공예품은 가치를 인정받고, 멕시코 메스티소의 독자성을 긍정하는 신호가 된다. 깊은 멕시코는 한동안 현존을 드러냈고, 그 앞에서 눈을 감기는 불가능했다.

경이로운 낙관론 덕분에 우리는 의심할 수 없는 진실을 깨달았다. 능력, 열망, 생명력, 고유의 문제를 가진 나라로서 멕시코가 존재했다는 사실이다.

---

7 콰우테목(Cuauhtémoc, 1496~1525)은 아스테카의 마지막 틀라토아니로, 에스파냐인과 전쟁 중이던 1520년 최고 통치자로 선출되었다. 에스파냐인에게 사로잡힌 후 1525년 처형되었다.

8 호세 과달루페 포사다(José Guadalupe Posada 1852~1913)는 판화가 및 삽화가로 해골 모습의 인물들을 통해 사회를 풍자했다.

[……] 그저 외부에 주소지를 둔 정신이 머무르는 몸의 일시적 거처이거나 영구적 정착지가 아니었다. 원주민, 메스티소, 크리오요는 살아 있는 존재들, 인간의 속성을 모두 가진 사람들이었다. [……] 멕시코와 멕시코인은 존재하고 있었다.

– 마누엘 고메스 모린,[9] 몬시바이스[10]에서 재인용

그러나 비록 원주민이 존재하고 깊은 멕시코가 실재라 하더라도, 그것들이 긍정적이고 건저 올릴만한 가치들을 보유하고 있다 하더라도, 혁명의 멕시코는 한편에서는 원주민 '구출하기', 다시 말해 원주민을 국민문화에 통합시키고, 그러한 통합을 통해 '보편적'(다시 말해 서구적) 문명으로 통합시킬 것을 제안하고, 다른 한편에서는 깊은 멕시코의 그 모든 상징을 전유하여 메스티소 나라의 고유한 이미지를 구축할 것을 제안한다.

호세 바스콘셀로스[11]의 교육 프로젝트는 그러한 목적의 세련된 표현이다. 그는 벽화 제작을 후원하고, 케찰코아틀을 그리스도와 부처와 나란히 둔다. 그러나 "멕시코인이 먼저이고, 원주민은 그다음"이라는 논지에 따라 마누엘 가미오[12]처럼 원주민 언어로 교육하거나, 여러 원주민 지역에 맞춰 고안된 특성화 교육은 모두 반대한다. 다니엘 코시오 비예가스[13]는 당시의 목표를 다음과 같이 정리한다.

9　마누엘 고메스 모린(Manuel Gómez Morín, 1897~1972)은 멕시코 정치인으로 1939년 국민행동당(Partido Acción Nacional, PAN)을 창당했다.

10　카를로스 몬시바이스(Carlos Monsiváis, 1938~2010)는 작가이자 언론인으로 멕시코 사회와 문화에 대한 비평서 다수를 남겼다.

11　호세 바스콘셀로스(José Vasconcelos, 1882~1959)는 정치인, 교육자, 철학자로 교육부 장관을 역임하여 멕시코 혁명 이후 공교육의 방향을 정했다.

12　마누엘 가미오(Manuel Gamio, 1883~1960)는 인류학자이자 고고학자로, 멕시코 근대 인류학의 아버지로 불린다.

전통적으로 뒷전에 밀려나 있던 원주민과 빈민은 이 새로운 사회에 주축이 되어야 했고, 덧붙여 가시적으로 모습을 드러내야 했다. 그래서 그들의 미덕과 성취에 찬사를 보내야 했다. 일에 대한 그들의 열정, 그들의 신중함, 그들의 침착함, 춤, 음악, 수공예품, 연극에서 드러나는 그들의 감수성을 칭송해야 했다. 그러나 또한 플라톤, 단테, 세르반테스, 괴테 같은 인류의 위대한 문학을 읽혀서 그들을 보편적인 문화 흐름에 합류시킬 필요도 있다.

당연히 문학적 문제를 넘어서는 사안이었다. 원주민과 빈민을 "보편적인 문화 흐름"에 합류시키는 것은 혁명 프로젝트 전반의 다른 층위에 상응하는 지적 프로젝트였다. 여기서 문제는 서구를 향한 근대화의 길을 따라 돌진하는 사회 안으로 깊은 멕시코의 모든 부문을 통합시키는 것이었다. 그러려면 근대 멕시코를 이끄는 부문들에서 깊은 멕시코의 부문들을 분리시키는 불평등을 감소시키고, 400년에 걸친 끝없는 지배와 착취 과정이 낳은 궁핍과 결핍을 반드시 없애야 했다. 그러나 차이를 수용한 것이 아니기 때문에 메소아메리카 문명, 깊은 멕시코의 문명이 번영할 조건을 만드는 것이 목표는 아니었다. 다시 말해 멕시코 사회의 다른 부문의 문화와 달리 원주민은 고유문화를 가진 부문으로서 영속한다는 점을 국가 프로젝트에 포함하도록 용인하지 않았다. 다음 절에서 곧 살펴보겠지만, 문명의 차이는 사실 그런 식으로 확인되지 않았다. 문명의 차이는 불평등의 결과로 눈으로 확인되었고, 원주민이 벗어나지 못했던 열등한 역사 발전 수준으로 확인되었다. 만약 불평등이 사라지거나 적어도 완화된다면, 문명의 차이도 동시에 사라지게 될 터였다.

....

13 다니엘 코시오 비예가스(Daniel Cosío Villegas 1898~1976)는 경제학자, 역사가, 사회학자로 경제문화재단(Fondo de Cultura Económica)과 멕시코대학원대학(Colegio de México)의 설립자이다.

혁명 프로젝트는 깊은 멕시코를 형성하는 모든 부문과 원주민의 권리회복을 계획했다. 다만 그들에게 제공하는 혜택은 그들을 탈원주민화하여 통합시키는 도구이기도 하다는 조건이 달린 계획이었다. 4세기에 걸쳐 빼앗긴 토지를 그들에게 되돌려주지만, 전통 농경을 근대화하고, 국가에 적합한 경제발전 프로그램의 일환으로 사용한다는 목적이다. 시골과 원주민공동체에 학교를 세우지만, 학교에서 원주민 고유문화에 대한 지식을 증진시키고 체계화하기 위해서가 아니라 지배 문화를 배운다는 목적이다. 의료서비스가 확대되지만, 메소아메리카 의학을 접하고 발전시키려는 지속적인 노력은 전혀 이루어지지 않는다. 노동에 대한 농민의 애착을 인정하고 높이 평가하지만, 농민의 노동이 깊은 멕시코에서 노동에 부여되는 고유의 방향과는 거리가 먼 목표를 향해 다른 방식으로 수행되기를 원한다. 원주민과 농민 문화의 발현(수공예품, 예술적 작품)은 높이 평가되지만, 그 문화적 맥락에서 벗어나 동떨어져 있다. 여기에는 공동체들이 통합적이고 고유한 문화 발전을 증진시키도록 지원하려는 의도가 담겨 있지 않다. 평등권은 인정되지만 차이에 대한 권리는 부정된다. 또다시, 깊은 멕시코의 문명은 국가 프로젝트에서 배제된다.

소멸을 통한 원주민의 구원

혁명이 만든 정부는 '원주민 문제'에 직면하여 원주민을 위한 정치 프로젝트를 제도화했고, 시대에 발맞춰 이론적 기반을 마련하고자 했다. 이 과정이 인디헤니스모indigenismo를 낳았다. 인디헤니스모의 아버지로 여겨지는 인물은 가미오로 멕시코의 첫 번째 인류학자이다.

가미오는 1916년 출간된 『조국을 단련하며Forjando patria』에서 오늘날까지 유효한 인디헤니스타 정책의 기본적인 지침을 마련했다. 당시 가미오는 일찌감치 멕시코에 소개된 미국의 문화 상대주의의 관점을 공유하고 있었다. 그 주창자인 프란츠 보아스[14]는 멕시코 독립 100주년을 계기로 설립된 국제 아메리카 고고학 및 종족지학 학교[15]의 제안자였다. 상대주의의 이론적 관점에서 다양한 인간 집단pueblo의 문화적 발현은 가치를 서열화한 표로 만들어질 수 없다. 단선적인 진화론이 추구하는 바와 달리, 각각의 문화적 발현은 고유의 맥락에서 이해되고 가치평가 되어야하며, 우월과 열등의 기준으로 대조하는 것이 아니라 비교되어야 한다. 이러한 가미오의 상대주의에 대한 확신은 원주민의 인종적 열등성을 주장하고, 원주민 문화의 가치라면 무엇이든 단정적으로 부정하여, 결국 삶의 모든 면에서 확인되는 서구 문화의 절대적 우월성을 내세우는 당시 유행하는 대다수의 논의와 차별화되었다. 동시에 가미오는 실증적 학문에서, 그 결과 얻게 되는 기술에서…… 그리고 가톨릭에서 '보편적'(서구적) 문화가 이룬 월등한 발전을 인정했다. 그는 메소아메리카의 마을들이 뒤처진 상태에서 유럽과 접촉하게 되었다는 점을 인정하는 동시에 원주민 문화에 '긍정적인' 가치가 존재하며, 그래서 존중받아야 하고, 한발 더 나아가 국민 문화에 통합되어야 한다는 점도 분명히 밝혔다.

　가미오는 진정한 조국을 단련하려면 동질적 사회를 만들어야 한다

14　프란츠 보아스(Franz Boas, 1858~1942)는 유대계 미국인으로 북미 인류학의 선구자이다.

15　국제 아메리카 고고학 및 종족지학 학교(Escuela Internacional de Arqueología y Etnografía Americanas)는 프란츠 보아스의 주도로 멕시코에 설립된 교육기관이다. 프란츠 보아스는 인류학 발전을 위해 교육과 연구의 국제적 거점을 마련하고자 하였고, 그 장소로 멕시코가 적합하다고 판단하였다. 멕시코 정부는 1909년 교육기관 설립을 공식적으로 승인하였으며, 프러시아, 프랑스, 멕시코 정부가 공동 설립자가 되었다.

는 필연성을 상정하는 동시에 멕시코의 문화적 다양성을 인정했다. 그러나 그의 제안은 일종의 전환 단계를 담고 있었다. 그 단계에서 여러 집단의 문화적 특유성은 갈등을 덜 일으키면서 더 견고하게 새로운 국민성에 쉽게 통합될 여지를 얻을 수 있었다. 그리하여 종족집단이(조합주의적 성격의 국가에서 노동조합, 직종별 협회, 특정한 이해관계를 공유하는 집단들과 마찬가지로) 입법기관에서 대표성을 가지라고 조언하는 데 망설이지 않는다. 그는 원주민의 지역적 차이를 확인할 필요가 있다는 점을 끈질기게 주장한다. 여기에는 연방 정책이 엄격히 단일해서는 안 된다는 의미가 함축되어 있다. 동일한 국가 프로젝트에 충실하게 참여한다는 최소한의 요건이 확보된다면 공동체 내부 통치 형태를 포함해서 수많은 원주민 관습과 진정하고 유일한 국민의 헌법이 양립할 수 있음을 시사한다. 그는 멕시코 주민의 여러 종족적 특징을 연구할 기량을 갖춘 전문가를 양성하는 것이 시급하다고 주장한다. "진정한 광의의 의미에서 인류학은 선정buen gobierno을 베푸는 데 기본적인 지식이어야 한다. 인류학은 통치의 원재료이자 목적인 주민을 이해하는 방법이기 때문이다."

그러나 최종 목적은 의문시되지 않고, 인디헤니스모는 승리한 혁명이 형태를 갖추어나간 국가 프로젝트에 전혀 반박하지 않는다. 원주민의 통합, 즉 원주민의 문화적 역사적 특수성을 상실시키는 탈원주민화에 관한 문제이며, 그것을 어떻게 잘해낼지가 관건이다. 가미오에게는 명확한 길이 열려 있다.

원주민을 통합시킨다고 해서 우리가 그들을 갑작스럽게 유럽화시키려 들면 안 된다. 반대로 우리 자신이 잠시 원주민이 되어야 한다. 그들에게 녹아든 우리의 문명을 그들에게 보여주기 위해서다. 그러면 그들이 마주치는 것은 이국적이고, 잔인하고, 고통스럽고, 이해할 수 없는 것이 아니게 된다. 당연히 원주민과의 친밀함을 우스꽝스럽게 과장해서는 안 된다.

이처럼 가미오는 자신을 서구 문화의 일원으로 파악하며('우리의 문명'은 비원주민 문명이다) 상상의 멕시코의 대변인 역할을 자처한다. 가미오의 테제는 이어지는 수십 년 동안 멕시코 인디헤니스모를 계속 고취시키고, 라틴아메리카 다른 국가들의 인디헤니스타 정책의 길잡이가 된다. 세월이 흐르면서 언어와 이론적 포장이 바뀌고, 현재화되고, 개선될 것이다. 그러나 인디헤니스모라는 개념 형성은 비원주민이 원주민을 국민에 '통합'시키기 위해 설계하고 도구화한 정치적 이론이자 실천으로 남게 될 것이다. 원주민 문화들의 무엇이 '좋은' 것이고 '나쁜' 것인지, 무엇이 쓸모 있는 것이고 버려야 하는 것인지에 관한 문제에서 당사자인 원주민의 의견은 당연히 고려되지 않는다. 그 문제에 대해 발언할 수 있는 사람은 인디헤니스타 정책이 모두 그렇듯이 비원주민, '국민인' 사람들, 멕시코에서 문화통제를 행사하고 문화통제를 일반화시키고 싶어 하는 사람들 뿐이다.

1916년부터 1970년대 말까지 인디헤니스타 정책이 해온 일을 분석해보면 가미오의 계획안이 유지되었음을 확인할 수 있다. 경제발전, 교육, 보건, 정치조직, 이데올로기 등 모든 '원주민 문제'를 동시에 공략할 통합적 방침을 상정한다. 앞으로 추진될 '문화적 변화'가 최대한 갈등을 일으키지 않으려면, 이러한 복합적 방침은 결여, 결합, 가능성을 보여주는 과학적 연구에 기반해야 할 것이다. 가령 원주민 언어를 연구하고, 더 나아가 표기법을 고안하고, 교안을 만들 필요가 있을 것이다. 그러나 그 목적은 원주민 언어 발전을 장려하는 데 있지 않고, 나중에 확실히 문맹을 퇴치하고 에스파냐어화를 용이하게 할 효과적이고 과도기적 도구를 만드는 데 있다.

1922년 시골 지역에 학교들이 들어선다. 1925년에는 문화원Misiones Culturales[16] 설립에 관한 규정이 제정되고, 1931년 모이세스 사엔스[17]가 이끄는 팀은 미초아칸주 카라판Carapan에서 원주민 교육을 시범적으로 진행한다. 1936년 카르데나스 대통령은 원주민부서Departamento Autónomo de Asuntos Indígenas를 설치하며, 1940년 파츠쿠아로Pátzcuaro에서 제1회 인터아메리카인디헤니스타대회Congreso Indigenista Interamericano가 개최된다. 1948년에는 국립인디헤니스타연구소가 설립된다. 이 연도들은 혁명 시기 정부들이 원주민의 교육에 쏟아부은 노력이 이어지고 있음을 보여준다. 교육받지 못하는 사람들에게 교육을 제공한다는 목표는 그 기간 동안 결코 바뀌지 않는다. 무슨 교육을, 어떤 내용으로 제공하는가? 당연히 국민문화에 관한 내용을 종국적으로는 서구 문화에서 유래된 방식으로 제공하는 것이다. 처음 한동안은 서구 문명의 자연스러운 운반자인 비원주민이 그러한 '문명화 메시지'를 전하는 일을 맡았다. 그러나 실패했다. 그들은 원주민을 이해하지 못했고, 원주민도 그들을 이해하지 못했다. 다른 해결책을 모색할 필요가 있었고, 원주민 청년들에게 그 일을 맡기기로 했다. 가장 뛰어난 청년들을 선발하고, 그들을 공동체에서 빼내서, (수백 년 동안 그 문명의 핵심이었던)도시의 월등히 '문명화된' 환경으로 데려가서 세뇌시켜, 자기 문화의 열등함과 국민 문화의 우월성을 인정하게 하고, '변화의 대리인'이 된 그들을 고향으로 되돌려 보낸다. 간절히 바라는, 진보로 이끌어 줄 변화를 내부로부터, 훨씬 쉽게 꾀하기 위해서다. '결자해

---

16 멕시코 혁명 이후 시골의 원주민을 교육하기 위해 설치된 비도심지역 교육기관으로 성인의 문해 교육과 음악 등 예술교육, 농업, 목축업, 목공 등 생활에 필요한 기술을 교육하였다.

17 모이세스 사엔스(Moisés Sáenz, 1888~1941)는 멕시코의 교육자, 외교관, 정치인으로 인디헤니스모 정책 실현에 크게 기여하였다. 멕시코 중등교육시스템의 창안자이다.

지'가 당시의 모토였던 것 같다. 에스파냐어화 프로젝트에서 원주민 언어가 다루어진 방식처럼 일부 원주민 청년들은 탈원주민화를 위한 유용한 도구로 사용될 예정이었다. 이 프로젝트가 겪은 우여곡절과 그것이 낳은, 때로는 모순적인 결과는 다음 장에서 간략히 다루어질 것이다.

인디헤니스타의 '통합적 방침acción integral'이 이루어지는 또 다른 영역들에서 이 프로젝트의 본질은 교체에 있었다. 원주민조정센터centros co-ordinadores indígenas가 개입하는 지역에서(아기레 벨트란이 '피난처'로 규정한 시스템과 분명히 일치했을 것이다) 거주민의 삶의 조건과 문화에 대한 연구가 장려된 경우도 있지만, 그러한 연구의 방향은 메소아메리카의 의학, 농업 혹은 또 다른 지식의 장을 발전시키려는 프로그램의 기초를 다지는 것이 아니라 국민 문화, 근대 문화, 서구 문화의 실천들을 원주민공동체에 도입할 최선의 길을 찾기 위한 진단에 있었다. 그래서 사아군이 집대성한 기념비적인 증언모음집에 사아군 자신이 부여한 의미가 유지된다. **잘 파괴하려면 알아야 한다.** 수도사들에게 문제는, 겉보기에는 천진난만한 행위들에도 언제나 가면을 쓰고 숨어 있는 악마를 찾아내는 것이었다. 인디헤니스타 방침에서 문제가 되는 것은 원주민의 통합을 방해하는 요소들, 즉 원주민을 멕시코 혁명이 기대하는 온전한 멕시코인이 아니라, 원주민으로 만드는 요소들, 그들에게 그들의 윤곽과 독자적인 정체성을 부여하는 요소들을 쉽게 제거하기 위해 그 요소들을 발견하는 것이다. 이러한 관점은 아기레 벨트란이 발전시킨 기본적인 명제 중 하나에서 명확하게 표현된다. '카스타'라는 조건에서 살고 있는 원주민은 이제 '계급'이라는 조건으로 건너와야 한다는 명제이다. 계급이라는 새로운 지위에 서서 국민 사회 전체의 변화에 기여하기 위함이다.

인디헤니스타 방침을 뒷받침하려 했던 이론적 정치적 기반을 세밀하게 살펴보는 것은 여기서 할 일은 아니다. 그러한 주제는 1960년대 말부터 두루 논의되었고 그에 관한 다수의 글이 있다. 여기서는 혁명이 확립하고자 한 문화통제 시스템에 따른 인디헤니스타 정책의 의미를 통찰하는 것이 중요하다. 가장 걸출한 인디헤니스타 정책의 지지자들(그중 일부만 언급해 본다면 아기레 벨트란, 홀리오 데 라 푸엔테,[18] 알레한드로 마로킨,[19] 리카르도 포사스,[20] 알폰소 카소[21]가 있다)의 발의안들은 특정한 사안에서 뉘앙스와 강조점이 다르기는 하지만, 국민적 일체성을 확보하고 발전을 보장하는 유일한 길이 원주민의 통합이기 때문에, 그것이 모두가 바라는 목표 지점이라는 확신을 가지고 있다. 통합은 피할 수 없는 자연적 과정으로 보이지만, 멕시코의 경우 두 가지 역사적 장애물이 통합을 방해해왔다. 한편에서는 피난처 지역에 정박해 있는 도시의 (비원주민) '라디노' 집단들이 지역별로 행사하는 지배가 방해물이 되었다. 원주민을 계속 주변화시키는 편이 그들에게 이득이었다. 다른 한편에서는 원주민 고유문화가 만들어온 저항력도 방해물이 되었다. 원주민은 삶의 어느 측면을 통해서도 근대화가 스며들 수 없는, 파로키아 형태의 협소한 공동체적 세계에서 살아간다. 그 세계의 언어, 신앙, 풍습, 실천은 전 세계를 휘감아 도는

---

18 홀리오 데 라 푸엔테 치코세인(Julio de la Fuente Chicoséin, 1905~1970)은 아티스트이자 인류학자이다.

19 알레한드로 마로킨(Alejandro Marroquín, 1911~1977)은 인류학자로 『인디헤니스모에 관한 평가. 아메리카 인디헤니스타 정책에 관한 보고서Balance del indigenismo. Informe sobre la política indigenista en América』(México: Instituto Indigenista Interamericano, 1972)를 출간했다.

20 리카르도 포사스 아르시니에가(Ricardo Pozas Arciniega, 1912~1994)는 인류학자로 『후안 페레스 홀로테, 어느 초칠인의 전기Juan Pérez Jolote, biografía de un tzotzil』(México: Acta Antropológica, 1948)의 저자이다.

21 알폰소 카소(Alfonso Caso, 1896~1970)는 고고학자로 오아하카 지역의 유적지 발굴에 크게 기여했다.

새로운 공기가 원주민에게 가닿지 못하게 한다. 그 폐쇄적 세계를 완전히 열어젖히고, 원주민을 근대사회의 휘몰아치는 바람에 실려 보내야 한다(당시 국립인디헤니스타연구소의 소장이었던 알폰소 카소는 언젠가 인디헤니스타 담론 백 가지를 고속도로 하나와 바꾸겠다고 말하기도 했다). 그러려면 원주민이 고유문화를 버리고 외지의 다른 문화를 받아들일 필요가 있다. 새로운 사회는 배타주의를 용인하지 않는다. 다시 말해 누가 집단 구성원이고 누가 아닌지 결정하는 권한을 자기 손에 쥐고 있는 집단에서, 그 집단 구성원만이 통제권을 행사하려 하는 배타적인 문화적 유산은 용인되지 않는다. 그러나 용인되지 않는 그것이 바로 원주민이 지켜왔던 것이고, 거의 5세기 동안 원주민이 살아남을 수 있었던 이유였다. 즉 자신의 것이라고 여기는 문화적 요소(자연자원, 조직 형태, 의사소통의 코드, 지식, 상징)를 제한적이고 불안정하더라도 총체적으로 보존하고, 그것에 대한 독점적인 결정권을 요구해왔다. 인디헤니스타 방침은 원주민의 문화적 유산 가운데 무엇이 누구에게 유용한지, 그 가운데 무엇을 누가 뿌리 뽑아야 하는지 결정하는 데 있어서 그러한 배타성을 쳐내고, 외부에서, 외지에서 강제로 통제하려고 들었다. 간단히 말해, 원주민의 결정권한(식민지배의 지속적인 괴롭힘 뒤에 남은 것)을 폐기하고, 문화통제 시스템에 온전히 통합시키는 문제였다. 그러한 시스템에서 결정은 소속 공동체 외부 영역에서 이루어진다. 이것이 달성되면 인디헤니스모의 혁명 과업이 달성될 것이다.

인디헤니스타 방침은 원주민 당사자의 저항 외에도 다른 요소들에 의해 방해받고 폐기되는 경우가 잦았다. 연방행정기구 내에서 인디헤니스타 방침의 주무 기관인 국립인디헤니스타연구소의 위상은 처음부터 조정관이라는 어려운 조건에 있었다. 행정부서들 간의 협의는 단기간 제한적으로만 이루어지는 예외적 상황 같은 것이어서, 부서 간 협의가 말뿐인 나라에서 (보건, 공공사업, 교육 등)다른 정부 기관에서 이미 담당하는 업무에 대해 조정관 역할을 하는 것은 쉽지 않았다. 다른 한편으로 인디헤니스타 방침은 통합을 가속화하기 위해 권력관계의 변화를 요구했고, 그 방침이 절정기에 다다르면 지역과 지방의 이해집단들(중재인, 카시케, 주임사제, 고리대금업자, 원주민 노동력의 사용자 등)이 위협받게 되는 것은 필연적인 결과였다. 그러한 이해집단들은 항상 극복하기 어려운 장애물 가운데 하나였는데, 그들은 주정부 혹은 연방정부의 관료들과 긴밀한 관계를 유지했고, 때로는 공개적으로 언급할 수 있는 관계도 아니었기 때문이다. 초기 전도사로서의 마음가짐이 사라진 후에 국립인디헤니스타연구소 소속 사람들은 의욕과 신념을 거의 상실했고, 관료적 태도가 주를 이루었다.

1970년대 중반 공식 석상에서 새로운 인디헤니스타 언어가 말문을 열었다. 강제적 통합에 대한 대안으로 종족적 다양성을 존중하고 장려하는 정책을 뒷받침하는 제안들이 국가적으로, 국제적으로 등장했으며, 모순과 모호함이 없는 것은 아니었지만 정부 담론으로 채택되었다. 연방정부 프로그램(COPLAMAR[22])이 국립인디헤니스타연구소에 전권을 부여한 덕분에 인디헤니스타 방침은 범위를 넓힐 수 있었다. 그러나 인디헤니스타 방침은 방향을 틀지 않았고, 통합주의가 낸 길을 따라 무리지어 전진했다. 허락 받은 가능성으로서 다원주의, '참여적 인디헤니스모indigenismo participativo', 종족중심발전etnodesarrollo, 멕시코를 진정한 '민족성들의 연방Federación de Nacionalidades'(미겔 데 라 마드리드[23] 대통령이 선거 캠

---

22 지역간 불균형 해소를 위해 비도심 지역들의 발전을 위한 조치들을 행정적으로 일원화하기 위해 1977년 '침체지역과 주변화된 집단을 위한 계획 조정관실(Coordinación General del Plan Nacional de Zonas Deprimidas y Grupos Marginados, COPLAMAR)'을 설치했다.

23 미겔 데 라 마드리드(Miguel de la Madrid, 1934~2012)는 멕시코 정치인으로 1982~1988년 대통령을 역임했다. 재임기간 동안 1985년 대지진, 1986년 월드컵 개

페인에서 사용한 표현)으로 바꿔야 한다는 필요성까지, 이 모든 표현이 이미 공식적인 인디헤니스타 언어의 일부가 되었다. 그러나 실제 인디헤니스타 방침은 주목받지 못했다.

상상의 멕시코가 얻은 새로운 얼굴

1940년 이후 멕시코 혁명의 국가 프로젝트가 최종적으로 결정되었고, 겉으로 보이는 멕시코는 그 표식을 따라 오늘날까지 걸어왔다. 혁명 세력들이 마지막 합의에 다다르고, 발전 모델이 도입되었다. 그 발전 모델에서 민중의 농업 중심인 깊은 멕시코는 목적이 아닌, 산업화되고, 근대적이며, 도시화된, 코스모폴리탄의 모습을 가진 다른 멕시코로 성장하게 해줄 자원 공급책에 불과했다. 상상의 멕시코의 새로운 얼굴 윤곽을 그리는 기초 과정을 간략히 살펴볼 필요가 있다.

중요한 요인 하나는 제2차 세계대전에 참전하면서, 수입대체화에 토대를 두고 산업 발달이 시작되었다는 점이다. 그렇게 시작된 과정은 여러 경향이 뒤섞인 끝에 결국 1987년부터 멕시코인들이 감수하고 있는 결과를 가져왔다. 기술 종속이 점차 가중되면서 산업에서 발생하는 이윤은 로열티를 지불하느라 계속해서 흘러나가고, 국내 산업에서 생산하지 않는 장비와 부품을 수입하느라 채무 증가를 피할 수 없으며, 힘을 덜 들이고 질을 하락시키는 방법으로 최대한 이윤을 확보하려는 내수시장보호 정책의 결과로 점차 기술이 정체되고 해외시장에서 멕시코산 상품의 경쟁력이 떨어지고, 순식간에 성장한 만큼 무질서한 일부 도시에만 산업이

최 등의 중요한 사건들이 있었으며 후임자인 카를로스 살리나스 데 고르타리 대통령에게 권력을 승계하는 과정에서 선거 부정 의혹이 강하게 제기되었다.

집중되고, 노조 단체들이 최후의 순간에 정부의 결정을 따르면서 노동자의 요구는 철통같이 통제된다. 간단히 말하면 혼합경제economía mixta라 불리는 틀 안에서 그 어떤 장기적 프로젝트도 없이, 공공부문이 갖가지 형태로 야만적이고 약탈적인 자본주의를 지탱하고 있다.

농축산업 영역의 공식 정책과 지배적인 경향들은 가속화된 산업발전을 선택한 결과이다. 전통 농업은 추방당하고, 일차적으로 자급자족을 목적으로 한 작물의 다양화는 장려되지 않는다. 반면 신용 거래, 인프라 구축, 세제 혜택, 토지수용면제증명서certificado de inafectabilidad, 필요한 경우 공권력 동원, 목축업이 대부분 수출용인 것처럼 농업에서도 수출용 혹은 산업용 단일작물 재배가 장려된다. 토지 재분배는 속도를 내지 못한다. 기본 식료품의 '보증가격precios de garantía'이 마련되지만, 보증가격으로 보장되는 것은 도시민에게 싼 가격으로 농산물을 제공해줌으로써 공장 기업들에게 유리하게 임금을 낮추는 것이다. 기계화시키고, 농민이 생산하지 않는 종자, 영양제, 농약을 도입하는 등 시골에서 기술적 근대화를 이루려는 시도가 다양하게 이루어진 결과, 지배사회를 비롯하여 공공연하게 그에 감춰진 국제적 이해관계에 더욱 종속된다. 라사로 카르데나스가 추진했던 농업의 집단화는 중단되었다. 시골 멕시코는 자신의 프로젝트와 달리 산업 멕시코에 예속된다.

도시가 성장한다. 공식 통계 수치에 따르면, 멕시코는 도시화된 국가로 급속히 변하고 있다. 도시는 비 내린 뒤의 버섯처럼 계획 없이 예상치 못하게 퍼져나간다. 사라진 도시들, 빈민촌, 교통난, 공공 서비스의 부족, 환경오염, 다른 것으로 가장되거나 민낯을 그대로 드러내는 실업, 갈등과 범죄도 퍼져나가는 도시들과 나란히 증가한다. 한 귀퉁이에서는 '아름다운 멕시코México lindo'도 커진다. 세대가 거듭될수록 금발이 더 많아지고, 더 훤칠해진 말쑥한 사람들이 나타나고, 시리아 레바논 스타일의 식민지 풍에서 페드레갈 데 산 앙헬[24]의 새로운 요새로 변신해서 자기들끼리 똘똘 뭉친 베신닷들이 생긴다. 저녁 시간을 즐길 수 있는 상점들, 고급 레스토랑들, 흥청거리는 사치스러운 백화점이 번창한다. 속물근성이 '멕시코 제3제국'[25]부터 시작된다. 우아한 벼락부자들이 귀족이라는 노스탤지어에 휩싸여, 전쟁 때 멕시코로 피난 온 한 줌의 유럽 귀족 중 애처로운 인사들 몇몇과 매주 어울리고 싶어 안달이었고, 이들이 '멕시코 제3제국'을 몇 년 동안 떠받쳤다. 속물근성은 『타운 앤 컨트리』의 반질거리는 종이에 실린 「멕시코의 유력인사들」의 모욕적인 과시로까지 이어진다. 그래서 시골과 도시 간의 불평등만이 아니라 도시 거리들에서 일상적인 불평등도 커진다.

　　인구통계와 거주지에 따라 도시민으로 분류되는 많은, 아주 많은 멕시코인이 상상의 멕시코 속 일부로 간주되지 못했다. 그들은 상상의 멕시코에 가담하지만, 그곳에 속하지는 않는다. 그들은 도시의 비참함과 곤경에 가담하고, 가능한 시기에 가능한 방법으로 그곳에서 일하고, 자기 것으로 다르게 만들려고 애쓴 손바닥만 한 곳에 거주한다. 그들은 도시라는 환상의 신기루에 취해서라기보다는 황폐해진 가난한 시골에서 쫓겨났기 때문에 그곳에 있다. 그들은 떠나온 시골 세계와 연결을 끊지 않는다. 심지어 할 수만 있다면, 새로운 환경에서 시골 세계를 재생산한다. 즉 돼지와 닭을 키우고, 고향 음식을 차리고, 고향의 축제를 열고, 같은 노스탤지어와 같은 문제를 안고 있는 사람들과 모임을 만든다. 도시화는 그들에게 달렸지만, 그들은 도시 세계에 속해 있지 않다.

24　페드레갈 데 산 앙헬(Pedregal de San Ángel)은 1945년 근대적 주거지 건설 프로젝트로 형성된 멕시코시티 남쪽의 유서 깊은 중산층 거주지역이다.

25　1821년 독립 직후 즉위하여 2년동안 지속된 이투르비데(Iturbide) 황제의 첫 번째 제국, 1863~1867년 막시밀리아노 황제의 두 번째 제국을 빗댄 표현이다.

다른 사람들은 도시에 속한 것이 맞다. 적어도 도시에 속하려고 하거나, 겉보기에는 도시에 속해 있다. 그들은 1부에서 이미 언급했던 중간계급으로, 뿌연 상태로, 뿌리내리지 못한 채, 종종 자신들의 목표와 꿈에서 하루하루 더 멀어진다. 멕시코 혁명으로 중간계급의 형성이 재촉되었다. 중간계급의 성장은 상상의 멕시코의 새로운 얼굴을 그려나가는 과정들 가운데 또 다른 과정이다. 그 과정은 멕시코 혁명이 목표에 다가가고 있다는 명백한 증거이다. 즉 이 계급은 대다수의 멕시코인보다 학력이 높고, 사회적 혜택을 누리고, 아파트나 작은 단독주택에 거주하고, 예산이 허락하는 만큼 소비하고, 야망이 있으며, 지배적인 시스템과 주류 모델을 따르는 순응주의에 자신을 맡긴다. 그들은 사회적 지위 상승 혹은 적어도 현재의 지위를 유지하는 것을 넘어서는 더 높은 이상을 품지 않는다. 공식적인 국민주의가 시들어가면서 중간계급은 자신이 깊은 멕시코와 연결되어 있다고 느끼게 해주는 상징적 연결들을 내던졌다. 말하자면 엉성하고 서툰 맹목적 애국심을 보았고, 그런 애국심을 그링고가 되고 싶다는 갈망으로 갈아치웠다. 그링고가 되지 못한다면 적어도 그렇게 보이려는 갈망으로 대체했다. 소비 패턴과 행동 패턴은 실제로 그러하든, 아니면 단지 탐내는 것에 불과하든 그러한 갈망을 따라간다.

1968년 학생운동에서 터져 나온 깊은 반체제성이 중간계급에게서 엿보였다. 중간계급이 양적으로는 성장했을지 모르나 자신의 삶과 이해관계에 영향을 주는 결정에 참여할 수 있는 길이 새로 열리지도 않고, 길이 더 넓어지지도 않았다는 사실에서 반체제성의 근원적인 원인을 찾아야 한다. 정치기구는 이미 위험한 동맥경화의 징후를 보여주었으며, 상상의 멕시코가 경제적으로 확장하리라는 것이 중간계급의 기대를 만들어내는 유일한 틀인데, 그 자체에서 균열과 위축의 전조가 나타났다. 거의 20년이라는 시간차를 두고서야 이제 1968년 운동을 경고음, 위험을 알리는 경적소리로서 이해할 수 있다. 에체베리아[26] 정권의 출발과 썰물처럼 밀려왔다 곧 빠져나갈 석유붐은 들리지 않을 정도로 그들의 귀를 틀어막았다. 근원적인 무언가가 어떤 식으로든 1968년 균열을 일으켰다. 즉 상상의 멕시코의 일원이었던 광범위한 부문이 그 프로젝트에 가졌던 신뢰에 금이 갔다

대중적 정보in-formación (나는 이 단어에서 형성이라는 의미가 아니라 정보를 제공받는다는 의미를 살리기 위해 이렇게 쓴다) 제공 매체의 증가라는, 중요성을 폄하할 수 없는 현상이 한 가지 더 있다. 많은 사람이 이에 대해 언급했지만 충분하지는 않다. 조심스럽게 구분을 했어야 하는데, 가령 신문, 라디오, 텔레비전이라는 주요 매체만 이야기하자면, 그것들은 똑같은 것도 아니고, 동일한 효과를 가져오지도 않는다. 한 가지 사례를 들려고 해도 신문을 일반화시킬 수가 없다. 시사 언론, 스포츠 일간지, 오락 잡지의 문제를 동일한 기준으로 판단할 수 있는가? 라디오는 여전히 많은 사람을 통해 가장 넓은 범위의 의사소통을 매개하지만, 텔레비전은 도시지역에 집중되어 있다는 조건과 주요 시청자층의 특징 덕분에 각성을 일으키고, 비판적 분석에 더 몰입한다. 지금 이러한 의문을 더 파고들지는 않을 것이다. 왜냐하면 여기서 목적은, 오늘날까지도 유효한 문화통제 시스템이 최근 수십 년 동안 형성되어 온 과정을 전체적으로 그려보는 것이기 때문이다. 전체적인 결을 따라 몇 가지 사항을 고려하는 것으로 그러한 목적에 충분히 닿게 될 것이다.

대중적 정보 제공 매체는 멕시코 사회의 여러 부문에 편향된 방식으

---

26 루이스 에체베리아 알바레스(Luis Echeverría Álvarez, 1922~)는 멕시코 정치인으로 1963~1969년 내무부 장관에 이어 1970~1976년 대통령을 역임했다. 1968년 10월 2일 틀라텔롤코 학살 사건을 비롯하여 국가폭력의 책임자 가운데 한 명으로 꼽힌다.

로 메시지를 보낸다. 그러한 매체는 근본적으로 우리들의 세계 가운데서 상상의 멕시코를 위해 설계된 것이기 때문에 상상의 멕시코에 가담하는 사람들 사이에서 더 큰 파급효과가 있다. 또한 근본적으로 일방적이며, 중앙 집중화되어 있고, 도시 중심적이다. 그러한 대중 매체가 가지는 우려에는 깊은 멕시코의 자리가 없다. 대중적 정보 제공 매체에서 깊은 멕시코는 외부의 어떤 것, 기묘한 것, 그림 같은 것, 그러나 무엇보다도 위험하고, 위협적이고, 깊은 불편함을 안겨주는 것으로 나타난다. 그들에게 메소아메리카 문명은 존재하지 않는다. 메소아메리카 문명은 그저 관광 포인트에 불과하다. 매체의 대상이 되는 대중, 포로가 된 대중은 상상의 멕시코에 가담한 자이거나 이미 그 상상을 믿는다. 뉴스, 칼럼, 이미지, 소리는 모두(모두라고 하지만 당연히 모두가 아니다)의 손에 닿지는 않지만 갈망의 대상이 되어야 하는 사고방식과 생활방식(문화)을 제시한다. 그것은 상상의 멕시코를 위한 것이다.

무엇보다 매체는 존재하지 않는 멕시코의 비전을 강화시킨다. 매체는 모든 증거가 보여주는 것과는 반대로, 그 세계가 보여주는 현실과 그 프로젝트의 견고함과 실현 가능성에 대한 상상을 부추긴다. 메시지는 아주 먼 곳까지 도달하여, 상상의 멕시코의 경계를 분명 넘어선다. 그러나 어느 타라우마라인이 비디오 클럽을 보게 되면 무슨 생각을 할까……?

산업화, 도시화, 중산계급화, 정보화, 그 외에도 파생되거나 수렴되는 또 다른 과정들이 최근 수십 년 동안 멕시코 문화통제 시스템과 지배의 중요한 변화를 가리키는 듯하다. 실제로 그런가? 이 질문은 억압당한 자의 관점에서, 그들의 깊은 현실에서 출발하여 살펴보아야 한다. 왜냐하면 지배하는 자의 관점에서 중요해 보일 수 있는 변화가 지배를 감내하는 사람들에게도 반드시 그러한 것은 아니기 때문이다.

땅을 넓히면서 그어지는 전방의 전선들이 깊은 멕시코의 심장부가 자리 잡고 있는 영토를 죄어가며 위협한다. 그 전선들은 다양해지고 증식해왔다. 대규모 목축업이 거침없이 주변 땅을 먹어 치우면서, 공동체 토지와 에히도, 소농에 대한 약탈과 압력이 일부 지역에서는 400년 전처럼 자행되었다. 그러나 또 다른 새로운 이해 집단도 그 토지를 원한다. 즉 스프롤 현상의 확산, 석유채굴, 관광지, 자연스러운 일이지만 상상의 멕시코의 방식으로 이해되는 생태보호지역까지 땅을 원한다. 당연히 전선들 사이에는 차이가 있다. 지역 노동력을 상대적으로 많이 필요로 하는 곳이 있고, 고작 몇 달 동안 이어질 꿈이지만 더 높은 임금을 지급하는 곳도 있다. 목장, 도시, 석유 채굴 지역은 서로 다른 방식으로 식생을 파괴하며 생태적 지위를 교란하는 한편, 생태보호지역에서는 그 식생을 보존할 방법을 강구한다. 그러나 그런 차이에도 불구하고 마을들과 공동체의 땅을 쫓아다니며 조각내는 것은 똑같다. 공간이 줄어들고, 깊은 멕시코는 여러 방식으로 이에 맞설 수밖에 없다.

작물 대체 정책은 처음에는 땅을 조각내지 않았다. 그러나 다작물 재배가 단일작물 재배로 바뀌면서 자급자족을 지향하는 경제가 발 딛고 서 있는 생산시스템이 공격받고, 농민은 신용대출, 시장, 기술, 심지어 예전에는 농민의 손안에 있었던 영역을 담당하는 행정기관에 종속되기 때문에 메소아메리카 문명이 파괴되는 똑같은 효과를 낳았다. 당연히 농업의 근대화와 기계화를 위한 프로그램에 대해서도 같은 이야기를 할 수 있다.

토지를 둘러싼 투쟁이 만들어내는 갈등은 폭력에 의한 강제적 도입으로 수렴된다. 언론에 보도되는 것보다 훨씬 자주 일어나는 일이다. 상상의 멕시코와 깊은 멕시코 간의 관계가 폭력의 징후에 따라 주재되는 상황을 독립전쟁도, (아직은)개혁도, 혁명도 멈추지 못했다. 소도둑 무리가 활개 치는 것이든, 용역 폭력배나 정규군대가 자행하는 것이든 모두 죽음을 가져오는 유혈 낭자한 진짜 폭력이다. 분쟁의 핵심은 토지이다. 그러나 선거를 둘러싼 갈등, 마을 간의 차이, 종교적 대립, 온갖 종류의 권력을 둘러싼 충돌을 최후의 순간에(혹은 바로 그 순간에) 무마시키려고 폭력이 개입된다. 살해, 투옥, 방화, 고문이라는 깊은 멕시코에게 휘두를 최후의 자원이 항상 있다. 법 테두리 안에서든 밖에서든.

십자가에는 여전히 곤봉이 딸려온다. 부패한 주임사제들이 천상과 지하세계를 넘어 자기 세력권을 부단히 지키며 여전히 그곳에 있다. 마음을 닫고, 신체를 하찮게 여기는 광신도들이 여전히 그곳에 있다. 언제나 그곳에 있었던 사람들도 당연히 그곳에 있다. 깊은 멕시코와 자신을 동일시하려 하는, 때로는 자신의 숙명을 걸기도 하는 소수의 사제이다. 장벽을 뛰어넘어 이쪽으로 건너온 성직자도 있다. 그가 속해 있는 교회 안팎에서, 그리고 그가 봉사하고자 하는 공동체 안팎에서 갈등 없이 건너온 것은 아니다. 영혼을 두고 다투는 전장에 새로운 등장인물들이 있다. 일부는 개신교 선교사들로, 그들 중 다수는 외국인이기도 하다. 원주민들이 많은 지역에서 개신교 선교사들은 공동체 안에서 서로를 싸우게 해서 피흘리는 분열을 일으키기도 했다. 개인주의적 비전 때문에 그들은 공동체 조직의 현실 앞에서 장님이 된다. 이 세계 삶을 향한 그들의 열망이 중서부 미국의 모든 작은 마을을 비교 불가한 유일한 모델로 만든다. 그들이 강제적으로 도입하려는 최상의 가치는 개인주의, 절약, (그들 식의) 신중함이다. 그 가치들은 외지의 것으로, 깊은 멕시코가 지닌 사회적 실천과 세계에 대한 비전과는 결론적으로 모순된다. 또한 무신론 전도사들, 활동가들, '대중을 의식화concientizar a las masas'시키는 사명을 맡은 사람들도 전장의 새로운 인물들이다. '대중의 의식화'는 동전의 이면이다. 다른 사람들과 마찬가지로, 의식화라는 사명을 지닌 사람들도 자신만이 절대적 진실을 가지고 있으며, 민중을 구원하고 구출하는 숙명을 가졌다고 여긴다. 깊은 멕시코를 이해하는 것이 그럴 만한 가치가 있는 일이라는 점을 그들 역시 이해하지도, 생각하지도 못한다. 따라서 깊은 멕시코는 수정되어야 하는 잘못된 현실이다. 그들은 영혼이 아니라 의식과 교리, 종교가아니라 '혁명적' 교리를 위해 싸운다. 싸우다가 죽는 사람들도 있지만, 갓입문한 풋내기들이 많이 죽었다. 여러 전도사가 가진 개인적 동기에 대해왈가왈부하는 것은 제쳐두고, 한 가지 사실은 분명하다. 깊은 멕시코에속한 멕시코인들의 의식, 그들의 신념과 그들의 믿음은 여전히 부정당하고, 백지인 양 여겨진다. 그 백지에 각자 자신의 메시지를 적을 권리와 의무가 있다고 느낀다.

초등학교는 실제로 전국 곳곳에 세워졌다. 이것은 일종의 승리, 즉멕시코 혁명이 낳은 또 하나의 성취로 간주된다. 당연히, 체계화된 교육의 기회는 모든 멕시코인의 정당한 권리이며, 의문을 제기할 수 없는 권리이다. 그러나 무엇을, 어떤 내용으로, 무엇을 위해 교육하는가? 학교에오는 사람들의 실질적 필요성과 열망에 어디까지 응답할지 고려하지 않고서, 학교를 학교 자체로 회복시킬 수 없다. 특정 집단과 일부 부문에 맞춰진 특성화 교육을 하려는 시도가 있기는 했어도 단일한 교육 체계를 만드는 데 힘을 쏟아부었다. 국민을 강화시키기 위해 사회의 통일성을 요구하는 불변의 이데올로기적 전제를 가지고 동질적인 교육방식을 모색한다. 결과는 이럴 수밖에 없다. 즉 교육은 멕시코인 다수의 문화를 외면하고, 그 문화를 발전시키는 대신 교체하려 든다. 중앙으로부터, 도시로부터, 권력으로부터 설계되고 결정된 교육이다. 상상의 멕시코에 기반한 가르침이며, 상상의 멕시코의 이해관계에 따라, 그들의 확신과 일치하는 가르침이다. 그러한 가르침은 지금 존재하는 것을 부정하는 교육이며, 학교는 구체적인 삶과 교실에서 보내는 시간 사이에 정신분열증적 분열을 만들어낸다. 그러한 경향은 명시적으로 나타나는데, 학교가 구원의 길이라는 확신이 더 깊은 확신으로 바뀐다. 즉 네가 알고 있는 것은 가치가 없으

2부 우리는 지금 있는 이곳에 어떻게 도달했는가

며, 네가 생각하는 것은 의미가 없으니, 너라는 존재가 달라지기 위해 네가 배워야 하는 것을 오로지 우리, 상상의 멕시코에 가담하는 우리만이 알고 있다는 확신이다.

교육과 깊은 멕시코 사이의 거리는 학년이 올라갈수록 커진다. 대학 교육의 모델, 즉 대학의 패러다임, 대학의 교육 내용은 외부로부터, 선진적인 중심부로부터, 가장 모범적인 경우라면 서구 문명으로부터 온다. 깊은 멕시코가 가진 앎과 유기적으로 연결될 가능성은 모조리 거부된다. 깊은 멕시코가 가진 지혜는 간과되지만 거부당한다. 건축가는 전통 건축 시스템에 무지하고, 도시 중간계급과 상류계층의 열망에 호응하지 않는 공간의 의미와 기능을 모른다. 의사는 민간요법을 알지 못하면서 폄하한다. 변호사는 멕시코인 다수의 일상생활에 규칙을 부여하는 관습법에 대해 아무런 이해가 없다. 농학자는 농경이 시작된 때부터, 여기서 7,000년 동안 농업 전통을 이어온 농민들의 지식을 고려하지 않는다. 경제학자는 자기가 모르는 부분이기 때문에, 수백만 명의 멕시코인이 생계를 해결하기 위해 주로 의지하는 '비공식 유통 부문'[27]에서 무슨 일이 일어나는지 신경 쓰지 않는다. 이런 사례들을 끝없이 나열할 수 있다. 대놓고 말해서, 멕시코 전문가 대부분은 그들이 사는 나라를 모른다. 여기서도 마찬가지로, 발전 프로젝트가 아니라 교체 프로젝트가 있다.

멕시코 혁명이 만들어낸 정치 질서에서는 멕시코인 대다수가 직접 참여할 길이 없다. 시민 절반이 연방 선거에 투표한 적이 없다. 가끔 유효 투표 비율은 놀라울 만큼 터무니없이 적다. 무니시피오 선거에서는 규칙처럼, 후보자 지명에서조차 주민들의 의견을 고려하지 않는다. 지역 현실이나 필요와는 아무 관련 없는 집단들의 이전투구에 따라 위에서 후보자

---

27 비공식 유통 부문(circuitos informales)은 노점 혹은 행상처럼 공식통계에 집계되지 않는 유통업을 의미한다.

를 지명한다. 만약 반발이 거세고, 강한 저항에 부딪히면, 공권력을 동원한다. 색다른 이야기를 하는 것이 아니다. 우리 모두 아는 일이다. 가장 심각한 문제는 이런 현상에 대한 설명을 어떻게 합리화하고, 어떤 해결책을 내놓으려 하는가이다. 상상의 멕시코에서는 민주주의의 진정하고 깊은 의미가 프랑스 혁명과 미국 헌법 제정 이후 서구에서 발달한 형식적 민주주의로 대체되었다. 참여의 유일한 적법한 형태로 외지의 모델을 멕시코 정치에 강제로 도입하려 한다. 즉 멕시코 지역 사회 대부분의 실제 정치에서 권위에 정당성을 부여하고, 권력에 접근하는 수단이 되는 형식들과 기준들을 타불라 라사로 만들어버리는 획일화 메커니즘을 도입하려 한다. 선거권이란 멕시코의 상상 속 민주주의 시스템 위에서 확립된 것인 만큼, 시민이 선거권을 행사한다는 것은 그들 대다수가 속한 실제 정치 문화와는 거리가 먼 특정한 정치 문화에 참여한다는 의미이다. 권위와 대표성에 대한 개념 형성, 권력 구조에서 자리를 차지해야 할 사람을 임명하는 기준과 메커니즘, 그러한 과정들에서 작동하는 사회조직 네트워크, 참여를 독려하는 지적이고 정서적인 언어와 수단들은 상상의 멕시코가 가진 헌법과 깊은 멕시코가 놓인 현실에서 다르다. 그렇다면 정치적 삶의 주변화는 지배 집단 한가운데에서 벌어지는 이해관계의 조작과 대립의 산물만이 아니다. 그러한 주변화는 깊은 멕시코에서 역사적으로 자리 잡은 사회적 권위의 메커니즘을 인정하지도 수용하지도 않겠다는 지배 집단의 명시적이고 공통적인 결정의 결과이기도 하다. 결국 대다수 멕시코인을 위한 공간은 없다. 메소아메리카 문명의 다른 측면들에서 모두 그렇듯이, 권위를 부여하는 기존 시스템이 발전할 수 있는 조건을 만들어내는 프로젝트가 낄 자리는 없다. 그 시스템을 억압하고 왜곡하는 외부 권력 구조들에서 벗어나서, 다원적 조건을 민주주의적 정치조직의 기반으로 받아들이는 나라의 국가적 요구와 공존이 가능할 때까지 기존의 권위 부여 시스템을 발전시키려는 프로젝트는 없다.

상상의 멕시코를 추진하는 자들의 관점에서 볼 때, 자신들이 도입하고 싶은 민주주의 시스템에서 주민 대부분은 '미성숙한' 존재가 된다. 정말 솔직하게 말하면 주민 대다수는 민주주의에 적대적이거나 적이기도 하다. 즉 그들은 투표하지 않고, 정당에 가입하지도 않고, 자신들의 대표자들에게 서신을 보내지도 않는다. 이러한 이데올로기적 연금술을 통해 실재 민중은 민주주의의 장애물이 된다.

종합하자면, 멕시코 혁명에서 수렴된 국가 프로젝트도 메소아메리카 문명을 부정한다. 국가 프로젝트는 실재하는 다수의 문화를 발전시키려는 것이 아니라, 상상의 멕시코의 문화를 보편화시키기 위한 유일한 길로서 메소아메리카 문명의 소멸을 제안하는 교체 프로젝트이다. 이 프로젝트는 이데올로기적으로 혼혈을 긍정하지만, 실제로는 단 하나의 문명의 흐름, 즉 서구 문명에 온전히 속해 있다. 원주민적인 것은 원주민으로부터 징발된 과거가 되어, 모든 멕시코인의 공통 유산으로 수용된다. 비록 그러한 채택에 깊은 내용이 없고, '우리의' 선조가 만들었다는 이유로 그저 공허한 이데올로기적 자부심이 될 뿐이어도 공통의 유산이 된다. 초기 수십 년 동안 국민주의의 열정을 흘려보낸 후, 오늘날의 원주민 문화들에 대해서는 민속학적 시선과 복잡한 언짢은 기분이 남아 있다. 그런 불편한 심기는 후진성과 빈곤이 의미하는 바에서 비롯된다. 특히 깊은 멕시코, 그곳에서는 상상의 멕시코를 늘 거부한다는, 용인하기 어려운 자각 때문이다.

V. 원주민 생존의 길

5세기에 걸친 식민지배는 멕시코 원주민 마을들의 문화에 재앙을 가져왔다. 식민지 시대 이전 메소아메리카의 사회정치적 단위로서 광대한 영토와 주민을 포괄했던 국가들과 토착 지배 영토들은 파괴되었고, 깊은 멕시코는 소규모 지역 공동체의 영역에 갇혔다. 지역 공동체보다 더 넓은 의미의 사회조직을 필요로 하는 여러 측면에서는 원주민 문화가 발전하기 어려워졌기 때문에 그러한 사회적 공간의 축소는 원주민 문화에 부정적 결과를 초래하였다.

메소아메리카 문명에 대한 체계적이고 총체적인 부정, 그것을 대상화시키는 영속적인 공략이 여러 원주민 마을들에서 각기 다른 강도로 다양한 문화적 효과를 촉발시켰다. 그러나 고유문화의 공간, 즉 자율적인 사회 행위라면 그것이 무엇이든 실행하는 데 필요한 문화적 요소의 양과 질, 그리고 결정권한을 축소시켜버리는 변화라는 점에서는 다르지 않다.

그토록 지배의 역사가 길고, 메소아메리카 계통의 문화들이 강제로 변형되었음에도 불구하고 원주민 마을들은 존속하며 깊은 멕시코의 근간을 형성한다. 간략하게라도 메소아메리카 문명의 존속과 연속성을 가능하게 한 메커니즘이 무엇인지, 저항으로 뒤얽힌 길들을 살펴보는 것이 마땅하다.

전사들

폭력이 지배의 영속적인 도구였기에, 원주민 마을들 역시 속박을 거부하고 자유를 다시 손에 넣기 위해 폭력에 호소해왔다. 역사에는 침입에 맞선 방어 전쟁과 식민 억압에 맞선 반란의 끝없는 사슬이 등재되어 있다. 그러한 방어 전쟁과 반란이 알려주는 것은 정복되지 않는다는 사실, 반란이 발생한다는 것, 원주민 마을들과 존속하려는 그들의 의지가 역사적으로 긍정된다는 점이다.

완전한 영토 점령과 지배 시스템으로 원주민 마을들을 통합시키는 과정은 식민지 시대 동안에도, 19세기 동안에도 마침표를 찍지 못했다. 무기를 든 저항이 계속되어, 전국적으로 정복 전쟁은 거의 400년 동안 연장되었다. 테노치티틀란이 몰락했다고 해서, 그것이 즉각적인 예속을 의미하거나, 메시카인에게 예속되어 있던 많은 마을이 에스파냐인에게 예속되었다는 의미는 아니었다. 게레로주의 티에라칼리엔테[1] 지역의 요페[2] 인들은 1531년 순순히 굴복하기를 권하는 정복자들의 메시지에 이렇게 응답했다.

그들은 결코 원주민들 사이에서 최고 권력자인 목테수마에 복종하거나 봉사하려 하지 않았다. 그런데 어떻게 지금 기독교인들에게 복종하기를 원하는가. 그들은 언제나 전쟁을 일으켰고, 그 전쟁에서 죽음을 맞이하는 것으로 자신이 누구인지 증명하고자 한다.

----

1   티에라칼리엔테(Tierra caliente)는 사전적 의미로 '뜨거운 땅'이다. 고온건조한 기후 지대로, 미초아칸주, 게레로(Guerrero)주, 멕시코주에 걸쳐 있다.

2   요페(yope)인은 현재 게레로주에 거주했던 반(半)정주민 집단으로, 아스테카인의 지배를 받지 않았다.

패배와 예속을 받아들여야 하는 상황에서 몰살당할 때까지 저항하는 자들도 있었다. 1528년 엘수미데로[3] 협곡에 갇힌 치아파인[4]들은 죽음을 택한다.

다른 곳에서 온 사람들과 함께 남아 있던 자들은 무기를 집어들 수 없을 때까지 싸웠다. 무너져가는 주변을 지켜보며, 그들은 아내와 아이들과 함께 높디높은 절벽에서 강으로 뛰어내려 그곳에서 죽음을 맞이했다.

밀어닥치는 침입자들 앞에서 많은 마을이 살던 곳을 등지고, 접근이 어려운 곳으로 숨어들었고, 그곳에서 상당 기간 자유롭게 살아남을 수 있었다. 북쪽의 유목민은 쉬지 않고 이동한 덕분에 침입에 더 효과적으로 맞섰다. 유럽인이 가져온 말을 타면서 그들의 이동은 더욱 자유로워졌다. 그 결과 19세기 말까지 자유를 지켜낸 경우도 있었다.

식민지배에 예속된 마을들은 상황이 유리하다고 판단하거나, 지나친 억압에 극단적으로 대응하게 될 때 반란을 일으키곤 했다. 전국 곳곳에서 식민지 시대 동안 발생한 대규모 원주민 봉기가 수십 건 이상이다. 소규모 지역 단위를 벗어나지 않은 봉기도 분명 수백 건에 이르지만, 이에 대한 기록은 거의 남아 있지 않다. 그러나 찾아볼 수 있는 자료를 통해 원주민 무장봉기의 특징 몇 가지를 살펴볼 수 있다.

원주민 반란의 직접적 원인들 가운데 주요 원인은 엔코멘데로, 아시엔다 주인, 정부 관료에게 받는 가혹한 대우, 과도한 공물 부담, 토지 수

---

3   엘수미데로(El Sumidero)는 치아파스주의 그리할바(Grijalva)강을 따라 형성된 협곡으로 벼랑의 깊이는 1,000미터가 넘는다.

4   치아파(Chiapa)인은 오늘날 치아파스주 중심부에 거주했으며, 치아파네카(Chiapaneca)인으로도 불린다. 그들이 사용했던 언어는 현재 사라졌다.

탈, 강제노동, 종교적 박해다. 도시에서, 특히 수도에서는 식량이 부족한 시기에, 특히 옥수수가 부족할 때 대규모 반란이 일어난다.

자료가 많이 남아 있는 반란 가운데 종교적 색채를 강하게 띤 소요들이 다수 포함되어 있다. 옛 신들은 여러 가지 방식으로 반란자들에게 승리를 약속하고, 자유가 임박했으며 침입 이전 과거가 귀환함을 알린다. 반란의 지도자들은 메시아의 모습으로, 추종자들을 모으려는 언설로 계시를 들먹인다. 그들 중에는 비밀리에 행해지던 고대 제례에 능숙한 전문가도 있었고, 기독교 상징을 받아들이면서도 타락한 침입자 성직자와는 구분되는, 새롭고 유일한 진정한 종교의 메시지를 전달하는 사제나 교회의 고관으로 자신을 내세우는 자도 있었다.

반란을 둘러싸고 원주민 문화의 많은 모습이 다시 짜였다. 역사적 기억은 근원적인 자원으로 바뀐다. 그 자원이, 한편에서는 억울함과 고난의 기억을 생생하게 유지시켜주고, 다른 한편에서는 예속의 시기를 되돌릴 수 있는 과도기로 만든다. 그러한 과도기는 반란의 승리와 함께 완전히 마감될 것이다. 과거로 되감기는 미래를 향한 프로젝트가 된다. 되살릴 수 있는 문명이 존재한다는 자각이 체제 전복을 단단히 짜맞춘다.

원주민 문화에 잠재된 채 변하지 않고 담겨 있던 많은 자원이 반란에서 등장한다. 비밀스럽게 유지된 조직 형태와 의사소통 방식이 활성화되고, 잠재되어 있던 충직함에 호소하고, 잊힌 것처럼 보였던 상징을 발굴한다. 또한 지배 문화에서 유래된 문화적 요소들을 반란에 유리하게 사용할 여건을 갖추고 있는 원주민 마을들은 전유해온 지배 문화의 문화적 요소에 의뢰한다. 그러한 요소에는 유럽식 무기만 있는 것이 아니라 반란을 합리화하고 상징화하는 데 사용되는 아이디어와 이미지도 있다. 이른바 카스타 전쟁[5]에서 반세기 동안 반란을 일으킨 마야인들의 내부 정치조

---

5   카스타 전쟁(Guerra de Castas)은 1847년부터 1901년 공식적으로 종결될 때까지 유

직에는 에스파냐 군대 조직의 서열에서 따온 이름을 붙인 고위 직책이 있었다. 또한 마야인들은 말하는 십자가들cruces parlantes을 숭배하는 새로운 문화를 발달시켰는데, 이러한 숭배 안에서 기독교적 특성과 마야 문화 전통이 통합되었고, 카스타 전쟁의 중요한 원인이기도 했던 새로운 종교성을 읽어내기 위해 그 시점에 만들어진 새로운 요소들도 그것에 통합시켰다. 카스타 전쟁보다 국지적으로 짧게 끝난 다른 반란들이 카스타 전쟁에서 터져 나온 것만큼 집중적인 문화적 변형 과정을 분출시키지 못한 것은 분명하다.

에스파냐인의 침입부터 현재까지 원주민 마을들이 고수해온 무장투쟁을 파노라마처럼 펼쳐보면, 반란이 공동체 차원에서 고립된 채 일어났다는 한 가지 주요 특징을 발견하게 된다. 공동체를 넘어서 지역 차원에 이른 움직임은 예외적이며, 종족적으로 다양한 여러 집단이 관여한 경우는 더욱 예외적이다. 공동체들을 분리시키고 그들 사이의 관계를 매개하는 것이 중요한 목적 가운데 하나였던 식민지배기구는 반란의 확대를 막는 데 효과적임을 증명했다.

일상적 전략

군사적 차원에서 원주민 저항은 결국 모두 패배했다. 수 세기 동안 지속된 투쟁 끝에 패배한 경우도 있지만, 어쨌든 졌다. 원주민 마을들은 물리력에 의해 패배했지만, 그래도 계속 저항해왔다. 즉 그들은 차별화된 사회 단위들로서 남아 있다. 그 단위들은 고유의 정체성을 가지고 있으며, 그 정체성은 각 집단 구성원만이 배타적으로 가담하는 독자적인 문화

카탄 반도 북동부에서 백인을 대상으로 발생한 마야인의 반란이다.

에 기반을 둔다. 원주민 마을들에 대한 지배, 즉 극악하게든 교묘하게든 원주민 마을들의 문화를 위협한 지 거의 5세기가 지났지만 깊은 멕시코의 근원적 핵심이 역사적으로 살아남는 것을 막지 못했다. 저항의 길들이 이리저리 뒤엉킨 전략들의 네트워크를 형성하고, 그러한 전략들이 원주민 마을들의 일상적 삶과 문화에서 넓은 자리를 차지한다.

여기서 저항 문화에 대해 다루는 것은 존속해나가려는 원주민 마을들의 특징을 이해하기 위해서다. 저항이란 그 자리에서 움직이지 않고 버티는 것이 아니라 존속이라는 최종적 목적을 가지고 반드시 필요한 변화를 받아들이는 것이다. 원주민 문화들의 역학관계와, 더 광범위하게 봤을 때 깊은 멕시코의 문화들이 만들어내는 역학관계는 식민지배의 틀에서만 이해될 수 있다. 식민지배의 틀은 깊은 멕시코의 발전 가능성을 제한하고 왜곡하며, 집단의 존속에 필요하지 않은 외지의 문화적 요소를 강제적으로 도입하려 한다. 그러한 지배세력의 힘에 맞서, 저항의 메커니즘을 만들어내고 강화시키는 것은 생사를 가를 만큼 중요한 전략이 된다.

원주민 문화의 존속이 가능할 수 있었던 데는 세 가지 중요한 과정이 있다. 저항의 과정, 혁신의 과정, 전유의 과정이다. 저항의 과정은 식민지배 세력의 압력에도 불구하고 성공적으로 유지해온 고유문화의 공간들을 보존하려는 움직임이다. 고유문화의 공간들이란 해당 집단이 정한 목적을 이루기 위해, 바로 그 집단의 문화적 유산을 이루는 요소들이, 그 집단 스스로의 결정에 따라 실현되는 삶의 영역을 의미한다. 식민지배 이전 상황에서 고유의 문화 공간은 사실상 사회 활동의 모든 측면을 포함했다. 각 집단은 그 모든 것에 대해 결정 권한을 가지고 있었고, 결정을 실행하기 위한 고유의 문화적 요소를 갖추고 있었기 때문이다. 그러나 식민질서는 결정 권한을 빼앗고, 예속된 마을들의 문화적 자산을 축소시킨다. 고유문화가 작동하는, 상대적으로 자율성이 보장된 장은 위축되고, 극히 일부의 행위로 축소되어버린다. 그 외의 다른 행위들에서 결정은 식민자의 권한이기 때문이다. 그 장이 이렇게 축소되었지만, 고유문화는 집단 정체성의 근간이자, 그 정체성이 지속되는 데 반드시 필요한 바탕이다. 그래서 그러한 자율성의 공간을 모든 면에서 보존할 필요가 있고, 저항의 메커니즘이 간절하다.

변화란 분명 개선의 가능성을 의미하는데도, 원주민 문화가 보수적이며 변화를 거부한다는 통념이 널리 퍼져 있다. 원주민에 대한 이러한 이미지는 편견에 사로잡힌 것으로, 식민화의 원인을 피식민자의 탓으로 돌리는 식민자의 이데올로기 일부를 이룬다. 문화적 저항은 실제 사실이다. 다만 그것에 부여된 것과는 매우 다른 의미를 가질 뿐이다. 몇 가지 사례를 가지고 이 현상을 이해해볼 수 있을 것이다.

누군가 원주민공동체 혹은 전통적 농민공동체에서 왜 이런 일들을 하느냐고, 예를 들어, 어떤 의례를 진행하는 이유를 물으면 자주 나올 답은 다음과 같다. 해오던 것이니까. 더 깊이 파고들어보면, 아마 의례에 참석한 사람들 다수가 그 의례의 의미를 설명할 수 없다는 사실을 알게 되고, 그 의례를 진행하는 사람들에게 이제 더 이상 실질적 의미를 가지지 않는 형식적 행위라는 인상을 받을 것이다. 그렇게 되면 그 의례들은 비합리적인 전통주의를 드러내는 어처구니없는 행위들로 보일 수 있고, 그런 식민화된 이데올로기적 틀 안에서 보자면 그런 의례들은 21세기의 문턱에서 동시대적 존재가 되기에는 원주민 문화가 근본적으로 부적격하다는 증거이자, 원시주의를 보여주는 또 하나의 증거로 다루어진다. 그러나 전통적 행위를 수행하는 사람들이 자기 행위의 이유를 말로 설명해낼 수 없을지라도, 식민지배라는 맥락 속에서는 그러한 행위에 대한 애착을 다른 방법으로 이해해야 한다. 주기적으로 진행되는 그러한 행위는, 한편에서는 집단의 존재를 정기적으로 확인하는 일, 즉 '관습'의 수행에서 상징적으로 표현되는 집단의 존속을 공동으로 표명하는 것이다. 다른 한편에서 그러한 행위는 고유문화 영역에서 계속되는 행동이다. 왜냐하면 그런 행위들에서 작동하는 문화적 요소들은 고유의 자원이며, '관습'을 (그 관습이 무엇이든) 실행한다는 결정은 고유의 결정, 즉 자율성의 본보기이기 때문이다. 집단의 결정 권한이 계속 작용하는 사회 활동의 영역이 축소되기는 했지만, 그 축소된 세계의 일부로서 앞서 말한 행동의 영역은 자율성을 보존하고 있다. 결국 이러한 전통적 행위는 새로운 의미를 획득하며, 과거에 수행했던 기능과는 매우 다르지만 현재화된 이유들이 덧붙여진 기능을 수행한다. 현재화된 이유들은 '관습'을 유지한다는 의미심장한 정당화를 공고히 한다. 내가 염두에 두고 있는 것은 연례 축제, 집단적 의례, 춤이다. 이런 것들은 정체성과 집단에 소속되어 있다는 감각이(그리하여 공동체 존재 자체가) 갱신되는 순간이라는 점에서 중요하다. 참석자들은 그런 중요성을 의식적으로 알아차릴 수 없다. 반대로 그들이 설명하는 참석 이유는 얻어가는 것이 있다거나, 흥겹다던가, 혹은 단순히 의례를 진행하는 데 이러저러한 것을 해야 할 '차례가 돌아와서'일지 모른다. 그런 말들은 참석하기로 한 결정을 언어화시키는 방식일 수 있다. 다른 한편에서는 식민지배 질서 내부에서 금지되고 추적당한 어떤 행위들을 계속해나가려면 피할 수 없었던 음성화라고 생각해본다면 이해될 법하다.

이러한 깊은 문화의 장에서 오늘날 매우 다양한 상황이 펼쳐진다. 수많은 의례의 의미를 집단적으로 기억하는 집단들이 있는 반면, 오로지 전통 전문가와 전수자만이 상징의 내용을 대략적으로 구조화하여 인지하고 의례적 규범을 설명해내는 집단들도 있다. 또한 집단 한가운데에서 여러 해석이 나타나고, 지배 문화로부터 강제적으로 도입된 설명 모델과 상징에 더 많이 의존하여 기억과 자각이 혼란스럽게 나타나는 집단들도 있다. 지배가 구체적으로 어떻게 이루어졌는지(지배의 강도, 역사적 지속 시기, 연속성), 그에 대해 각각 어떻게 반응했는지, 즉 여러 집단이 만들어낸 저항의 과정, 혁신의 과정, 전유의 과정에 따라 그러한 차이가 발생한다.

저항은 다른 영역에서 나타나는 경우가 많다. 실용적 삶의 영역에서는 도입하려는 새로운 요소들이 분명 우월해 보이는데, 외부에서 제안하는 혁신을 거부한다. 전문적인 문헌들은 그런 예시로 넘쳐난다. 즉 어떤 곳에서는 개량된 종자, 해충제 혹은 비료를 받아들이지 않고, 또 어떤 곳에서는 백신을 맞추지 않으려고 아이들을 숨기며, 심지어 재정비된 마을에 지어진 집을 거부하거나 그 집을 부적절하게(바닥에 다시 아궁이와 맷돌을 두거나 화장실을 닭장으로 쓰는 등) 사용한다……. 이런 사례는 끝없이 열거할 수 있을 것이다. 깊은 멕시코의 주민들에 대한 통념인 '비합리성'은 제쳐두고, 보통 두 가지 분석 시스템에 의지해 이러한 저항을 설명한다. 첫째, 문화주의적 관점은 도입하려는 요소들과 해당 지역 문화에 이미 존재하고 있었던 요소들이 공존할 수 없음을 보여주는 방식이다. 혁신은 기능하지 않는다. 해당 지역 문화에는 혁신을 위한 공간이 없으며, 따라서 사전 준비라는 과제가 요구되기 때문이다. 사전 준비는 거의 대부분 교육적 차원의 준비다. 둘째, 사회적 요소를 강조하는 분석이다. 이러한 분석에서는 지역 이해집단(주임사제, 상인, 카시케, '주술사')을 거스르면서 변화가 제안된다는 점에 주목한다. 그러한 이해집단은 지역 주민이 변화를 거부하도록 움직일 힘을 충분히 가지고 있기 때문이다. 이런 두 가지 현상이 발생하는 것은 분명하기에 그러한 설명이 어느 정도 유효한 것은 틀림없다. 그러나 더 깊이 있는 분석을 하려면 저항의 과정과 관련된 다른 요소들을 잊어서는 안 된다.

첫째, 집단적 기억으로 보존된 역사적 경험이 작동한다. 집단적 기억에 따르면, 외부로부터(지배 세계로부터, 외지로부터) 추진된 변화는 체계적으로 공동체의 이해관계를 거스르는 효과를 낳았다. 외지인(이방인,

식민자)은 일반적으로 위험 요소이고, 그가 제안하는 것 혹은 시도하는 것은 원칙적으로 깊은 의구심을 가지고 평가해야 한다. 언제나 '틀어쥔 주머니'가 따로 있다. 이것이 깊은 멕시코가 가지고 있는 일반적인 태도이며, 이런 태도는 상황에 따라 여러 가지 방식으로 표현된다. 외지인을 피하고, 필요하다면 위협하거나, 그 앞에서 시치미를 떼거나, 그들의 제안을 경청해서 그 제안이 ('조금 있다가despuecito') 논의되리라 믿게 만든다.

저항에는 아직 더 깊은 이유가 있다. 우리가 논의하고 있는 종류의 혁신을 비롯하여, 받아들이지 않을 수 없는 변화는 일반적으로 집단의 자율성이 축소됨을 의미한다. 개량된 종자, 비료, 방충제는 실제로 농업 생산량을 증가시킬 수 있었겠지만, 그것을 수용하는 것은 외부에 더 종속된다는 의미이다. 자신의 수확물에서 얻는 토종 종자 혹은 농민이 전통적인 경작방식을 보호하고 보장하려고 사용하는 실용적 혹은 상징적 자원과 달리 공동체 내부의 조건으로는 그것을 생산할 수 없기에 외부에서 얻어야 하기 때문이다. 전통적 생산 활동에서 외부적 혁신을 거부하는 이유의 배경에는 자급자족을 지향한다는 점과 제한된 공간에서 문화적 자율성을 보존하려는 필요성이 있다. 다른 장에서도 유사한 메커니즘이 작동한다. 백신의 경우, 투여라는 특징 때문에 지배 세계의 직접적이고 위협적인 공격으로 보인다. 이 외에도 백신은 건강 및 질병과 관련된 문제를 해결하기 위해 공동체가 사용하는 고유의 문화적 요소의 일부가 아니기 때문에 종속을 낳는다. 백신은 집단이 생산하고 통제하는 자원의 목록 안에 있지 않다. 결국 모든 경우에서 문제는 문화적 공간의 통제를 둘러싼 영속적인 투쟁이다. 누가(우리 혹은 그들 중 누가) 우리 삶의 어떤 측면에 대하여 결정하는가. 억압받는 마을의 입장에서 보수성은 고유의 문화적 요소와 결정권을 유지하려는 저항 투쟁이기도 하다.

문화적 저항의 두 번째 과정은 전유이다. 이를 통해 집단은 외지의 것, 즉 다른 문화에서 비롯된 문화적 요소를 자기 것으로 만든다. 일반적으로 그런 문화적 요소는 강제적으로 도입된 지배 문화이다. 전유하려면, 그 집단이 외지의 문화적 요소에 대한 통제권을 획득하고, 자기 고유의 목적에 맞게, 자신들의 자율적인 결정에 따라 그 요소들을 배치할 수 있어야 한다. 북쪽의 유목민들 사이에서 말이 그런 요소였다고 언급한 적이 있는데, 이런 전유의 과정을 보여줄 수 있는 사례는 대단히 많다. 다른 성격의 사례를 몇 가지만 더 이야기해보자. 하위 집단들은 규범, 신념, 행위를 통해 그들 문화의 일부를 이루는 초자연적 힘과 관계를 맺는다. 그러한 규범, 신념, 행위의 집합이라 할 수 있는 민간 종교가 한 가지 사례일 것이다. 일반적으로 멕시코 주민 대다수는 가톨릭이라고 고백한다. 그러나 그들의 개념 형성과 의례의 많은 부분이 가톨릭 교리 및 의례와 거리가 있다는 점은 분명하다. 그리하여 민간 가톨릭에 대한 이야기가 있어왔고, 가톨릭에 나타나는 기독교적 요소와 다른 유래, 즉 기본적으로 메소아메리카 기원을 가진 요소들이 가톨릭적 요소들과 혼합된 현상을 일컫기 위해 신크레티즘sincretismo이라는 용어가 자주 사용된다. 그러한 혼합은 민간 가톨릭에서 발견된다. 순수 교리에 입각해서가 아니라, 깊은 멕시코를 이루는 다양한 집단, 즉 원주민공동체, 전통 농민, 주변화된 하위 도시 집단들의 관점에서 이 현상을 분석한다면, 매우 다른 파노라마가 펼쳐질 수 있다. 만약 그러한 구체적인 종교적 시스템이 종교 영역에서 가해진 지배와 강제적 도입의 장기적 역사가 낳은 결과물로 보인다면, 이른바 신크레티즘은 다양한 유래를 가진 요소들이 마구 혼합된 것(일종의 종교들의 **콜라주**)이 아니라, 복잡한 전유의 과정이 낳은 결과물로 이해된다. 그러한 전유 과정을 통해 여러 원주민 사회들은 강제된 종교의 상징, 표시, 행위를 자신의 것으로 만들어왔고, 그들 자신의 종교적 모태 한가운데서 그것들을 재조직하고 재해석해왔다. 다시 말해 식민이라는 조건이 만들어내는 필요에 의해 그것들을 받아들이지만, 기독교적이지 않은 메소아메리카 종교에 기원을 둔 틀에 그것을 맞춰 넣었다. 이러한 고유의 틀은 불변의 것이 아니며, 불변이었던 적도 없다. 그것은 변하고, 시간의 흐름에 따라 재구조화되며, 억압받는 집단의 유산일 때 특히 더 그러하다. 그러나 민간 종교를 여러 종교의 특성이 기계적으로 혼합된 결과물로 간주하는 것과 비록 깊은 곳까지 수정되었다 할지라도 여전히 고유한 성격을 지니는 본래 종교가 수정된 결과물로 이해하는 것 사이에는 근본적인 차이가 있다. 깊은 멕시코의 주민들이 가톨릭 이미지와 의례를 어떻게 전유하여 원형과 다른 의미를 부여했는지에 관한 많은 사례를 그들이 종교를 다루는 방식에서 찾을 수 있다. 그들은 고유의 종교적 관점에서 종교들을 통제하기 때문이다. 그들의 종교적 관점은 기독교적 관점이 아니라 메소아메리카 초기 종교의 역사적 결과물이다.

민간 종교의 모태가 기독교에서 유래된 경우도 있다. 그런 경우조차도 전유의 과정이 있었음을 발견하기 마련인데, 종교적 행위를 통제하는 것은 공동체 자체이지 공동체와 동떨어진 성직자와 교회위계조직이 아니기 때문이다. 공동체의 종교조직 서열(마요르도모, 회계담당자, 토필 등) 안에서 연단위로 카르고 시스템의 소임을 수행하는 사람들은 공동체 종교생활의 많은 부분을 실질적으로 통제한다. 그들은 성당의 열쇠를 가지고 있고, 자산을 관리하고, 전통에 따라 축제와 기념행사를 준비하고, (특히 카르고 시스템의 모든 소임을 역임한 '프린시팔레스'의 경우) 도덕적 권위를 갖추고 있으며, 행사에 소요되는 비용을 결정한다. 주임사제는 보조적 기능을 수행한다. 일부 의례를 진행하려면 그들이 자리를 함께해야 하지만, 다른 의례에서는 있어도 그만 없어도 그만이다. 다시 말하지만, 오늘날 멕시코의 현실에서 상황은 매우 다양하다. 그러나 민간 종교를 형성하는 대부분의 요소가 주민들의 통제 아래 있으며, 일상적 행위에서도 그들이 통제력을 행사한다는 점에 의구심을 표하기는 어렵다.

　문화적 전유의 사례는 모든 장에서 발견된다. 전유한 문화적 요소를 생산하고, 재생산하고, 유지하는 역량을 공동체가 갖춘 경우도 있다(그리하여 방금 살펴본 종교에서처럼 그러한 문화적 요소는 더 이상 외지의 것이 아니라 고유의 것이 된다). 그런 역량을 갖추지 못하고, 단지 외지의 문화적 요소를 자기 고유의 목적에 맞게 사용하는 집단도 있다. 하위 집단들이 자기 것으로 만들었지만, 원래 외지의 문화적 요소였던 여러 종류를 보여주려면 나무쟁기, 가축, 아메리카에 기원을 두지 않은 작물, 식민지 시대 혹은 그 이후 도입된 수많은 수공예 기술, 몇 가지 의학적 개념과 의학 행위, (대부모 관행의 몇 가지 유형처럼) 몇 가지 사회조직 형태를 떠올려 볼 수 있다. 엔진, 총기 혹은 카세트테이프 같은 것들은 여전히 외지의 것인데, 깊은 멕시코의 공동체들이 생산하는 것도 아니고 재생산하는 것도 아니기 때문이다. 그러나 특정한 상황에서 그것들을 전유하고, 자신들의 이익에 따라 통제한다(예를 들어 자기 의지로 일하거나 이동하기 위해서, 사냥 혹은 전쟁을 위해서, 고유의 음악을 녹음하거나 듣기 위해서다). 그러한 외지의 요소들을 전유함으로써 통제권을 행사하는 문화적 레퍼토리, 자율적으로 결정하는 문화적 레퍼토리가 확장된다.

　이어서, 잘못된 방식으로 이해되곤 하는 한 가지 사실을 살펴보려 한다. 외지의 문화적 요소가 현존한다 하여, 그 사실 자체로 원주민 문화의 약화나 '진정성'의 상실을 의미하지 않는다는 점이다. 문제는 특정한 시기에 어느 문화가 가지고 있는 '외지의' 모습들과 비교해 '원형'의 특성이 차지하는 비율에 있는 것이 아니다. 누가 그러한 특성에 대해 통제를 행사하느냐가 문제다. 그 문화의 가담자인가, 지배사회의 구성원인가. 그와 동시에 다양한 문화적 요소가 무엇에 봉사하고 있느냐가 문제다. 고유의 프로젝트인가, 외지의 프로젝트인가. 다시 말해, 그 집단이 가지고 있는 (내가 문화적 모태라고 불러온) 지향성의 기본적인 틀에서 출발하는 프로젝트인가, 강제로 도입된 외지 지배 세력의 문화적 모태에서 출발하는 프로젝트인가 결정할 필요가 있다. 이러한 기준으로 볼 때, 침입자에 의해 소개된 나무쟁기 같은 문화적 요소는, 옥수수나 토르티야가 그렇듯이 오늘날 메소아메리카의 수많은 문화의 적법하고 '진정한' 일부가 된다. 이런 목적을 가지면 그 요소의 기원은 더 이상 중요하지 않다(쟁기는 에스파냐의 것도 아니고 이집트에서 왔다는 점을 상기해보자).

메소아메리카 문화의 연속성을 가능하게 하는 세 번째 과정은 혁신이다. 식민 상황에서 억압당하는 마을들의 문화는 지배의 새로운 형식에 적응하기 위해서든, 고유문화의 영역을 확장할 수 있게 해주는 틈새를 활용하기 위해서든 내부 변화를 지속적으로 종용당한다. 끊임없는 이러한 역학관계는 마을이 전유하는 외부 요소들과 앞선 문화를 이용한다. 그러나 집단이 새로운 문화적 요소를 지속적으로 창조하도록 요구하기도 한다. 대단한 볼거리가 될만한 발명이 아니라, 때로는 수정, 즉 공동체의 습관, 지식, 행위, 신념에서 보이는 거의 알아차릴 수 없을 정도의 미세한 수정이다. 물질문화의 장에서 혁신을 발견할 수 있는데, 예를 들어 (거의 언제나 버려지는) 공산품을 원래 목적과 달리 재사용하는 것이다. 화분이나 기름등잔이 된 깡통, 운동화의 깔창이 된 자동차 타이어, 칼을 가는 데 사용되는 자전거 부품 등 아주 많은 다양한 사례가 있다. 그런 모든 사소한 행동 안에는 기술적 발명, 창조성이 존재한다.

혁신안은 사회조직의 장에서도 나타난다. 전통적으로 자리 잡혀 있는 대부모 관행을 훌쩍 뛰어넘어 대부모와 의례적 친족관계를 형성하려는 경향에서 한 가지 사례를 찾아볼 수 있다. 대부모 관계를 맺게 되는 계기는 이제 세례식이나 결혼식만이 아니라, 집짓기의 시작과 끝, 무대의상 선보이기, 조합 가입 등 수많은 다양한 사건이다. 이러한 전략을 통해 깊은 멕시코의 수백만 주민은 생존을 위해 너무나 중요한 사회복지의 장을 구축하는 신뢰와 호혜성의 네트워크를 확장하고 강화시키기에 이른다. 문화적 혁신의 형태는 공동체 삶의 전 영역에서 발견할 수 있는데, 그것을 모두 보여주려면 지나치게 길어질 것이다. 그러나 독자는 상상의 멕시코의 경계를 넘어, 주변을 관찰하는 것만으로도 별다른 어려움 없이 다양한 사례를 떠올릴 수 있을 것이다.

언어적 저항은 주목해볼 만한 부분이다. 세계를 보고 이해하는 방법을 표현하는 가장 깊은 코드를 유지하려면 고유 언어의 보존이 매우 중요하기 때문이다. 언어만큼 체계적이고 극악무도하게 위협받은 메소아메리카의 문화 요소는 많지 않다. 그럼에도 불구하고 원주민 언어 구사자의 수는 최근 60년 동안 지속적으로 증가해왔다. 언어적 연속성을 확보하는 메커니즘에 대한 연구는 멕시코에서 거의 진행된 바가 없지만, 중요한 역할을 수행한 것으로 보이는 요소 가운데 하나는 가정에서의 모어 사용이다. 그리고 그 논리적 귀결로서 고유 언어의 전수자인 여성이 중요해진다. 다음 절에서는 동전의 이면을 살펴볼 것이다. 즉 메소아메리카 언어의 존립을 막으려는 움직임들 가운데 중요한 것들을 살펴볼 것이다.

메소아메리카 문명의 운반자들이 존속하고자 하는 의지를 가진 덕분에 오늘날 존재하는 그 문명의 문화들이 살아남을 수 있었다는 점을 재차 언급하는 것으로 이 절을 마무리하려 한다. 그들의 의지는 고유의 문화적 유산과 결정 권한을 지켜내려고 고집스럽게 저항하는 데서, 지배를 견디고 살아남는데 적합한 외지의 문화적 요소를 지속적이고 선택적으로 전유하는 데서, 자신이 서 있는 억압과 침략의 틀 안에서 변화에 민감하게 적응하기 위해 새로운 문화적 요소를 단련하거나 기존의 것들을 수정하는 창조성을 끊임없이 발휘하는 데서 표현된다.

식민자의 이데올로기에서 다루어지는 피상적이고 편견에 사로잡힌 이미지와 달리 깊은 멕시코의 문화들은 정적이지 않다. 그들은 생동하고 있으며, 영속적인 긴장 속에서 스스로 변화하고, 변화하는 환경에 적응하며, 자기 영역을 상실하고 쟁취하면서 생동해왔다. 그러나 그러한 영속적인 변화는 단절이 아니라 동적인 연속성이다. 마을들은 역사적으로 단련된 문화적 유산에 바탕을 둔 고유의 집단 정체성과 함께 계속 존재하기 때문이다. 문화적 유산은 메소아메리카 문명의 문화적 모태에 따라 연결되기 때문에 독자적이고 정의 내려진 의미를 획득한다.

간간히 되풀이되는 폭력과 일상적 저항은 식민지배에 맞선 하나의 반응이 두 가지 계기로 표출된 것으로 이해되어야 한다. 서로 연결되어 있지 않은 현상들이 아니라 단 하나의 생존 전략의 일부를 이루는 전술들이다. 무장봉기는 영속적인 저항의 역사적 맥락에서만 이해된다. 영속적 저항은 식민지배의 상황에 따라, 역시 변화하는 상황에 따라 다른 양상으로 나타난다. 잠시 후에 살펴보겠지만, 무장봉기는 최근 더 효력을 발휘하게 된 정치투쟁의 형식들로 교체될 수 있다.

강제 도입된 문화의 현존

1부에서 현재 원주민 문화들의 윤곽을 그려내고, 앞 절에서 이러한 문화의 존속을 가능하게 해준 메커니즘을 보여주려고 시도했을 때 나는 원주민 마을들이 살아가는 현실의 일부만 언급했다. 내가 '고유문화'라고 불렀던 것만을 염두에 두었던 것인데, 고유문화란 원주민 마을들의 문화 가운데 그들이 결정 권한을 유지하고 있는 문화적 요소에 해당하는 부분만이다. 그러나 원주민공동체의 일상생활에는 그들의 통제 아래 있지 않고 '강제 도입된 문화'를 구성하는 다른 측면들도 존재한다. 이제 이 주제를 다루어서 파노라마를 완성시킬 때이다.

공동체의 삶은 그 어떤 경우에도 그들 고유문화의 영역에서 배타적으로 이루어지지 않는다. 고유문화의 확장은 매우 광범위한 스펙트럼 안에서 경우에 따라 변이한다. 일부 집단(예를 들어, 우이촐⁶)은 상대적으로 고립된 덕분에 다른 집단보다 더 넓은 고유문화 공간을 유지하고 있다. 또 다른 일부 집단은 다른 집단보다 매우 강도 높고 지속적인 방식으로 지배를 경험했고, 그들 고유의 문화 영역은 가정, 일부 생산 활동, 몇 가지 공동체 생활 남짓으로 제한되었다. 나머지 부분은 모두 강제 도입된 문화가 차지한 공간에서 발전해나간다.

원주민공동체 다수에서 우세하게 나타나는 상황을 훑어보자. 전통적 권위기관들은 쫓겨났고, 시민의 권력은 고유문화와 동떨어진 기관들과 절차를 통해 행사된다. 공동체에 봉사하는 전통적 카르고 시스템에 참여하는 것으로 특권과 책임을 획득한 사람들은 일부 의례적 활동에서만 권위를 유지한다. 하급심에서는 관습법이 적용되지만, 다양한 위법행위를 두루 처벌하려면 강제 도입된 법률적 형식성이 필요하다. 경제활동에서 자급자족과 호혜성의 관계를 계속 지향하지만, 많은 사람이 공동체 안팎에서 노동력을 팔아야 하는 상황으로 내몰린다. 상업 거래가 가져오는 압력이 커져서, 몇 가지 공산품이 지역 특산물(흙으로 빚은 그릇보다 플라스틱컵, 직접 짠 직물 대신 기성 의복, 벽돌, 나무, 기와보다 시멘트와 조립식 자재, 직접 만든 것보다 병에 담긴 음료와 패스트푸드 등)을 능가한다. 그렇게 고유문화가 요구하는 바와 일치하지 않는, 착취와 종속의 새로운 메커니즘을 만들어내는 소비에 대한 필요가 창출된다.

6　오늘날 약 4만 명의 우이촐(huichol)인이 나야릿주, 할리스코주, 사카테카스주 등에 걸쳐 있는 산악 지대에 5개 공동체로 나뉘어 살아간다. 전통을 유지하며 상대적으로 자율성을 확보하고 있다.

공동체 내부에서는 경제적 불평등이 심화되고, 그러한 격차가 호혜성과 연대의 메커니즘을 약화시킨다. 상상의 멕시코의 대리인들이 지역 사회에 터를 잡는다. 교사, 간호사, 주임사제, 독점구매자, 고리대금업자, 정부 관료, 기업 대표들이 지역 사회에서 영속적인 공간을 차지한다. 그들 중 일부는 출신상 깊은 멕시코에 속한다. 그러나 그들은 다양한 통로와 동기를 가지고 상상의 멕시코의 이해관계와 그것이 요구하는 틀에 기재되었고, 그 이름으로 자신의 공동체에서 활동한다. 그들은 겉보기에, 어떤 취향에서, 겉으로 드러나는 어떤 행동에서 도시적 삶의 모습을 모방하려 노력한다. 그들은, 그들이 살고 있는 멕시코에서 살고 싶어 하지 않는다. 그들은 그 멕시코를 하찮게 생각하지만 그것으로부터 가능한 모든 것을 뽑아낸다. 그곳에 어울리는 사람, '합리적인 사람'이 되기 위해서다.

강제 도입된 문화가 물질적으로 현존하는 것은 깊은 멕시코의 공동체들에서 드러나는 이중적 신호다. 한편에서는 갈망해온 전진, 오래도록 열망했던 발전이 이제 잊힌 모퉁이 저 어디쯤에 도달하고 있다는 이미지가 비록 흐릿하기는 하지만 제시된다. 예전에는 접근할 수 없었던 여러 곳에 편히 도달할 수 있으며, 거의 모든 곳에 학교가 생길 것이고, 지역 진료소도 생길 것이다. 전기가 들어오는 곳이 많아지고, 매점에는 담배, 맥주, 청량음료, 과자가 있다. 그러한 신호들은 불안정하고 열악한 조건으로 인하여 오히려 원주민공동체 대다수가 겪는 물질적 궁핍이라는 이미지를 강조하기 마련이다. 결국 여기서 강제 도입된 문화는 궁핍으로 바뀌기 때문이다. 삶의 물질적 조건을 측정하는 데 사용되는 어떤 기준을 들이대든 원주민 마을들은 최하층, 즉 멕시코의 경제 피라미드에서 바닥에 위치한다. 원주민의 자원과 노동력에 대한 착취는 여전히 상상의 멕시코가 깊은 멕시코에게 문화를 강제적 도입하는 데 근본적인 동력이 되고 있다. 지배라는 집게가 두 가지 의미를 하나로 집어 올린다. 공동체를 착취하고 빈곤하게 만들어 궁핍한 지경에 이르게 할 뿐만 아니라, 그와 동시에 메소아메리카 문명 프로젝트에 근거한 공동체 고유의 발전을 이루려는 그들의 역량을 부정하고 제한한다.

고유문화는 하루하루 이데올로기적 지평에서 세계를 달리 이해하고 달리 욕망하는 방식을 마주친다. 공동체는 개신교 선교사, '진보주의적' 교사, 외지의 이해관계에 따라 서로 대립하는 정치적 파벌들의 활동 때문에 분열된다. 젊은이들 사이에서 호응을 얻어서 세대 간 분열을 낳는 사안들도 있다. 종종 부모들 스스로 고유문화를 내치는 데 동조한다. 그들은 자녀들이 '사투리'를 사용하지 못하게 하고, 딸들에게 원주민처럼 보이는 전통의상을 입지 못하게 한다. 낙인을 지워야만 한다.

낙인은 문화를 강제적으로 도입하는 데 기본적인 수단 가운데 하나이기 때문이다. 원주민으로 구성된 수많은 부문이 겪는 사회적 경험이 다양해지면서 노동, 이주, 상거래, 학교, 매체를 비롯하여 가지각색으로 존재하는 강제 도입된 문화를 통해 공동체가 지배사회와 더 밀착되고 복합적인 관계를 유지하게 되면서, 낙인은 일상생활의 더 많은 지평에서 의욕을 꺾는 기능을 한다. 원주민적인 것이 열등하다는, 상상의 멕시코가 가진 확신은 그들의 모든 행동, 문화의 강제적 도입을 구성하는 모든 프로젝트에서 표출된다. 원주민이 자기 존재를 되풀이하여 부인하게 만드는 영속적인 요구, 즉 강제 도입된 문화의 최종적인 존재의 이유는 박해이다.

이제 개인적인 증언 한 가지를 살펴볼 것이다. 증언의 형식으로 하비에르 카스테야노스Javier Castellanos는 자신의 공동체, 오아하카의 비야 알타 지구에 있는 요호비 공동체[7]에서 일어난 일을 들려준다.

----

7 오아하카주 비야 알타 지구(Distrito de Villa Alta)의 산 안드레스 솔라가 무니시피오(Municipio de San Andrés Solaga)에 위치한 공동체로, 정식 명칭은 산토 도밍고 요호비(Santo Domingo Yojovi)이다. 인구는 1,000명이 되지 않는다.

선인들이 말하길 예전에는 변하는 것이 없어서 모든 것이 언제나 똑같았다더군. 그런데 지금은 달라. 악단이 연주하는 장소로 공원 정자가 있었고, 훌륭한 악단이 있었고, 공중화장실과 공중 세탁실이 있었고, 젊은이들이 앉아서 이야기를 나누던 벤치들이 있었어. 그런데 우리가 그것들을 모두 치워버렸어. 어느 선생이 국기 게양대를 만드는 것이 더 좋겠다고 설득하는 바람에 우리는 정자를 허물고 국기 게양대를 만들었지. 공중 세탁실 자리에는 교사들의 사택을 지었어. 우리가 우리 마을을 파괴하고 싶어 하나, 그런 생각이 들 때가 있었어. 그런 일들이 벌어졌지만 마치 아무 일도 없었던 것 같아. 그런데 6~7년 정도 지나니까 사람들이 마을을 떠나기 시작하더라고. 가난 때문이라는 사람도 있고, 배우러 떠난다는 사람도 있었지만, 더 가난했을 때도 마음을 떠난 사람은 없었는걸. 1915년 메뚜기 떼로 뒤덮였을 때, 푸른 것은 모조리 먹어 치웠다더군. 뜯어 먹으려 해도 풀 한 포기 없었는데도, 우리는 마을에 남았었지. 가축들이 병에 걸리는 것도 봤고, 형제, 자식, 아버지랑 어머니가 손 한번 써보지 못하고 죽는 것도 봤어. 그래도 우리는 마을을 버리지 않았어. 배우러 떠난다고는 말 못 해. 왜냐면 배우려면 돈이 필요한데, 우리는 돈이 없거든. 우리가 야세yase라고 부르는 새가 있는데, 이 새는 누군가 자기 둥지를 건드리면, 새알에 아무짓도 하지 않아도, 알을 깨버리고 멀리 날아가버려. 우리가 그 짝이었던 게지. 우리를 건드리려고 가까이 온 게 누군지 우리는 몰라. 실제로 우리 역사가 그랬어. 우리는 우리 자신을 깨부수면서 살아왔어.

원주민 마을들은 물질적 세계에서, 사회적 관계의 형식에서, 사고와 지식에서, 심지어 감정에서도 멕시코 사회의 정신분열증을 일상적으로 앓고 있다. 삶의 측면마다 모두 외지에서 온, 공존 불가능한, 분열되고 대립된 세계들에서 살아간다. 전통 약초라는 자원이 질병을 낫게 하지 못하면 진료소를 찾는다. 진료소에서도 건강을 회복하지 못하면 민간치료사에게 돌아간다. 밀파 한 뙈기에서 필요한 만큼 생산하지 못하면, 철새처럼 사방으로 허공으로 흩어진다. 여전히 시끌벅적한 마을 축제에서는 확성기를 통해 울려 퍼지는 록 음악 사이로 선조 대대로 춤출 때 연주했던 피리와 북소리가 간신히 들려온다. 테마스칼[8]에서 정화를 한 후에는 미사 끝에 손을 맞잡아야 한다. 도널드덕 이야기와 동시에 알룩스[9] 이야기를 배운다. 도시의 인물들과 신화처럼 전해지는 도시의 무대들이 만들어내는, 도시에 대한 환상이다. 그와 반대로, 도시에서 차별과 실직은 기정사실이다. 다만 대가족과 대부모의 확실한 뒷받침이 있고, 자신들의 언어와 이미 닦여진 길이 있다. 노동에 참여하는 것을 방해하는 학교생활은 그저 그런 불충분한 교사의 지도까지 가세하여 교육적 메시지를 곱절로 이해할 수 없고 낯선 것으로 만든다. 상상의 멕시코는 실재의 멕시코, 즉 깊은 멕시코와 단단히 뒤얽혀 있다. 강제적 도입과 끈질긴 저항 사이에서 나는 넘어지고 일어나고, 나로서 존재하길 그만두지만 나는 나이기에 다시 나로 돌아오고, 양보하고 요구하고, 수용하고 거부한다. 그 모든 것에도 불구하고 나는 버틴다.

이 모든 것이 영속적인 전장과 같다. 상상의 멕시코가 확장된다는 환상 속에서 살아가는 그 시점에 압력이 심해진다. 원주민 토지를 둘러싸고 강한 반발이 일어나고, 원주민의 손이 더 많이, 빨리 필요해지고, 문화의 강제적 도입이 증가하고 다양해진다. 상상의 멕시코가 만들어내는 승리의 소용돌이 속에서 공동체는 와해된 것 같다. 고유의 것에 대한 애착

8 　테마스칼(temascal)은 몸과 마음을 정화하는 장소이자 치유의 장소이다. 돔 형태로 만들어진 흙집 안에 구멍을 깊이 파고 달궈진 돌을 넣은 후 약초와 물을 뿌려 증기를 발생시킨다.

9 　알룩스(alux)는 마야 문화에 기원을 둔 상상의 존재로, 요정과 유사하다.

이 느슨해지는 것과 같은 속도로 젊은이들은 공동체를 떠나 이주한다. 그러나 종속적, 야만적, 주변부 자본주의 발전의 모순적 역학관계는 그러한 돌풍을 버텨내기에 역부족이다. 걷잡을 수 없는 것처럼 보였던 확장은 한계에 다다르고 후퇴하기 시작한다. 자원은 부족해지고, 실업률이 증가하며, 공사와 건설 프로젝트가 중단되고, 공급과 수요가 감소한다. 수년 전 에릭 울프[10]가 지적했던 것처럼 공동체는 스스로를 가두려들고, 잊히기 직전의 관습들은 되살아나고, 사람들은 다시 나서고, 메소아메리카 문명은 다시 활기를 띤다. 이 모든 것에 대한 기억과 학습경험이 있다.

요약하자면 원주민 마을들 하나하나가 식민지배 아래로 떨어진 그 순간부터 그들의 삶은 고유문화와 강제 도입된 문화가 공존하는 일상성 속에서 펼쳐진다. 고유문화와 강제 도입된 문화는 서로 다른 장에서, 역사적 시기와 각자가 처한 상황에 따라 다른 비율로 공존한다. 가족과 공동체 삶의 극히 일부분으로, 제한적 공간에만 고유문화가 남을 정도로 막다른 골목에 이르렀을 때조차도 각 집단은 차별화되는 사회 단위로서 자기만의 정체성을 유지한다. 그것은 고유문화라는 최소한의 핵심 덕분인데, 그 핵심이 아무리 쪼그라들었어도 문화적 모태를 바탕으로 구축된 영역이기 때문이다. 그러한 문화적 모태가 집단 고유의 행동들에 의미와 응집력을 부여하여 저항, 전유, 혁신의 과정을 통해 지배에 맞서게 한다. 반대로, 강제 도입된 문화의 일상적 현존을 지배사회의 관점에서 해석하면, 설사 그것이 결속되고 응집된 총체라 하더라도 그렇게 인지되지 않는다. 오히려 각 상황에 적합한 개별적인 응답을 요구하는 압력과 행동들이 펼쳐지는 것처럼 공동체 삶에서 경험된다. 원주민 마을들의 일상적 관점에서 봤을 때 그것을 하나로 묶는 유일한 성질은, 그 모두가 외부, 즉 위협적

---

10 에릭 울프(Eric Wolf, 1923~1999)는 미국의 인류학자이자 역사학자이다. 농민 연구에 큰 업적을 남겼으며, 유럽과 라틴아메리카의 관계를 연구했다.

인 비원주민 세계에서 유래하므로 원칙적으로 위험한 것이고, 가장 깊은 불신을 가지고 받아들일 만한 어떤 것이라는 점이다. 강제 도입된 문화를 이렇게 달리 취급함으로써, 왜 특정한 문화적 요소들이 어떤 공동체에서는 상대적으로 손쉽게 도입되는 반면, 또 다른 공동체에서는 저항을 불러일으켜서, 힘의 상관관계에 따라 그 요소들이 제거되지 못할 때만 나타나고, 참아줄 수 있는 대상이 되는지 설명할 수 있게 된다.

투쟁의 새로운 전선

앞에서 본 것처럼 깊은 멕시코의 근간인 원주민 마을들의 존속은 고유문화를 유지하는 그들의 역량 덕분에 가능했다. 고유문화의 유지에는 메소아메리카 문명을 현재화하는 역사적 프로젝트가 반드시 함축되어 있다. 그곳, 저항의 메커니즘을 강조해야 하는 처지에 놓인 그런 문화들 안에서 멕시코의 깊은 생명력은 활기를 찾고, 다른 문명 프로젝트의 원리들은 보호받는다.

지배의 힘과 해방의 힘의 역학관계는 새로운 투쟁의 형식과 새로운 논쟁의 공간을 끊임없이 만들어낸다. 그리하여 이전에는 존재하지 않았거나 그렇게 명확히 표현되지 않았던 원주민 권리 회복을 위한 전략들이 최근 수십 년 동안 나타날 여지가 마련되었다. 주목할 만한 현상 가운데 하나는 다른 유형의 지도부를 키워내는 정치조직 형태의 출현이었다. 새로운 지도부는 공동체 내부에서 발생하는 일상적 투쟁에서는 모습을 드러내지 않는 병기창고나 담론과 다름없다.

1970년대 초부터 나타난 많은 원주민 정치조직은 국가의 양자로 입양되었다. 원주민 세계를 대표하는 대화 상대를 제도적으로 특정하려는,

국가가 취한 노력의 일환이었다. 원주민 마을들은 멕시코 국가 조직 내에서 정치단위가 아니었고, 체계적으로 부정당했고, 공식 이데올로기의 시선으로는 실재하는 원주민이 보이지 않았다. 이런 점들로 인하여 대화 상대로서 원주민을 파악하기가 어려웠다. 이와 동시에 (무엇보다 토지를 둘러싸고)공동체와의 갈등이 첨예화되고, (1968년)심각한 의문에 빠진 정부 정당성의 기반을 다질 필요가 있었기에 정부가 요구하는 용법으로 대화를 받아들일 만한 원주민 조직 창설이 요청되었다. 그리하여 1975년 파츠쿠아로에서 개최된 제1회 전국원주민의회Primer Congreso Nacional de Pueblos Indígenas의 성과로, 다양한 종족집단을 대변할 수십 개의 최고위원회로 구성되는 국가원주민위원회Consejo Nacional de Pueblos Indígenas, CNPI가 출범하였다.

국가원주민위원회의 출범은 정부의 결정이었다. 이러한 출발로 신뢰성이 떨어진 탓에 반대 여론이 들끓었고, 전국 조직의 출현이라는 대안에 대해 여러 원주민 마을들이 보인 반응에 충분히 주목하지 못하는 상황이 되었다. 실제로 최고위원회가 대표한다는 공동체들에서 그 존재감은 미미하여 그저 이름만 남은 경우가 많았다. 그러나 지도부가 이미 자리를 잡고 있었거나 뿌리를 내리는 데 성공한 경우도 있어서, 최고위원회들은 원주민이 억울함을 호소하고 요구를 전달하는 또 하나의 통로가 되었다. 전국적으로 진행된 국가원주민위원회의 회의들은 원주민 마을들이 산발적으로 겪고 있는 아주 뚜렷한 문제들에 대해 이목을 집중시켰고, 국민의 현실에 대해 입을 다물고 있는 근시안적인 여론을 환기시켰다. 국가원주민위원회는 정부로부터 독립적인 유사한 조직들을 간접적으로 출현시키기도 했다. 그런 조직들은 야당과 연결고리를 가지기도 했고, 실제로 자율적이기도 했다.

원주민 대화 상대를 만들려는 정부 노력과 함께, 또 다른 과정의 성과물도 나타났다. 수년에 걸쳐 무르익은 이 과정은 원주민의 무대를 위한 새로운 출연자를 잉태하고 있었다. 1930년대부터 혁명 시기 정부들의 인디헤니스타 전략들 가운데 하나는 탈원주민화의 대리인으로 탈바꿈시키려고 공동체의 젊은이들을 모으는 것이었음을 기억할 것이다. 원주민 중에서 조금씩 교사와 탈원주민화 주창자의 수가 늘었고, 간호사, 농촌개발 선도자extensionista agrícolas, 기술자, 전문인들도 소규모 있었다. 이들은 자기 자신을 부인하고 자기 문화를 폄하하는 '세뇌'라는 트라우마를 경험한 후에, '변화의 대리인'이라는 줄에 가서 섰다. 변화의 대리인들은 최종적으로 원주민을 소멸시킴으로써 원주민을 구원해야 했다. 1950년대를 지나면서 그 과정은 탄탄대로를 따라 속도를 높이는 것처럼 보였다. 그러나 역사란 그보다 더 복잡한 것이고, 겉으로 보이는 경향의 표식과 방향은 곧잘 바뀐다. 원주민 교사의 길은 확실하고 안전해 보였다. 기숙학교를 졸업하고 어느 공동체에서 몇 년을 보낸 후에는 경력에 따라 도약을 꿈꿀 수 있었다. 다시 말해, 원주민 교사를 그만두고 도시로 떠나 낙인 없는 교사로서 경력을 쌓아갈 꿈을 꿀 수 있었다. 한동안은 그런 경로가 가능했지만, 곧 사람이 많아졌고 길은 좁아졌다. 기대만큼 쉽게 원주민 교육을 그만둘 수 없다는 좌절 앞에 놓인 경우도 있었고, 자신에게 주입된 개념들 사이의 모순을 자각한 경우도 있었다. 원주민 문화를 폄하하는 정신분열적 비전은 원주민의 현실과 일치하지 않았다. 사실 원주민 교육이라는 대안적 프로젝트를 상상하기 시작한 교사와 탈원주민화 주창자가 많았다. 그런 노력은 기복과 모순이 있었고, 적중하기도 하고 빗나가기도 하면서 원주민 교사들이 자기 것으로 여기는 학교 교육 공간을 그려나갔다. 원주민 교사들은 더 포괄적인 교육 공간을 원하고, 그들만의 내용으로 그 공간을 채우는 과제를 부여받는다. 그곳에서 원주민 언어와 문화는 에스파냐어와 '보편' 문화 곁에 나란히 자리를 차지한다. 교육에서 그렇게 새로운 전장이 펼쳐졌다. 국가가 원주민에게 도입한 교육내용과 방법을 둘러싸고 결정들과 제도적 공간들이 그 전장에서 서로 다툰다.

고등교육의 확장으로 원주민 학생들이 다양한 전공으로 진학하게 되었다. 당연히 쉬운 일은 아니었다. 젊은이들이 대학에 진학하는 데 공동체 삶은 유리한 조건이 아니며, 원주민 학생 지원자들이 밟아온 그간의 교육 과정에는 약점이 있다. 다른 언어, 다른 사회, 다른 문화에서 이루어져야 하는 교육으로 그런 약점은 치명적이 된다. 대학 졸업장을 따려면 교육 시스템이 놓아두는 장애물을 넘어서야 하는데, 원주민 학생들은 그런 장애물을 극복하기에 최상의 위치에 있지 않다. 그럼에도 불구하고 대학 졸업장을 취득한 원주민 학생이 많다. 많은 학생이 이탈해서, 할 수 있는 최선을 다해 상상의 멕시코를 열망하는 사람들의 줄에 자리를 잡고 선다. 그 줄에서 그들은 어디에나 존재하는 인종주의의 쓴맛을 홀로 곱씹어야 한다. 자기 정체성을 유지하거나 되찾아서 어떤 식으로든 원주민 마을들의 투쟁에 기여하는 학생들도 있다. 출신 공동체의 이익을 위해 각자 다른 방식으로 애쓰는 원주민 학생과 전문직 종사자의 단체들이 있다.

최근에는 정부 기구의 제도적 국면에 따라 특별 프로그램들이 시행되었다. 그런 프로그램들은 원주민 학생들의 역량 강화를 목표로 하는데, 탈원주민화가 아니라 원주민 프로젝트에 봉사할 수 있는 지식과 행동의 도구를 실제로 전유하고 성찰하는 과정을 지원한다. 그리하여 전문적 수준의 종족언어학자와 자신들의 언어, 역사, 문화를 연구, 발굴, 촉진시키는 중등 수준의 문화 발기인들이 배출되었다. 정확히 원주민 문화 강화를 목표로 삼는 제안을 담고 있지는 않지만 원주민 학생을 대상으로 하는 또 다른 프로그램은 인류학자, 사회과학 교사, 원주민 교육 전문가를 양성했다.

그리하여 최근 몇 년 동안 새로운 원주민 부문이 형성되었다. 내적 차이에도 불구하고 그 부문은 오랜 도시 경험과 중등 혹은 고등교육 경험을 공통적으로 가지고 있다. 중고등 교육의 수혜를 받은 원주민 부문은, 공동체 경험만 가지고 있으면서 이주노동을 통해서 외부와 접촉하는 사람들보다 지배문화를 훨씬 더 쉽게 다룰 수 있게 된다. 이 새로운 집단은, 비록 일반적으로는 공동체 생활에 어쩌다 한 번씩 참여한다 할지라도 당연히, 스스로 원주민이라고 긍정하는 개인들로 구성된다. 국가의 무대에 나타난 새로운 존재이다. 그들은 도시적 존재이자 필연적으로 정치적인 존재인데, 원주민 정체성을 긍정할 때 원주민으로서 국가의 공적 삶에 참여할 권리를 요구하기 때문이다. 그들은 자기가 몸담고 있는 문화나 출신을 부정하지 않아도 되는 상황에서 지역 공동체의 경계를 넘어선다. 다양한 통로로 새로운 투쟁 전선이 열렸다. 국민적 논쟁의 장에서 원주민 권리회복을 의제로 삼았기 때문에 이것은 뛰어난 성취이다. 국민적 논쟁이지만, 처음으로 (인디헤니스모에 대한 논의에서 그랬듯이)비원주민과 관련된 사안으로서가 아니라 지배사회에서 적법하다고 간주되는 논의 유형과 용법으로 대화할 역량을 갖춘 원주민이 자신의 입으로 논쟁한다. 이 전선의 구성원 일부가 자신이 누리는 조건을 독식하여 그 대가를 출신 공동체가 치르는 한이 있어도, 개인적인 이득을 챙기려고 상대적 이점을 이용한다 해도, 새로 등장한 이 부문의 중요성은 사라지지 않는다. 어쨌든 그런 상황들이 생기고, 운동을 훼손시키지만, 국민 사회의 맥락에서 이해되어야 한다(결코 정당화되는 것이 아니다). 그런 맥락에서 보면, 모든 층위의 정치적 거래에 부패가 침투해 있고, 다른 기반과 다른 원리 위에서 작동하는 공동체 삶을 살다가 그런 분위기를 접하게 된(이점을 잊지 말자) 사람들에게는 이겨내기 어려운 유혹이 된다.

도시 원주민 운동을 사생아 취급하는 데 사용되는 또 다른 담론은, 그 운동의 대표자들이 '이제 더 이상 원주민이 아니다'라는 확언이다. 따라서 진정한 원주민은 문맹이고 빈곤해서 에스파냐어를 구사할 수 없고 서구적 합리성을 갖출 수도 없다고 전제해야 한다. 혹시나 누군가 그런 조건에 부합하지 않는다면 더 이상 원주민이 아니다. 식민 이데올로기의 존속을 이보다 더 선명하게 보여주는 증거가 있을까?

새로운 투쟁 형태는 다른 층위에서도 나타난다. '라디노'의 손에 넘어갔던 지역 상권을 점차 회복한 공동체도 있다. 그 과정의 한 극단에서는 비원주민 이웃을 몰아내고, 공간을 물리적으로 재원주민화하기도 했다. 수공예품을 생산하고 유통하기 위한 조직화라는 중요한 경험도 있다. 이러한 경험에는 전통적인 생산 기술, 원재료, 동기를 되살리는 과제가 거의 대부분 포함되어 있다. 그런 것들은 돈만 쫓는 품위없는 장삿속 때문에 버려져 있었다. 같은 방향에서, 지역 단위에서 자율적으로 운영되는 생산 프로젝트의 수도 점차 늘어간다. 버려졌던 기술과 생산물(예를 들어 식민지 시대 이전 계단식 농경지)이 그런 프로젝트에서 자극받거나, 기술적 종속을 전혀 염려할 필요가 없거나 최소화시키는 새로운 생산라인이 도입된다. 이러한 경험들 가운데 일부는 정부의 지원을 받은 것도 있지만, 지역 자원을 가지고 창발적으로 이루어지는 경우가 많다. 사적 자금, 국가 자금 혹은 외국 자금이 덧붙여지는 경우도 있는데, 투쟁의 새로운 양상 가운데 또 다른 하나는 많은 공동체가 외부자금을 끌어와서 직접 관리할 정도로 역량이 향상되고 있기 때문이다.

다른 결을 가진 활동으로는 원주민 언론이 출현했다는 점을 언급해야 한다. 아직은 시작 단계이고 전반적으로 불안정하지만, 원주민 문화의 레퍼토리와 동떨어진 채 남아 있는 활자화된 말의 전유를 가리키고 있다. 원주민 언어로 글을 출판할 가능성이 생기면서 새로운 원주민 문학(예를 들어, 후치탄 아윤타미엔토에서 출간하는 잡지 *Guchachi'reza*를 살펴볼 것)[11]의 시작과 구어 전통의 회복은 물론, 그 언어를 표기할 문자의 발명이 자극

---

11 오아하카주에 위치한 후치탄(Juchitán)은 사포테카 문화 전통이 강하게 남아 있는

받는다. 여러 원주민 지역에서 시작된 연극, 음악, 춤에서 나타나는 예술 운동은 언제나 고유 전통의 회복에 바탕을 두고 있으나, 종종 전유된 요소와 자원을 새롭게 활용하며, 고유문화의 공간을 확장시킬 색다른 표현 형식을 만들어내려고 시도한다.

종교적 대립의 영역에서 전통에 대한 애착을 요구하는 것은 다양한 개신교의 종파로 개종한 사람들과의 단절점이 되었다. 최근 수십 년 동안 개신교의 침투는 현기증이 날 정도로 급격히 증가했고, 지금으로서는 적절한 정보의 부족으로 명확히 해명하기 어려운 의문들을 남기고 있다. 예를 들어 치아파스주에서는 개신교도인 가족들이 자기 땅을 버리고 다른 곳에, 특히 밀림 지역에 새로운 공동체를 건설하면서 쪼개진 공동체들이 있다. 무슨 일이 벌어지는 것일까? 그 이전 그들의 정체성과 문화는 어떻게 되는 걸까? 초칠인이길 포기한 것일까? 원주민이길 그만둔 것일까? 외지의 종교를 강제적으로 도입한다고 해서 반드시, 그것만으로 종족 정체성이 변화하지는 않는다. 마을들의 역사적 문화적 연속성이 단절된다는 의미도 아니다. 여기서 메소아메리카 "영혼의 정복"이 낳은 결과가 믿을만한 증거가 되어준다. 수세기 전에 가톨릭을 받아들였듯이, 새로운 개신교 공동체들을 통합하는 사람들이 개신교라는 새로운 종교를 전유하고, 그것을 수정하여 고유의 문화적 모태 안에 삽입한다면, 이 새로운 공동체들도 (선교사와 목자들의 뚜렷한 목표와 달리)메소아메리카 문명의 연속성을 위한 또 다른 틀이 될 수 있을지 모른다. 이 순간 겉보기에는 과거를 전체적으로 거부하는 태도가 지배적이다. 그러나 역사를 타불라 라사로 만들 수도 없고, 하루아침에 다른 것으로 고유문화를 메울 수도 없다. 이런 과정은 현재진행형이기 때문에 그 효과를 단정하기에는 시기상조

곳이다. Guchachi' reza는 사포테카어로 '갈라진 이구아나'라는 의미로, 사포테카 어로 작성된 글을 수록한다.

이다. 다만 16세기 전반기 수도사들에게 교리 교육을 받고 맹목적인 믿음을 갖게 된 원주민 젊은이들을 떠올릴 필요가 있다. 그 젊은이들은 선조들이 숭배했던 성상을 파괴하는 데 열중했고, 자기 부모들의 '이단'을 고발했다. 그 시대에 살았던 사람들(특히 바로 그 수도사들)은 분명 메소아메리카 문명이 종말을 고하고 있다고 믿었다. 그러나 얼마 지나지 않아 곧 그것이 거짓임이 드러났다.

멕시코 사회가 최근 경험한 변형은 여러 가지 방식으로 원주민 마을들에 영향을 주었다는 점을 지적하는 것으로 마무리하려 한다. 원주민 마을들은 다양한 전선에서 새로운 대답을 내놓았다. 전통적 저항을 부인하거나 거부하지 않고 그것과 함께, 문화를 회복하고 현재화시키자는 제안들이 나타났다. 그런 제안들에서는 도시와 국가 영역에서만큼 공동체의 한가운데에서도 새로운 원주민 행위자들이 개입하고 있다. 이런 운동들은 서로 연결되어 있지 않은 경우가 많고, 명시적이든 함축적이든 종종 모순적이기도 하다. 그러나 넓은 시야에서 보면 이 모든 것은 메소아메리카 문명의 생명력과 오늘날 멕시코에서 유효한 존재로서 그 문명이 가지고 있는 역량을 보여주는 증거이다.

3부
국가 프로젝트와 문명 프로젝트

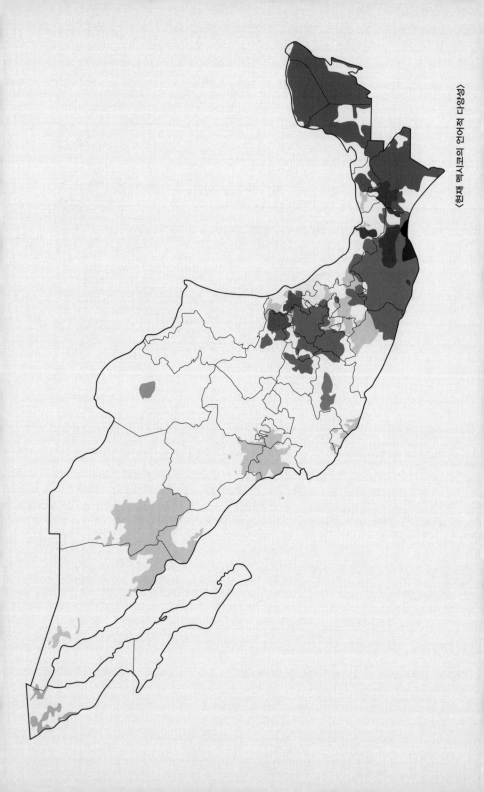

〈현지조사 어휘를 이용한 언어적 다양성〉

I. 오늘날 우리의 국가

환영의 균열

모든 것이 순식간에 지나갔다. 1970년대 말 석유에 취한 호황이 지나간 후 멕시코에 도입했던 발전 모델이 종착점에 이르렀고, 그 모델에서 얻을 것이라고는 더 이상 없다는(1982년 12월[1]에 명확해졌다) 확신이 생기는 데 몇 년이면 충분했다. 더는 기적을 믿어서는 안 되었다. 홀연히 나타나서 모든 문제를 확실히 해결해줄 것 같았던 엄청난 자원에 대한 기대를 버려야 했다. 한편에서 보면, 멕시코는 필요한 부를 만들어내고, 골머리를 앓고 있는 문제를 해결하기 위해 지속적이고 합리적인 노력을 기울여야 했지만 그렇게 하지 않았으니 그런 기적은 과분한 것이었다. 한순간, 어리석음, 무능, 근시안이 연쇄적으로 끝없는 사슬처럼 만들어내는 모든 오류가 별스럽지 않게 보였다. 결국 그런 오류는 최종적으로 정당화되었다. 풍요로움을 관리하는 법을 배우는 일이 유일한 목표였다는 결론으로 합리화되었다. 얼마 후 상상의 멕시코의 거짓된 환영ilusión과 자기 과신이 와르르 무너져 내렸다. 무너져 내리고 남은 나라는 다른 모습이다. 짧은 마지막 호황기 동안 꿈꾼 나라와는 매우 다른 나라의 모습이었다.

이제 우리는 멕시코가 가난한 나라임을 받아들여야 한다. 광활한 영

---

1   1982년 12월 1일 대통령 취임식에서 미겔 데 라 마드리드 대통령은 경제 위기에 대한 대응책으로 국영기업의 민영화, 탈규제화, 경제 개방 등 즉각적인 경제 구조 조정 계획을 밝혔다.

토는 '근대적' 경작에 적합하지 않고, 경작지에 적합한 땅은 침식되었고, 마구잡이로 수탈한 탓에 생산력이 떨어진다. 상황은 극단적이어서, 우리 농업의 생산력으로는 멕시코인이 생존하는 데 필요한 최소한의 기본 양식도 생산하지 못한다. 우리는 점점 더 배고픔에 허덕인다. 옥수수를 창조했던 나라가 이제 옥수수를 수입한다.

수출을 목적으로 하는 농업과 산업용 수요를 충족시키는 농업은 불안정하다. 수출용 농업의 경우, 주요 구매국인 미국의 수입 제한과 국제 가격이 시장의 미래를 언제나 불투명하게 만들고, 종종 여러 작물은 심각한 위기에 빠진다. 그런 경우 빠듯한 국가 재정을 쏟아부어 채무를 변제해야 하고, 멕시코 소비자를 희생양으로 삼기 일쑤이다. 산업용 수요를 뒷받침하는 농업도 마찬가지로, 산업 성장이 침체기에 빠지고 많은 기업이 폐쇄되는 시기에 희망찬 전망을 내놓지 못한다. 주민 절대 다수가 영위하는 식생활의 바탕에는 메소아메리카 문명에서 유래한 작물들이 있는데, 가장 비옥한 토지는 목축업과 함께 산업용 농업이 차지했다는 점을 떠올릴 필요가 있다.

안전하고 균형 잡힌 해외 교역은 신용 거래에 의지해서 이루어지지만, 우리는 신용 거래로 원자재를 확보하지 못한다. 수요와 가격은 언제나 우리의 통제 밖에서, 기본적으로 미국이 지배하는 시장에서 구매자들에게 유리하게 움직인다. 틈새시장이 아닌 이상 멕시코 제조업은 국제 경쟁력을 갖추고 있지 않기 때문에 제조업 제품의 수출은 제한적이다. 그 문제를 해결해보려는 시도 하나가 마킬라도라[2]를 수용한 것이다. 깜짝 놀랄 만한 속도로 온 나라가 마킬라도라로 바뀌고 있다. 우리는 다른 국가들의 배를 불려주려고 멕시코인의 '팔 힘'을 판다. 심지어 싸게 판다. 브라

---

2 마킬라도라(maquiladora)는 멕시코의 값싼 노동력을 활용해 조립 및 가공을 하고 원자재 수출국, 주로 미국에 무관세로 수출하는 산업 형태이다.

세로[3]가 보내주는 달러(매년 몇 백만 달러를 보내는 것일까?) 덕분에 그들의 가족은 한숨 덜게 되고, 외화 보유액은 늘어난다. 그러나 브라세로에 매달려서는 멕시코 경제의 난관을 헤쳐 나갈 수 없다. 그것을 받아들이면 피할 수 없는 정치적 결과가 뒤따르기 때문이다. 즉 국가 해체를 선언하고, 우리는 개별적으로 미국 경제와 사회에 통합되는 결과를 받아들여야 할 것이다.

우리 산업은 국내 시장의 기본적 수요를 만족시킬 만큼 충분히 조직화 되어 있지 않다. 남아돌 만큼 생산하는 것들이 많은 반면, 필요할만한 것은 생산하지 않는다. 멕시코에서 정크푸드, 병으로 파는 청량음료, 주류, 일회용 용기들을 생산하고, 판촉 활동을 하고, 소비하는 데 얼마나 돈을 쓰는가? 이 가난한 나라에서 쓰레기를 생산하는 산업 일자리를 창출하는데 얼마의 비용을 치르는가? 이 점을 다루면서 광고가 하는 역할을 언급하지 않을 수가 없다. 광고는 사람들을 유도하여 소비 모델을 강요한다. 간단히 말하자면 소비자를 빈곤하게 만들고 주머니를 털어서 곤란한 지경에 밀어 넣는다. 이른바 광고는 필요 이상으로 '음식'에 지출하게 만드는데, 전통적인 식생활에서는 훨씬 적은 비용으로 그 음식의 영양분을 섭취할 수 있었다(가령 타말, 토르티야, 아톨레와 달리 옥수수를 원료로 공장에서 만드는 포장식품이 있다). 이 뿐만이 아니라 불안정한 가정경제 잔고의 상당량이 빠져 나간다. 정말 필요한 곳에 더 유용하게 사용할 수 있었을 돈이다.

----

3 브라세로 프로그램(Programa Bracero)은 1942년 미국과 멕시코 간에 맺어진 이주 노동 협정으로, 제2차 세계대전으로 노동력이 부족해진 미국 정부가 멕시코 노동자를 대규모 받아들였다. 멕시코인들은 주로 계절 농업 노동자로 미국에 체류했다. 에스파냐어 브라소(brazo)는 '팔'을 뜻하며, '브라세로'는 '미국에 팔을 빌려준다'는 뜻을 담고 있다. 미국 농장에서 일하는 멕시코 일용 노동자들을 브라세로라 불렀다.

다른 한편으로는 많은 국내 생산품의 질과 가격이 왜곡된 산업발전으로 인하여, 밀수로 들여와서 아무데서나 내놓고 파는 외국산 제품들과 비교하여 경쟁력을 갖지 못한다. 한편에서는 그런 제품들로 인하여 국내 생산을 위한 시장이 제한되고, 다른 한편에서는 외화 유출이 증가한다. 미국과 3,000킬로미터의 국경을 접하고 매년 수백만 명의 사람들이 왕래하는 나라에서 벌어지는 일이다. 이런 과정에서 '비공식적 유통'은 통계에 반영되지 않는 압도적인 존재감을 보여준다. 일부에게는 벼락부자가 되는 길인 동시에 그 외 다수의 가난을 눈속임하는 길이다.

전반적인 빈곤 속에서 경제적 불평등은 너그럽게 봐줄 수 없는 파렴치한 일이 될 수밖에 없다. 멕시코인 수백만 명의 가장 기본적인 수요도 충족시켜주지 못하는 무능 앞에서 탕진과 낭비는 너무나 선명하고 모욕적이다(그들이 같은 나라 사람일까? 미국에 '자기' 돈을 싸매두고 있는 멕시코인들과 그들이 정말 같은 조국을 가지고 있을까?). 위기는 최고 부자들을 더 부유하게 만들었고, 나머지 사람들은 더 빈곤하게 만들었다. 기적이 종말을 고하면서, 국가 프로젝트에 내포되어 있었던 불평등이라는 끈질긴 경향이, 혹시 그 경향에 의심을 품었다면, 이제는 명확해진다.

위기는 분명 빈곤을 만들어낸다. 그러나 쌍을 이루는 빈곤은 아니다. 쏟아지는 이익에 지쳐 쓰러질 정도로 부유해지는 소수가 있는 반면, 위기의 대가를 치르는 것은 결국 대다수의 주민이라 할지라도 깊은 멕시코 안에서조차 그 효과는 똑같지 않다. 아마 원주민공동체와 전통적 농민공동체로부터 떨어져 나와서 상상의 멕시코의 하위집단에 기재된 깊은 멕시코의 부문들이 더 열악한 조건에서 더 부족한 자원으로 위기 속에서 직격탄을 맞게 될 것이다. 그 부문에서 실업률이 최고점을 찍고, 화폐경제의 독점적 종속이 인플레이션을 치솟게 만들고, 사회 서비스를 더욱 종속시킨다. 도시의 주변부 집단들에서는 그런 상황이 첨예해지지 않는다.

대놓고 말해 감소하기도 한다. 상상의 멕시코 프로젝트 안에서 살아가고 노동하도록 강제된 그들이 가장 먼저, 가장 바닥까지 배제되고, 경제적 위축 상황에 따라오는 부담을 견뎌야 한다. 환영과 같은 성장이 그들의 노동과 빈곤에 달려 있었는데, 이제 그들이 균열의 대가를 치러야 한다.

원주민과 전통적 농민들이 위기 밖에 머물고 있다는 이야기를 하고 싶은 것은 당연히 아니다. 그들을 상상의 멕시코와 관련시키는 모든 부분에서 그들 역시 자신이 서명한 적 없는 계약서의 빚을 갚는다. 유일한 차이라면, 그들의 문화가 자급자족을 지향해온 덕분에 유지된 여분이 있다. 그 차이는 매우 중요하다. 분명 불안정한 여분이지만, 깊은 멕시코의 도시화된 부문에는 그런 여분이 존재하지 않거나 겨우 명맥만 유지되고 있다. 함께 겪고 있는 궁핍에도 불구하고 그곳, 아스팔트 위에서는 위기에 대처할 방법이 더 난망하다. 아직은 그렇다.

멕시코인은 빚을 안고 태어난다. 외채는 오늘날 감당하기 어려울 정도이다. 부채를 상환하면 나라는 빚지기 전보다 더 가난해질 것이다. 부채는 구덩이를 덮는 데 사용되었지, 탄탄한 신작로를 만드는 데 사용되지 않았다. 부채는 생각했던 경제발전 프로젝트를 보이지 않게 만들 뿐 아니라, 그동안 지켜낸 자율적인 정치 결정의 범위를 유지하기에 불리한 위치로 멕시코를 몰아간다. IMF는 부채 상환이라는 유일한 목적을 향해 경제정책의 길잡이 노릇을 하려고 압력을 행사한다. 한편, 미국 정부와 양자협상에는 현실정치realpolitik라는 어쩔 수 없는 힘이 작용하여 멕시코 외교정책을 협상 안건의 하나로 포함시킬 위험이 뒤따른다. 누적된 종속이 모든 차원과 모든 면에서 온전히 드러날수록 자율성의 범위는 좁아진다.

호황에 도취되어 비껴간 몇 가지 문제가 오늘날 더 극적으로 모습을 드러낸다. 멕시코시티와 도시 산업 지역 몇 곳의 대기오염은, 예방은 해야겠지만 일어날 것 같지 않은 먼 미래의 위험이 아니라, 과장할 수도 숨

길 수도 없는 심각한 일상의 현실이다. 도시 정책은 행정에 행정이 이어지면서 가볍게 하나씩 쌓여갔는데, 이제 그때 내려진 많은 결정을 다시 물려야 한다. 그런 결정들이 멕시코시티를 전 세계적으로 악명 높은 대도시 가운데 하나로 만들었다. 야생의 자본주의가 양산한(그리고 지금도 양산하고 있는) 해악을 바로 잡아야 한다. 깊은 멕시코의 수많은 거주민은 야생의 자본주의가 사는 굴에서 벗어날 수 없는데, 그런 자본주의는 바로 자기 굴을 살 수 없는 곳으로 만들었다. 우리의 도시가 상상의 멕시코의 창조물이자 보루라는 점을 기억하면서, 도시를 다시 생각하고 다시 만들어야 한다. 도시 문제는 단순한 부작용이나 그저 혼란 상태로 치부할 수 없다. 만약 단순한 부작용이나 혼란이라면, 그 프로젝트가 가져온 피치 못할 결과가 양산한 문제일 뿐이니, 굳이 그 프로젝트를 포기하지 않고도 시정될 수 있을 것이다. 도시는 나름의 방식으로, 나름의 암적인 요소를 가진 채 멕시코 역사와 사회의 해결되지 못한 모순들을 표현한다. 사실 이데올로기적 영역을 포함한 모든 부분에서 도시가 시골 세계보다 지배적 위치를 유지하고, 깊은 멕시코를 부정하는 중심으로서 역할을 계속 해나간다면 그 문제를 실제로 해결하기는 불가능하다.

자연에 대한 공격은 도시환경으로 제한되지 않는다. 산과 밀림이 벌목되고, 강과 해안은 오염되고, 땅과 바다의 자원이 파괴되며, 멸종되고, 수천 년 동안 자연과 인간을 평화롭게 구성했던 생태적 지위가 수많은 방식으로 교란된다. 무슨 대가를 치르든, 무엇이 죽어 나가든 더 많은 직접 이윤을 추구한다는 사실 이외에 자살과 다름없는 노력을 하는 데 다른 이유는 없다. 그런 노력 속에서 벌어지는 일이다. 상상의 멕시코를 향해 나가면서 우리는 사막을 건설하는 데 탁월한 재능을 가진 건설업자가 되었고, 땅, 물, 공기에서 생명을 파괴하는 데 능률적인 대리인이 되었다.

그렇게 고무적인 파노라마 앞에서 멕시코인은 어떻게 하고 있는가?

3부 국가 프로젝트와 문명 프로젝트

환영의 균열이 낳은 좌절 속에 있다. 환영이 지나갔다는 거짓 때문이다. 매년 80만 명의 멕시코인이 청소년에서 성인으로 진입하는 상징적 경계인 18세가 될 때 일자리의 샘이 말라간다. 신뢰할 만한 전망도, 그들이 하는 뭔가가 더 나은 곳으로 안내하리라는 확신도 전혀 없다. 중산층과 부르주아 계층에 속하는 광범위한 부문이 공개적으로 표출한 반체제성은 눈에 더 잘 띈다. 그곳은 불안이 지배한다. 자기들이 독차지하고 싶었던 나라에 대한 격한 분노, 계속해서 끝없이 위로 올라갈 수 있게끔 필수품을 무한정 대주는 공급자로 삼고 싶었던 나라에 대한 분노가 지배한다. 이제 책임질 사람이 필요한데, 거기에 자신들이 포함되는 것은 수긍하지 못한다. 1940년대부터 중산층은 스스로 멕시코인이기보다 코스모폴리탄적인 존재가 되기를 열망했다면, 빈곤해진 가난한 나라의 일부분이 알려지자 중산층의 뿌리 뽑힘은 더 깊이 뿌리를 내린다. 모두가 따라가야 할 길을 찾기 위한 최고의 안내자는 그들도 아니고 그들의 이해관계도 아니다.

　　자기 말로 참여할 권리를 거부당해서 참여하지 못하는 침묵당한 민중. 상상의 멕시코를 느끼기에는 눈에 보이지도 않고, 그 소리가 들리지도 않는 민중. 한계라고는 없는 듯 인내심을 가지고 견디는 민중. 여기저기서 산발적으로 터져 나오는 저항의 외침, 외딴곳에서 울려 퍼지는 폭발. 국가적 정치 논쟁이라는 실타래는 (담론이라는 진정한 참여가 당연히 아니다) 민중의 부재로 풀려나간다. 우파의 제안에는 걸어온 길에 대한 향수가 담겨 있고, 그 길을 더 깊이 파고들려는 고집스러운 광기로 가득 찬 의지가 반영되어 있다. 좌파는 어느 정도 설득력 있는 프로젝트를 마련하는 데 이르지 못하고 있다. 좌파는 지나치게 비판에 특화되었고, 지금의 현실에서 출발하여 미래를 제안하는 데 무능함을 보여준다. 그들은 불투명한 말들만 만지작거리고 있다. 정치적 결정의 실제 게임은 규범과 경직된 절차를 내세워 소수에게만 열려 있다. 그 게임은 예측 가능하고 정해진 대로 진행되는, 실제로 발생하는 일에 대응하는 데 점점 더 부적격해진 응접실 게임이다. 부패도 여전하다. 특권이 부패의 긴 역사를 만들어왔고, 부패는 용인되고 수용될 수 있는 행동양식으로 널리 받아들여진다.

그림이 완성되지는 않았지만, 상상의 멕시코의 지배적인 윤곽, 즉 오늘날의 얼굴과 가까운 미래의 얼굴 밑그림을 그린 것이다. 입구에 새로운 기적이 있는 것 같지는 않다.

여기 무슨 일이 벌어지고 있는 것일까? 서로 별개의 동떨어진 문제들이 우연히 산적된 것은 당연히 아니다. 산적한 문제들이 우리를 골치 아프게 하는 것이 아니다. 오늘날 우리를 얽어매고 있는 것은 그보다 훨씬 깊이 있는 어떤 것이다. 말하자면, 어떤 프로젝트가 무산되었는데 묵은 덫에 다시 빠지지 않을 수 있는 새로운 프로젝트를 형식화할 능력이 없다는 점이다. 따라서 국민의 그 새로운 프로젝트는 남은 자투리로 조립될 수 없을 것이다. 복합적이고 다양하게 표현된 이전 프로젝트 모델의 균열 하나하나를 위기라는 압력으로 메꿀 개별적인 수단들을 모아놓는다고 새로운 프로젝트가 될 수는 없을 것이다. 유일한 가능한 출구는 당연히 험난하고 어렵지만, 우리 고유의 문명 프로젝트를 형식화하고 가동하기 위하여 깊은 멕시코로부터 역사적 의지를 끄집어내는 것이다.

왜냐하면, 결국 여기서 우리는 문명에 대해 이야기하고 있기 때문이다. 문제들의 중요성을 측정하고 한 마을의 역량과 잠재력을 확인하는 방식이 문명이라는 측도이다. 각 역사적 단계에서 우리가 구상할 수 있고, 구상하고자 하는 국민을 설계하기 위한 기본적인 자료가 여기, 문명 프로젝트에 있다. 이러한 관점에서 보면, 균열이 발생한 곳은 상상의 멕시코의 문명 모델이었다. 유일하게 가능한 모델로 용인되었던 문명에 균열이 발생한 것이다.

새로운 희망을 심기 위하여

우리는 상상의 나라를 만들어낼 수 없었다. 만들어보겠다고 고집을 부린다면 미친 짓이었을 것이다. 지금의 이 모습이 멕시코이다. 이 사람들과 이 역사를 가진 지금 이것이 멕시코이다. 그러니 우리는 이 멕시코가 아닌 다른 멕시코로 교체하려고 계속 애를 쓸 수가 없다. 남은 과제는 더 단순하다. 이 멕시코를 더 나은 모습으로 만들어야 한다. 그러나 외부가 아닌 내부에서 출발해야 한다. 지금의 존재를 부정하지 않으면서, 오히려 지금 가지고 있는 고유의 잠재력에서 출발하여 변형되고 발전될 어떤 것으로 멕시코를 받아들여야 한다. 깊은 멕시코를 고려하지 않으면 의미 있는 해결책은 존재하지 않으므로 최종적으로 완전히 깊은 멕시코를 인정해야 한다.

앞으로 나아가기 위해 우리가 가진 것은 무엇인가?

우리는 매우 다양한 자연 자원을 가지고 있다. 우리가 코르누코피아[4]의 삽화를 믿게 될 만큼 그 자원이 다양하고 풍요롭지는 않지만, 현재의 멕시코인과 곧 다가올 미래의 멕시코인이 더 나은 삶을 살아갈 만큼은 충분하다. 만약 우리 사회가 동질적이었다면, 노동의 목적, 개념, 방법을 동일하게 만드는 단 하나의 생산 도식에 따라 그 모든 자원을 활용해야 한다고 생각했을 수 있다. 그러나 우리 사회는 그렇지 않기 때문에 다양한 방식으로 자원들을 의미화하고, 활용한다. 자연적 요소는 문화를 통해 유용한 자원으로 전환되는데, 여기에는 복합적인 문화들이 공존하고 있다. 문화마다 활용하는 자원을 달리 규정한다. 그 자원을 획득하고, 변형시키는 형식과 그 자원에 부여하는 쓰임과 의미가 다르다. 더구나 앞에서 살

---

4   코르누코피아(cornucopia)는 '풍요의 뿔'로 번역되는 유럽의 장식 모티프이다. 꽃
      과 과일로 가득 찬 뿔의 모습으로 풍요와 번영을 상징한다.

펴보았듯이 원주민 마을들은 그러한 자원 일부를 독점하여 자신의 것이라 주장하며, 자신의 역사, 문화, 유산과 분리하지 않은 채 사고한다. 자원을 바라보는 그런 관점에서는, 상상의 멕시코를 구성하는 부문들이 하듯이 그 자원을 '국민적' 자원으로 볼 때보다는 그 자원을 더 잘 지켜낼 수 있다. '국민적' 자원의 궁극적 기능은 개인의 부유함을 보장해주는 것이기 때문이다.

자연, 노동, 물질적 생산을 이해하는 방식의 다양성은 메소아메리카 문명과 서구 문명이라는 두 가지 서로 다른 문명의 존재에 빚지고 있다. 그러한 다양성은 그 자체로 장애물은 아니다. 한쪽의 경제적 합리성을 강제로 도입하려고 할 때, 특히 한쪽의 그러한 합리성이 다른 쪽의 합리성을 근원적으로 부정할 때 그렇다. 그러한 상황이 아니라면 생산의 다양성은 거대한 잠재력이라는 자원이다. 자연 자원을 운영하는 새로운 경험과 대안으로 가득 찬 거대한 창고를 사회 전체에 선사하기 때문이다. 예를 들어, 땅을 이해하고 그곳에서 노동하는 다양한 형식이 있는데, 그 가운데 하나를 잣대로 삼아 나머지 모든 것을 가늠하려고 하면 (가령 지표면 단위에 따른 수확량의 상품 가치를 유일한 잣대로 삼을 경우) 다양한 형식이 존재한다는 사실이 문젯거리가 되고 장애물이 된다. 수공예품을 만드는 일은 사회 문화적 맥락에서 분리된 채, 동일한 시간에 완성된 생산물의 양으로 파악되는 '생산성'의 측면에서 보면 '후진적인' 것이 된다. 유일하고 배타적인 문명모델과 경제모델을 적용한 그러한 길을 따라가면, 그 모델과 동떨어진 모든 것(다른 문명 프로젝트에 해당하는 것)은 장애물, 방해물, 후진적 요소가 된다. 그것이 가진 모든 잠재력은 외면받고 부정된다.

지식에서도 같은 일이 벌어진다. 멕시코 사회는 막대한 지식의 저장고를 가지고 있다. 깊은 멕시코를 구성하는 다양한 사회들의 한가운데에서 수천 년에 걸쳐 실험하고, 적절한 결과만 추려낸 결과가 그곳에 소장되어 있다. 그 지식들 덕분에 처음에는 메소아메리카 문명이 발전했고, 최근 수세기 동안에는 그 지식을 보존하고 현재화하는 마을들이 존속해 왔으니, 그러한 지식의 유효성이 증명되어 온 것이다. 그 지식들은 모든 삶의 질서를 포함하며, 세계를 이해하는 독자적인 방법들과 반드시 연결되어서 특정한 세계관의 일부를 이룬다. 이러한 지식들 가운데 일부, 이를테면 주변 자연을 조작하게 해주는 지식은 다른 환경으로 기계적으로 이전될 수 없다. 명시적인 일반화를 통해 형식화되는 지식이 아니기 때문이다. 그 지식들을 일반화시키는 귀납적·연역적 과정은 제한된 세계의 자료를 활용해왔고, 식민지배에 의해 강제된 사회적 고립과 파편화로 인하여 지역적 경험을 바탕으로 하고 있다. 그러나 오늘날 그 유효성이 제한적이라 해서, 지식을 쌓아가는 메소아메리카적 과정과 그 지식들이 체계적인 형식화를 통해 지식을 발전시키고 그 폭과 깊이를 더하는 데 내재적으로 무능하다는 의미는 아니다. 문제는 그러한 발전을 가능하게 하는 조건, 식민지배가 도입된 이후 계속 부정된 조건을 재확립하는 것이다. 그 사이, 앞서 말한 것에도 불구하고 '전통적' 지식들은 깊은 멕시코의 모든 마을을 위해 가치를 헤아릴 수 없는 자본을 형성하며, 멕시코 전체를 위한 자원이 될 수도 있다. 여기에는 전통적 지식들을 인정하고, 그 지식들이 유효할 수 있다는 가능성까지도 용인한다는 조건이 반드시 필요하다. 여기서도 앎의 한 가지 방법(고유의 방법, 서구의 방법)만이 유일하게 유효하며 옳기 때문에 나머지 다른 방법은 그것이 무엇이든 간에 배제하고 부정해도 된다는 오만함을 버리고, 다른 문명의 효력을 받아들이는 데 근원적인 문제가 있다.

　　콜로니아 나르바르테[5]의 평균적 가정이 푼타 추에카[6]의 인적 없는

5　콜로니아 나르바르테(Colonia Narvarte)는 멕시코시티의 행정구역으로 중산층이 모여 사는 지역이다.

땅에서, 메사 델 나야르[7]에서, 혹은 나아[8]를 둘러싸고 있는 밀림에서 얻은 지식을 바탕으로 살아남아야 했다면 어떠했을지 떠올려 보는 것으로 충분하다. 그곳에는 세리인, 우이촐인, 라칸돈[9]인이 산다. 모든 것을 불사하며 살아갈 수 있게, 저항할 수 있게 해주었던 그들 고유의 지식의 보고가 그곳에 있다.

앞으로 나아가기 위해 멕시코가 가지고 있는 것은 무엇보다도 그 사람들, 멕시코라고 불리는 그러한 총체성을 결국 구축해온 멕시코인이다. 그러나 상상의 멕시코의 관점에서는 개인으로서 존재하는 멕시코인만 보인다. 그들에게 보이는 것은 역사를 통해 단련된 마을들과 사회들의 구성원이 아니다. 상상의 멕시코가 내놓는 프로젝트에서 구체적인 사람은 '인적 자원', 하나씩 떨어져 있는 교환 가능한 조각들, 저쪽에 더하기 위해 이쪽에서 뺄 수 있는 통계수치가 된다. 인간들이 처한 사회적 조건이라는 분명한 것을 외면하려 한다. 개인성이 존재하려면 구체적 문화를 보유하는 특정한 사회의 맥락이 필요하다는 점을 망각한다. 두 가지 서로 다른 문명의 일원인 다양한 문화들이 멕시코에 존재한다면, 실제의 멕시코인들은 다양한 구체적인 맥락 위에 서 있는 개인들이지, 모두에게 공통적인 단 하나의 맥락 위에 있지 않다. 앞으로 나아가기 위해 우리가 가지고 있는 것은 공통적인 사회문화적 시스템 안에서 구별되지 않는 개인으로 존

---

6   푼타 추에카(Punta Chueca)는 소노라주의 작은 해안가 마을로, 엘데셈보케(El desemboque)와 함께 세리인이 모여 사는 두 개 마을 가운데 하나이다.

7   메사 델 나야르(Mesa del Nayar)는 나야릿주의 외딴 마을로 사막지대에 위치한다.

8   나아(Naha)는 치아파스주의 외딴 마을로 밀림에 둘러싸여 있다.

9   라칸돈(lacandon)인은 멕시코와 과테말라 접경지대에 위치한 라칸도나 밀림에 거주하는 마야 원주민이다. 멕시코 치아파스주에 주로 거주하며, 마야어족에 속하는 라칸돈어를 사용한다.

재하는 8,000만 명의 사람들이 아니다. 우리가 가진 것은 그보다 훨씬 더 중요하고 유망하다. 우리에게는 각자 자기 고유문화를 보유하고 있는 가지각색의 사회들의 모음이 있다. 다시 말해, 개인은 개인인 동시에 다양한 사회적 단위들에 속해 있다. 그런 사회적 단위들에서 개인은 역사를 살아내고 만들어가는 특수한 방법들을 집단적으로 운반하는 자들이다. 전체적으로 우리에게는 노동, 가족, 공동체를 조직하는 수많은 다양한 형태가 있다. 우리에게는 표현의 광범위한 형태가 있다. 우리에게는 유사한 문제와 직면하는 데 필요한 복합적인 역량과 지식이 있다. 우리에게는 다양한 통찰력이 있다. 우리가 깊은 멕시코와 맞서지 않고, 그것과 함께 맞이할 미래를 건설하기로 한다면, 깊은 멕시코와 그 부정당한 문명은 그렇게 기여할 것이다.

좌절과 환멸의 이 시대에 주의 깊게 살펴봐야 할 또 다른 지점이 있다. 원주민 마을들은 5세기에 걸친 지배와 식민 억압에 저항해왔다. 존속하겠다는 결정, 계속해 나가겠다는 결정은 어디에서 나오는가? 그들 스스로 역사를 계속 일구어가려는 그러한 의지의 원천은 무엇인가? 고작 몇 년 만에 상상의 멕시코가 내놓은 국가 프로젝트에 균열을 낸 조건들보다 비교할 수 없을 정도로 더 어려운 조건 아래서 수세기 동안 고유의 프로젝트를 유지하려고 사용된 내부적 수단들은 무엇인가? 계속해 나가겠다는 결정과 의지 너머에 있는 그러한 정신력은 독자 생존이 가능한 진정한 새로운 국가 프로젝트를 형식화하려면 필수 불가결한 요건이다. 상상의 멕시코를 추종하는 자들에게는 이제 그러한 정신력이 없다. 조난자들이 남긴 유실물을 긁어모아 쓸모없는 그 배를 다시 조립하겠다고 고집을 부리면서 그 사실을 감추려는 사람들이 몇 명 있지만, 계속해 나간다는 확신은 없다. 그러나 그와 반대로 그러한 의지는 수백만 명의 멕시코인으로 하여금 구체적인 삶 속의 행동들 안에서, 분별력에 대한 신뢰 안에서,

자신의 것에 대한 애착 안에서 일상적으로 그러한 의지를 행사하도록 독려한다. 이런 이야기가 지나치게 추상적으로 들리겠지만 새로운 희망을 심기 위해 반드시 필요한 신뢰의 저장고도 그곳, 깊은 멕시코에 있다.

상상의 멕시코의 틀 안에서 만들어진 것 중에도 건져내서 새로운 국가 프로젝트에 쓸 만한 것이 많다. 여기서 상상의 것이란 서구적인 것이다. 존재하지 않아서 상상의 것이 아니라, 멕시코의 현실과 동떨어진 또 하나의 멕시코를 건설하려고 애써왔기 때문에 상상의 것이다. 서구 문명은 존재하는 것이며, 전 세계적으로 모습을 드러낸다. 서구 문명의 관점에서 메소아메리카 문명을 부정해왔듯이, 서구 문명을 부정하자는 이야기가 아니다. 서구 문명의 수많은 문화적 요소가 모두에게 더 나은 멕시코를 건설하는 데 사용될 수 있고, 그래야 한다는 사실을 외면하자는 것도 아니다. 멕시코에는 이미 자신의 것이 된 서구 문화의 다양한 요소를 사용할 줄 알고, 발전시키려고 시도하는 사회 공간들이 있다. 새로운 국가 프로젝트를 진전시키는 데 필요한 중요한 자원의 보고가 그곳에 있다. 오늘날 그 자체로 유용하고, 앞으로도 유용할 서구의 지식과 기술을 다루는 과학자와 기술자, 예술가와 지식인이 있다. 멕시코 사회가 실제로 그러한 자원을 전유하고, 자신의 진정한 이해관계에 따라 그것을 활용할 능력을 가지고 있느냐가 문제이다. 말하자면, 서구 문명의 지식과 기술을 채용하면서도, 깊숙이 뿌리내린 우리의 현실을 부정하는 문명 프로젝트를 받아들이지 않을 능력을 갖추고 있는지가 관건이다.

이렇게 요약할 수 있다. 현실을 작동시키는 다양한 형식들(지식, 기술, 물질적 수단, 사회조직의 형식)은 하나의 문명 프로젝트의 틀 안에서만 의미를 획득한다. 그 프로젝트에 따라서 열망하게 되는 현실이 정해진다. 우리가 현실을 조작하고자 할 때 사용하게 되는 문화적 요소들의 상대적 가치가 그 프로젝트에 따라 판단되기 때문이다. 더 나아졌는지, 더 나빠

3부 국가 프로젝트와 문명 프로젝트

졌는지, 적합한지, 쓸모없는지 판단할 수 있기 때문이다. 서구는 자기 프로젝트에 근거하여 문화적 요소들을 만들어왔지만, 서구 프로젝트에 봉사할 때만 그런 요소들이 유용하다는 의미는 아니다. (우리가 요구하는 프로젝트처럼)다른 문명 프로젝트들은 스스로 왜곡되지 않고도 서구의 문화적 요소들을 활용할 수 있다(한편으로 그것은 권리회복 행위이다. 서구가 이룩한 성과는 다른 문화를 가진 마을들을 수탈하여 가능했다). 우리에게 강제적으로 도입된 서구적인 것이 아니라, 우리가 보유한 서구적인 것에도 앞으로 나아가기 위한 잠재적인 자원이 있다.

이러한 관점에서 보면, 멕시코는 마을들의 막대한 저장고를 보유하고 있고, 더 정의로운 사회와 더 나은 나라가 되기 위한 자원과 문화적 요소를 가지고 있고, 다양한 구성원들에게 더 나은 충만한 삶을 제공할 능력을 갖추고 있다. 이런 것들이 멕시코인의 새로운 집을 짓는 데 쓸 벽돌이다. 실제 우리가 가진 것은 그것들 뿐이지만, 그것으로 충분하다. 끝없는 우리의 열망과 즉각적인 필요를 고려해야 하는 설계도만 있으면 된다.

II. 문명과 대안

교체, 융합 혹은 다원주의

어떤 식으로든 우리는 새로운 국가 프로젝트를 정하고 추진해야 한다. 그렇지 않으면 내적 해체가 가속화되고, 모순이 심화되고, 독립 국가라는 바로 그 발상으로 모이지 않고 그것에서 빠져나가는 원심력이 강해지며, 국경이 허물어질 것이다. 국경의 벽은 오늘날 뚜렷하게 약해지기는 했지만, 우리는 그 덕분에 여전히 종속이 국가의 해체로 이어지지 않으리라고 기대할 수 있다. 멕시코는 크기, 인구 규모, 잠재적 생산력 그리고 특히 마을들이 보존해온 문화적 자원을 통해 여전히 독자 생존이 가능하다. 그렇지만 새로운 국가 프로젝트가 역사적 과정과 문명의 과정을 간과하고 우리의 현실을 벗어난다면 독자 생존이 반드시 가능한 것은 아닐 것이다. 역사와 문명의 과정은 지금 여기에 유효하며, 깊은 역사가 남긴 결과이다. 국가 프로젝트는 문명을 토대로 규정되어야 한다.

첫 번째 가능한 선택지는 교체 프로젝트를 고집하는 것이다. 나는 이 책에서 줄곧 그러한 프로젝트를 상상의 멕시코라고 불렀다. 이 프로젝트에 따르면, 다시 말해, 멕시코 현실의 본질적 일부, 즉 메소아메리카 문명에서 유래하여 깊은 멕시코를 형성한 그 일부는 다른 현실로 교체되어야 한다. 그 다른 현실이란 상상의 멕시코의 역사적 순간마다 다른 옷을 입고 등장했지만, 언제나 서구 문명의 모습으로 꾸며져 있기 마련이다. 희망하는 멕시코의 모델이란 서구 문명의 기준에 따라 발전국가로 인정받은 어느 나라를 모든 면에서 모방한 것이다. 현 단계에서 추구하는 모델은 산업화된 나라로, 그 모델은 주민들에게 점점 더 높은 소비 수준, 특히 물질적 자원의 소비를 담보해준다. 그러한 목표에 도달하려는 정치 경제적 조직에 대한 대안들은 (자본주의냐 사회주의냐처럼) 서로 대립되고 공존 불가능한 모습으로 나타난다. 그러나 그 대안들의 궁극적인 목적은 동일하며, 오로지 더 편한 길 혹은 더 빠른 길이 무엇인지에 대해 논쟁할 뿐이다. 여기서 문명 프로젝트는 단 한 가지이며, 동일한 기본 전제에서 출발하여 규정된다. 역사는 전진하는 직선적인 무한한 과정이라는 전제, 전진은 인간에게 유리한 방향으로 점점 더 대규모로 자연을 지배하고 착취하는 능력에 달려 있다는 전제, 전진이 만들어내는 이익은 점점 더 대규모 소비로 표현되고, 실현된다는 전제, 인간의 초월성은 이러한 과정에서 실현된다는 전제에서 출발한다. 이러한 서구 문명의 전제들 위에서 평가 배점과 항목이 마련된다. 여기서 노동은 역사적 진보와 함께 축소되어야 하는 필요악이며, 인간은 자연으로부터 '독립적'일수록 자아실현이 가능한 존재이므로 자연은 투쟁의 대상이며, 더 많이 생산하고 더 많이 자원을 소비하는 것은 어떤 정당화도 요구되지 않는 절대적이고 내재적인 가치이다.

이러한 문명 프로젝트에 따르면 멕시코가 후진적이고 저개발 상태의 국가라는 점을 받아들이지 않을 도리가 없다. 심지어 지금 그렇듯이 그리고 경향상 그래왔듯이 서구의 발전된 국가들과 우리 사이의 거리가 계속 벌어진다면 더 후진적이고 더 저개발 상태가 될 것이다. 우리가 정점에 이르려면 어떻게 해야 할지 도무지 상상하기가 점점 더 어려워지고 있다. 자연히 깊은 멕시코는 원주민, 농민, 멕시코의 후진성과 저발전 상태를 명백하게 체현하는 도시 하위층이다. 원인을 따져볼 수 있다. 먼저 그런 집단들을 속박하는 착취에서 오로지 그 원인을 찾는 사람들이 있다.

이로써 '발전 경로'에 있는 멕시코에 그들이 동참하지 않는 이유가 설명된다. 그 집단들의 나태, 무지, 진취성의 부재를 꼽는 사람들도 있다. 첫 번째 설명에서는 깊은 멕시코가 다방면으로 난폭하고 체계적으로 착취당했다는 명백한 사실을 지적하지만, 성급한 결론을 내린다. 다른 문명이 존재한다는 근본적인 사실을 묵과하기 때문이다. 다른 문명이 존재한다는 사실 덕분에, 착취가 완화되거나 근절되면 착취당하는 집단의 구성원들은 상상의 멕시코가 내놓은 서구 프로젝트를 군말 없이 받아들이리라는 가설에 의문을 제기할 수 있다. 그래서 깊은 멕시코의 상황을 분석하는 이러한 방법 역시 서구적이며 교체 프로젝트로 이어진다. 서구 문명 프로젝트에서 따라 나오는 것 이상의 미래를 용인하지 않기 때문이다. 두 번째 설명도 다를 바 없지만 위선적이고 더 순진하다. 착취라는 문제를 분석에서 제거하고, 메소아메리카 문명에서 미래를 부정할 뿐 아니라 이 문명에 가담한 사람들의 '후진성'의 원인을 그 문명에 돌린다.

이쪽 길과 저쪽 길을 따라, 그리고 가운데 좁은 길을 따라 동일한 결론에 이른다. 상상의 멕시코의 프로젝트를 보편화해야 한다는 결론이다. 여기에는 메소아메리카 문명의 일원인 문화들의 교체가 함축되어 있다.

환영에 균열이 간 오늘날, 수많은 한계와 부끄러운 조정을 거쳐서 교체 프로젝트가 재형식화되어야 할 것이다. 지금까지 정부의 조치는 그 방향을 따라오고 있다. 그동안 상상의 멕시코의 주창자들과 수혜자들은 그런 노력을 함께할지, 다른 편에서 개인적 안녕과 대안을 찾을지 망설이고 있다. 경제 정치적 측면에서 위기가 고조되리라는 예견이 나오면서, 서구의 교체 프로젝트가 가리키는 다른 길을 보지 않으려고 애쓰는 사람들은 서둘러 입장을 정해야 하는 상황이 되었다.

이전 프로젝트의 기본적인 방향과 목적을 포기하지 않고, 메스티소라는 국가 프로젝트로 전환을 고집하는 사람들도 있을 것이다. 메스티소 프로젝트는 겉보기에 교체를 거부하고, 메소아메리카 문명에 긍정적인 가치들이 존재함을 인정한다. 그러한 가치들은 국가 프로젝트에 통합되어야 하고, 진정한 국민 문화를 창조하기 위한(그리하여 합법적이고 독자생존이 가능한 국가 프로젝트를 창조하기 위한) 통로로서 문명들의 융합이 상정된다. 앞에서 나는 '메스티소' 멕시코 문화라 불리는 것의 허위를 보여주려는 시도를 한 바 있다. 그 점을 재차 주장하지는 않을 것이다. 다만 새로운 한 가지 문화를 형성하기 위해 두 가지 이상의 서로 다른 문화를 통합하는 것은 가능하기는 하지만, 매우 긴 역사적 과정이 필요하다는 사실을 떠올려야 한다. 새로운 문화가 형태를 갖추도록 인도하는 요소들은 개인의 의지에 달린 일이 아니라 여러 세대가 잇달아 개입하는 폭넓은 사회적 과정이 가져오는 결과이다. 멕시코에 공존하는 문화들과 문명들의 융합이 일어날 수는 있지만, 가까운 미래에 일어날 일이 아니라는 점은 확실하다. 당연히 한두 세대의 활동이나 법령으로 정한다고 해서 나올 결과가 아니다.

　메스티소 국민 문화를 만들어내는 프로젝트를 강화시키려는 여러 발의와 활동이 있는데, 그 배경에는 상상의 멕시코를 도입하고 확장시키는 기계에 기름칠을 하려는 의도가 있다. 깊은 멕시코의 실제 문화적 행위에 몇 가지 양보를 해서, 뚜렷하게 나타나는 장애물을 제거하고, 상상의 프로젝트가 가지고 있는 뚜렷한 서구적 조건을 지역적 색채로 살짝 치장하는 것이다. 그런 양보는 내면적이라기보다는 형식적인 것에 가깝다. 핵심적인 문제는 여전하다. 타자를 인정하고 수용할 능력이 없다는 것이다. 이 경우에 타자란 다른 문명, 메소아메리카 문명이다. 인정과 수용이라는 사전 단계 없이 융합 프로젝트 혹은 문화적 혼혈 프로젝트에 대해 진지하게 이야기할 방법은 없다.

　다른 대안이 존재한다. 그 대안은 정확히 메소아메리카 문명의 인정과 수용, 그것이 함축하는 모든 결과에서 출발한다. 이것은 문화적 다원주의에서 출발하는 국가 프로젝트가 될 것이다. 이 프로젝트에서 다원주의란 극복해야 할 장애물이 아니라 프로젝트 고유의 내용, 프로젝트를 정당화하고 독자 생존이 가능하게 만들어주는 내용이다. 문화의 다양성은 출발점으로 인정되는 실제 상황일 뿐 아니라 프로젝트의 중심 목표가 될 것이다. 다문화 국가이길 그만두려 하지 않으면서도 다문화 국가를 발전시키는 것이다.

당연히 이러한 도전은 쉽지 않다. 지금까지 논의에서 문화들 간의 차이들, 특히 그 문화들이 상이한 문명에 속할 때 지향점, 가치, 통찰력, 세계에 대한 개념 형성에서 얼마나 깊은 차이가 있는지 충분히 보여주었기를 바란다. 문화적 모태의 그러한 특수성에 따라 문화의 명시적 특성들(복식, '관습', 생산과 소비 방식, 열망 등)에 의미와 뜻이 부여된다. 우리가 살펴보았듯이 깊은 멕시코의 문화들과 지배적인 서구 도시 문화 사이에는 차이만 있는 것이 아니라 모순과 대립도 존재한다. 그들은 같은 전망을 가지고 있지도 않고, 인간 활동의 수많은 중요한 측면에서 서로 호응하지도 않기 때문이다. 핵심적인 내용 가운데 하나로 다원주의를 받아들이는 국가 프로젝트가 짊어져야 하는 도전 과제 가운데 가장 고된 것이 그러한 대립을 화해시키는 문제이다.

종족적으로 다원적인 국가는 특정 집단들(마을들)이 나머지 집단들에 행사하는 지배를 내포하는 모든 권력 구조를 무효화하거나 삭제할 것을 요구한다. 멕시코의 경우, 500년 전에 수립되어 현재까지 폐기되지 않은 식민 질서의 삭제를 의미한다. 그리하여 억압된 마을들과 문화들을 해방시켜서, 그들이 민주적 참여를 통해 국가 활동 안에서 현재화되도록 만드는 것을 의미한다. 다시금 강조하자면, 그때의 민주주의란 개인의 권리와 함께 역사적 집단의 권리도 함께 인정하는 것이다. 국민적 일체성은 더 이상 획일성 위에 자리 잡기를 바라는 기계적 단위가 아니라, (불평등하지 않으며, 위계적 관계에 예속되지 않은)다양한 부문을 통합하는 유기적 단위로 계획된다. 그 단위 각각은 국민이라는 단위 내부에서 스스로 자신을 다스릴 실질적 권리를 가진다. 국민이라는 단위는 그 모든 단위를 하나로 묶는다. 국민이라는 단위를 둘러싸고 모든 단위가 공통의 목적과 이해관계를 공유한다. 모델과 동떨어진 집단들의 존재와 권리를 부정하며 스스로 단일하다고 여기는 단위보다, 이러한 유기적 단위가 더 단단하다. 실제와 더 가깝고 더 유망하기 때문이다.

다종족적 조건을 회복한 멕시코는 어떤 나라일까? 현존하는 모든 문화적 잠재력이 발전하여 유효성을 증명할 기회를 얻는 나라가 될 것이다. 다시 말해, 더 많은 대안이 있는 나라일 것이다. 역사 내내 창조해온 자원 한 조각도 부인하지 않을 수 있는 국민 사회가 될 것이다. 다양한 풍요로운 문화적 속성 덕분에 마침내 실질적 민주주의가 살아 숨 쉬는 나라가 될 것이다. 따라서 진정한 자기 자리에 서서 국제무대에서 활동할 수 있는 나라가 될 것이다. 스스로를 (강제 도입된 발전의 척도에 따라 저발전 상태의)열등한 국가로 여기는 것과 고유의 역사에서 도출된 고유의 목표를 지지하고 확신하는 나라로 여기는 것은 다르다. 그렇다면 진정한 탈식민에 대해 말할 수 있을 것이다. 탈식민화는 우리에게 강제 도입된 그 길을 따라가려고 분투하는 데 있지 않다. 강제 도입된 길이지만 아무도 그 길로 밀어 넣지는 않았다. 진정한 탈식민화는 자신의 길을 정해서 걸어가는 데 있다.

문명, 민주주의, 탈식민화

상당한 발전과 주도권을 거머쥔 중심들이 서구에서 잇달아 출현하면서, 역사적 미래의 어느 순간부터 서구 문명은 확장의 원동력을 얻게 되었는데, 거기에는 다른 문명들과 공존할 능력이 언제나 빠져있었다. 서구는 자기 자신을 바로 '그' 보편적 문명의 운반자로서 바라보는데, 유일성과 우월성을 내세우는 그 문명의 특징상 다른 문명 프로젝트는 그것이 무엇이든 부정하고 배제하는 성격을 지닌다. 지금까지 멕시코에서 지배 집단과 지배계급은 경제적인 면에서만이 아니라 모든 면에서 종속적인 조건에 처해 있었다. 그들이 일원인 문명에서 창조와 결정이 이루어지지, 정당성이 확보되는 중심은 여기에 있지도 않고, 그들의 통제 아래 있지도 않았기 때문이다. 그들의 종속적인 조건이 서구 확장의 역학관계에서 크리오요라는 변이를 만들어냈다. 그 변이는 모델이 되는 발전 국가들에 비하여 언제나 잘못된 복제물이며, 후진적이고, 항상 더 상스럽고, 유행으로서가 아닌 근대성을 이해할 능력은 부족하다(그래서 부수적이고 사생아 같은 근대성을 독려한다).

이슬람인들이 7세기 동안 에스파냐에 머물렀지만, 에스파냐는 서구 국가이지 이슬람 국가가 아니다. 이슬람 문명의 수많은 특성이 아무리 이베리아반도 문화들에 현존하고 있다 하더라도 그러하다. 서구는 500년 전에 멕시코에 난입했고, 더구나 우리는 서구 문명의 가장 강력한 국가와 3,000 킬로미터의 국경을 맞대고 있다. 서구를 전반적으로 부정하고, 서구로부터 우리를 고립시키려는 것은 불가능할 뿐 아니라 바보 같은 짓이 될 것이다. 내재적인 속성과 역학관계에 따라 다원주의의 가능성을 부정할 수밖에 없는 요소들을 가려내면서, 피할 수 없을뿐더러 자율적인 국가 프로젝트에 필요하기도 한 서구적 요소들을 어떻게 어울리게 만들 것인가가 관건이다. (구체적인 상황만 생각해보자면)기계를 신격화하지 않으면서 어떻게 기계를 제조하고 활용할까? 소비주의에 빠지지 않으면서 어떻게 필요한 자원을 생산할까? 극단적 입장에서는 불가능한 일이라고 확언할 것이다. 이 문제는 복잡한 역사적 과정을 통해 출현한 문화적 요소에 관한 것이며, 그 요소들의 기원이 되는 문명, 즉 서구 문명의 나머지 다른 원리들 및 가치들과 떼어내려 해도 뗄 수 없이 연결되어 있기 때문이다. 서구 문명은 그러한 요소의 기원과 태동을 설명하는 데 유효하지만, 다른 민족들이 다른 문명의 방향을 가지고 기계를 제조할 수 없다는 필연적 결론에 도달하지는 않는다. 이거 아니면 저거라는 식의 문제가 아니다. 어쩌면 다른 방식으로 문제 설정이 이루어져야 할지도 모른다. 말하자면, 서구에서 멕시코를 바라보는 시선 대신 멕시코에서 서구를 바라보는 법을 배워야 한다는 것이다.

　이렇게 해서 내가 말하고 싶은 것은, 멕시코 사회와 문화에 서구가 이식된 방식을 본질적으로 수정할 필요가 있다는 점이다. 정복 문명이라는 서구의 역사적 조건은 다원적 프로젝트를 실행할 수 있는 가능성과는 전면적으로 배치된다. 멕시코에서 서구 문명은 정복 문명의 모습이며, 다른 문화들의 발전을 존중하고 뒷받침한다는 결정과 양립할 수 없다. 결국 서구를 다시 흡수해야 한다. 혹은 더 정확히 말하자면, 처음으로 서구를 흡수해야 한다. 서구 사회들의 지배 경험과 결부된 역사적 관계가 그들의 문화에 오만한 옷을 입혀주었다. 그 문화로부터 필요한 요소를 박탈해야 할 것이다. 그러한 요소를 길들이고, 다른 기원을 가진 요소들과 공존시켜야 할 것이다. 서구 문명이 그려둔 기본적인 길을 따라가길 원하지 않는 요소들과 공존해야 할 것이다. 서구의 요소들은 유일한 것들도 아니고 지배적인 것들도 아니다. 그저 덧붙여지는 어떤 것들이어야 한다. 그 요소들이 최종적으로 놓여야 할 곳은 서구적이지 않은 프로젝트가 아니라 다원적인 프로젝트이며, 그런 프로젝트에서 메소아메리카 문명은 주역을 맡아야 할 것이다.

앞서 말한 것은 지금 이곳에서 민주주의의 의미와 실행과정에서 반드시 필요한 혁신을 따라 이루어진다. 형식적 개인주의 원리에 기초한 민주주의라는 서구의 일반개념은 종족적으로 다원적인 사회에서 주민의 참여를 보장하기에 역부족이다. 사실 앞 장에서 살펴보았듯이, 집단들이 민주주의를 같은 방식으로 이해하지 않으면, 민주주의 자체가 그 집단들의 참여를 방해하고 가로막는 메커니즘이 된다. 멕시코에서 서구식 민주주의는 메소아메리카 문화들의 발전을 제한하는 문화통제 시스템을 정당화해왔다. 따라서 대표성, 위임, 권력 행사의 메커니즘들을 근원부터 비판적으로 되짚을 필요가 있다. 멕시코 사회가 가진 다원적 조건을 실질적으로 존중하고 반영하는 결정이 취해지도록 실제로 담보할 메커니즘들을 설계하기 위해서이다.

어느 사회가 스스로 다원적이라고 실토하고, 다원적이기를 원한다면, 그런 사회에서 국민 문화를 사고하는 것은 단일 문화라는 발상을 포기한다는 의미이다. 멕시코를 구성하는 다양한 마을들이 하나의 문화를 공유한다고 해서 그 하나의 문화에 담겨 있는 구체적인 내용들이 공통적이지는 않을 것이다. 다양성 안에서 존중하고 공존하겠다는 의지가 무엇보다 공통적일 것이다. 국민 문화는 공존이라는 결실이 맺어진 넓은 영역이 될 것이다. 그런 영역에서 각 마을은 각각 고유의 프로젝트에 따라 발전할 수 있을 것이다. 이미 살펴보았듯이 반드시 필요한 수렴지점이란 몇 가지 되지 않는다. 독립 국가를 건설하고 유지한다는 결정과, 그 결정에 따라 다종족적 국가가 작동하는데 필요한 규범과 최소한의 수단을 받아들이면 된다.

독립부터 멕시코는 존재하지 않는 것으로 확인된 국민을 창조하는 막중한 과제를 떠안았다. 하나의 단일 사회에서는 그 국민이 표현되지 않기 때문에 존재하지 않는다고 여겨졌다. 국가 기구가 지나치게 비대해진 까닭은 아마도 그러한 과제를 완수하려는 노력에 크게 기인할 것이다. 그 나라에 존재하는 역사적으로 구성된 사회들이 가진 문화적 자율성을 존중하는 국가, 그 사회들 사이의 공존을 조정하고, 각 사회의 내부 영역을 넘어서는 전반적인 사안을 관리하는 국가는 기능을 축소하고 단순화한 작은 국가일 것이다. 그러나 그런 국가는 동시에 더 결집되고, 더 효율적일 것이다. 여기서, 다시 한번 민주주의가 시금석이 된다. 멕시코인들에게 민주주의가 의미하는 바가 시금석이어야 한다. 고도로 중앙집중적이고 모든 곳에 편재하는 권력은, 국가가 국민을 창조하며, 위로부터 구성된 문화적 모델, 위로부터 사회의 나머지 부분에 강제 도입된 문화적 모델에 따라 국민이 창조되리라는 발상과 결부된다. 다원주의의 인정, 즉 다원적 프로젝트의 수용은 권력의 실질적인 분권화를 수반한다. 행정의 영토적 분권화descentralización territorial de la administración가 아닌 결정권의 사회적 분권화descentralización social de las decisiones를 수반한다.

다원주의의 길

문명과 문명 프로젝트에 대한 이야기를 할 때, 촌각을 다투는 결정과 현실적인 문제들이 가진 구체성과는 거의, 혹은 아무런 관련 없는 지나치게 추상적인 일반개념들을 다루는 것처럼 보일 수 있다. 당연히 그렇지 않다. 다양하지만, 동일한 현실에 관해 서로 분리할 수 없는 층위들을 다루고 있다. 멕시코가 가진 문제의 문명적 차원을 내가 끈질기게 붙잡고 있는 이유는 정확히 이것, 문명적 차원이 논쟁에 빠져 있다고 생각하기 때문이다. 그래서 당면한 문제들과 그 문제를 해결하기 위해 제시된 해결책들을 더 넓은 관점에 삽입하기 어렵다. 그러나 더 넓은 관점에서야 깊이를 가지는 진정한 의미를 얻을 수 있다. 따라서 새로운 문명 프로젝트를 수용한다는 것은 의식적이든 무의식적이든 우리가 매일 그 프로젝트를 따라서 혹은 그것을 거부하면서 선택지를 만든다는 의미이고, 그러한 점에서 우리가 당면한 과제에 의미하는 바가 있다.

따라서 다원주의적 국가 프로젝트를 시범적으로 가동하는데 기여할 몇 가지 구체적인 조치를 간략히 살펴볼 수 있다. 중요한 세부 사항을 모두 갖춘 적확한 프로젝트는 그 본질상 역사적으로 구성된 다양한 사회들의 뒷받침과 그들의 다양한 문화들이 만들어내는 복합적인 관점을 통해서만 구성될 수 있다는 점을 여기서 기억해야 한다. 우선적으로 살펴보아야 할 기본적인 문제는 억압된 문화를 해방시키기 위한 조건, 즉 억압된 문화의 가담자들이 자신의 다름을 부인하지 않으면서, 새로운 사회의 설계와 건설에 평등하게 참여하기 위하여 반드시 필요한 요건을 어떻게 만들어내는지에 관한 것이다.

이 책에서 여러 차례 살펴보았듯이 상대적으로 소규모 지역 사회들(촌락, 공동체, 마을, 바리오)은 깊은 멕시코의 연속성을 가능하게 해온 사회 시스템이다. 그 한가운데에서 메소아메리카 문명이 다시 살아나고, 일상적으로 살아 숨 쉰다. 또한 그곳에서 문화적 모태들이 보존된다. 만약 그렇다면 다원적 국가 프로젝트 내부에서 상호보완적인 두 가지 조치가 갈라져 나온다. 한편에서는 지역 공동체를 국가 조직의 기초적인 구성 단위로 인정하고 강화시키는 것이 반드시 필요하다. 다른 한편에서는 아래로부터, 다시 말해 바로 그러한 공동체로부터 지역문화 발전을 가능하게 할 더 포괄적인 상위 사회조직의 층위들을 구성하거나 재구성하는 조건들을 만들 필요가 있다.

첫 번째 갈래는 지역 공동체를 강화시키고 고유의 문화 영역을 확대하는 쪽으로 뻗어간다. 이 경우 실제 공동체들의 영토에 맞추어 행정적 구획을 조정하기 위해 현재의 행정 구역을 검토하는 것부터 시작하게 된다. 행정 구역은 공동체의 구성 및 역사적 궤적과 무관하게, 이해관계에 의해 나누어지고 정해지는 경우가 태반이기 때문에 실제 영토와 행정 구역이 일치하지 않는 경우가 많다는 점을 앞에서 언급한 적 있다. 원래 하나인 공동체가 무니시피오와 에히도의 경계로 조각나는 경우가 많다. 도시 행정의 사회적 공간적 기본 단위로서 바리오는 간과되고, 도시계획은 유행을 따라서, 부패가 개입되어서, 혹은 외지 모델의 영향을 받은 기술 관료의 비전에 맞춰서 진행된 결과, 바리오의 통합성이 깨진다. 실제 사회 시스템의 역사와 필요에 따라 지역 영토를 되살리는 일은 다원적 국가 프로젝트를 향한 발걸음을 내딛기 위한 첫 번째 조건들 가운데 하나이다.

지금 존재하는 사회 시스템의 현실에 맞춰 영토 구획을 재조정하는 것은 최종 목적이 아니다. 영토의 인정은 지역 공동체에게 물리적 공간을 보장해주기 위해 필요하다. 지역 공동체가 공동체의 프로젝트를 발전시켜나갈 수 있으려면 직접적 통제 아래에 있는 인접 영역으로서 물리적 공간이 필요하다. 그러나 그만큼 혹은 그보다 더 중요하게 모색되는 일은 멕시코를 구성하는 기초적인 사회정치 단위들의 영토적 기반을 인정하는 것이다. 여기에는 국가 영토의 새로운 구성이 권력 분립의 일차적인 기본 층위를 나타내리라는 기대가 담겨 있다. 따라서 역사적으로 구성된 지역 사회들은 합법적인 정치 단위로서 인정받을 뿐 아니라 점점 확장되는 관련 사안들의 스펙트럼에 대한 결정 권한을 가지게 된다.

다원적 프로젝트의 일부로 앞서 언급한 것에 도달하려면 사회조직의 내부 형태를 존중해야 하며, 모든 사회조직에 똑같은 규범과 절차를 적용하는 지방 정부 구조만 용인하는(혹은 오히려 강제로 도입한) 현재의 틀을 버려야 할 것이다. 자기 나름의 절차에 따라 지역 공동체의 권위를 누구에게 부여할지 지정하고 그에게 정당성을 부여하는 형식을 고안하고 유지해온 공동체가 다른 시스템을 받아들여야 할 어떤 결정적인 이유가 존재할까? 이를테면 많은 공동체에서 전통적으로 지역정부의 임기는 1년인데, 굳이 3년마다 정부를 교체할 필요가 있을까? 공동체에 봉사하는 카르고 시스템의 서열 구조보다 (사실상 멕시코의 수많은 지역에서 행해지지도 않고 존중되지도 않는) 보편, 직접, 비밀 선거가 권위를 얻는데 내재적으로 더 우월한 방법인가? 원주민 정부 형태를 약화시키고 위기에 빠트리는 원인 대부분은 정확히 그런 형태를 인정하지 않는 외부의 결정에서 찾을 수 있다. 가령 지역과 무니시피오 예산과 공공건설, 교육, 사업을 비롯한 다른 공동체 사안의 예산권이 전통적 권위 시스템에 있다면, 많은 사람이 카르고 시스템에서 1년 임기의 직책을 맡지 않으려고 기피하는 이유도 사라지게 될 것이다. 예상과는 반대로, 전통적 권위 시스템이 강화된다는 사실이 공동체 사안을 관리하는 데 경직되고 정체된다는 의미로 해석되지 않을 수 있다. 오히려 식민지배가 전통적인 정부 형태로부터 제거해버린 기능을 효과적으로 복구하면, 그러한 정부 형태는 활발히 작동되고 현재화될 수 있다. 외부의 압력이 저항과 '보수주의' 이외 다른 출구를 남겨두지 않았던 탓에 전통적 정부 형태를 현재화하기 어려웠다. 예를 들어, 연장자 중심의 카르고 시스템을 바꿔야 할 상황이 되자 젊은이들이 그런 경향을 바꿔나가면서 권위를 가진 정당한 자리를 얻었던 기록이 있다. 그러나 그러한 변화는 단절이 아니라 공동체 자체 프로젝트에 따라 자치를 해나가기 위해 필요한 공동체 역량이 혁신되는 과정이다. 여전히 고립된 상태로 고유의 지역 정부 형태를 인정받으려는 정치투쟁의 경험도 있는데, 이러한 문제에 대한 의식화가 새롭게 진행되고 있음을 보여주는 증거이다.

이런 과정에는 어려움이 따를 것이다. 많은 경우 첫 단계에서 공동체적이지 않은 이해집단 일부(가지각색의 카시케들)가 자신의 이익과 특권을 확대하고 권력을 다지려고 새로 생긴 지역 자치권의 여지를 이용하려 들 것이 뻔하다. 그러나 고유의 사안에 대해 더 광범위한 효과적인 문화 통제권을 공동체에게 되돌려준다는 결정을 통해 그러한 위험을 피해나갈 내적 역량이 동시에 분출될 것이다. 공동체들이 자기 문화에 대한 통제력을 회복함에 따라 역사적으로 강제 도입된 이해집단들, 그래서 공동체 고유의 프로젝트와 반대되는 외지의 이해집단들을 몰아낼 더 나은, 더 강력한 자원을 갖추게 될 것이다.

500년 동안, 그리고 지금까지 깊은 멕시코의 저항과 생존에만 이용된 모든 문화적 과정은 지역 문화의 혁신과 발전을 향해 나갈 수 있을 것이다. 이것은 내생적인 과정이지 외부에서 강제 도입된 과정이 아닐 것이다. 그러나 이 과정에서 공동체 스스로의 결정에 따라 오늘날 지배 사회에만 속해 있는 문화적 요소 가운데 다수를 활용할 수 있을 것이다. 지금까지는 공동체가 그러한 요소에 접근하지 못했다. 지배와 배제의 시스템이 그것을 가로막았기 때문이다. 혹은 지배와 배제의 시스템 일부로서 그런 요소를 강제로 도입하고자 했기 때문에 공동체가 그러한 요소에 접근하길 거부했을지도 모른다. 고유의 문화 통제권을 회복하는 것으로 이런 상황은 완전히 바뀌게 될 것이다.

공동체가 자기 통제 아래 문화적 공간을 확장해감에 따라 지역적 차원에서 시작할 수 있는 조치들이 다양해질 것이고, 무엇보다 지역에서 발의안들이 나오게 될 것이다. 그러나 그 과정을 지원하고 장려하는 포괄적 정책이 도입될 때, 그 과정이 훨씬 빨리 진행될 것임은 분명한 일인데, 이미 그것과 관련된 중요한 경험을 가지고 있다. 교육 내용과 방법론, 전반적으로 학교 시스템의 구성과 기능에 대한 결정을 점차 공동체에게 일임하기 위하여 교육 정책을 세심하게 검토할 필요가 있을 것이다. 자율적으로 운영되는 생산 프로젝트에 충분한 정책자금과 대출을 지원하는 것도 반드시 필요할 것이다. 다만 그러한 생산 프로젝트를 상상의 멕시코가 가지고 있는 엄격한 계량경제 기준에 맞추려 해서는 안 된다. 이 모든 일이 공동체의 의견을 '고려'하는 것 이상을 요구한다. 문제는 그들의 결정을 수용하고 존중하는 것이다. 그러려면 깊은 멕시코를 구성하는 공동체들이, 이 책에서 내내 언급했던 식민 억압이 만들어내는 모든 내적 결과를 감당하면서 수세기 동안 속박된 상태였다는 근본적인 사실을 망각해서는 안 된다. 그러한 사실로 인하여 지역 문화들의 회복과 현재화를 독려하려는 의도를 가진 모든 조치들을 확실히 밀어붙이게 된다. 만약 진정으로 다원주의적 국가 프로젝트를 독려하고 싶다면 그렇게 해야 할 것이다. 다원적 국가 프로젝트의 핵심 가운데 하나는 문화 통제권을 회복할 기회를 이용할 조건에 있을만한 새로운 인물들을 공동체 안에서 발굴하여, 그들의 역량을 폭넓고 집중적으로 강화시키는 일이 될 것이다. 다만 그런 인재 양성이 그들을 공동체로부터 이탈시키거나 그들 자신의 문화를 부정하게 만들어서는 안 된다. 이 새로운 인물들(주창자라는 용어를 최대한 넓은 의미로 사용한다면 그렇게 부를 수 있다)이 자기 문화를 재평가하고, 재평가한 관점에서 외지의 문화적 요소들을 비판적으로 전유할 수 있게 도우려면 그러한 양성과정이 필요하다. 내가 국가 차원에서 제안한 과정과 유사하면서도 보완적인 과정이다. 여기서 문제는 공동체로부터 서구를 바라보는 것이며, 서구의 눈으로 공동체를 바라보는 일을 그만두는 것이다.

지금까지 나는 깊은 멕시코의 기초 조직이자 다원주의 국가 프로젝트에 반드시 필요한 버팀목인 지역 공동체를 강조해왔다. 그러나 공동체를 문화적으로 활성화시키는 것만으로는 문명 과정에 생기를 불어넣는데 충분치 않다. 왜냐하면 문명 과정은 국민국가 조직의 다른 층위와 연

3부 국가 프로젝트와 문명 프로젝트

루되기를 요구하기 때문이다. 여러 차례 언급했듯이 식민지배의 가장 파괴적인 효과 가운데 하나는 메소아메리카 문명의 사회적 영역을 지역 공동체의 협소한 경계로 좁혔다는 것이다. 문제는 촌락 문명을 회복하는 것이 아니라 현재화되어 오늘날 유효한 문명, 미래를 비추는 문명이 발전하도록 필요한 공간을 재구성하는 것이다.

국가를 재구성하는 데, 즉 적법한 국가의 일부로 그 존재를 인정받는 사회정치적 단위들을 정의하는 데, 행정 구역의 경계를 역사적으로 구성된 지역 사회들의 경계에 맞추기 위해 재배치하는 것만으로 충분하지 않을 것이다. 더 깊이 파고들 필요가 있다. 왜냐하면 식민역사가 남긴 결과를 손보는 문제이기 때문이다. 지역 차원의 구조들보다 더 포괄적인 사회구조를 재창조해야 하는데, 공동체에 유폐되어 살아남은 문명을 자극하는 데 필요한 틀을 부여하기 위해서다. 많은 것을 떠올리지 않더라도 연방을 구성하는 주들이 성립되고 현재와 같은 경계가 그어진 것은 역사적 의미에서 보자면, 거의 대부분 매우 최근의 결정에 따른 결과임을 알 수 있다. 예외적 경우가 아니라면 그러한 분할은 뿌리 깊은 역사적 연속성에 따른 결과도 아니고, 그런 연속성을 가지고 있는 주민들의 실제 분포에 따른 결과도 아니다. 와스테카주, 마야주, 오토미주가 존재할 만한 유구한 배경이 있고, 그런 마을들은 고유의 문명 프로젝트를 현재화하기 위해 반드시 필요한 사회정치적 조직까지 만들어냈을 법하지만, 그것들은 존재하지 않는다. 주 경계를 재설정하는 것으로 해결될 단순한 문제가 아니다. 이 일은 그보다 훨씬 복잡하다. 그러한 정치적 단위들(주, 지구, 무니시피오)의 종족적 기반을 인정하게 되면, 그들에게 내부적 삶을 조직할 권리를 보장하게 되고, 그들은 문화적 전통에 함축된 특유의 역사적 프로젝트에 근거하여 국가적 사안에 참여하게 될 것이다. 그들이 따르는 문화적 전통은 지향점을 제시해주는 전통이라고 내부적으로 인정된 것이며,

그들이 근거로 삼는 역사적 프로젝트를 규정하고 뒷받침하는 전통이다. 그렇다면 그저 단순히 이름을 바꾸는 문제나 주들 사이의 경계의 문제가 아니다. 깊은 멕시코의 마을들이 문화를 재구성하고 발전시키는 역량을 질적으로 끌어올릴 수 있는 조건을 가지도록 지역 공동체 층위보다 더 포괄적이고 복합적인 정치조직의 층위를 갖추게 한다는 결정이다.

메소아메리카 문화의 번영을 보장하려면 더 포괄적인 사회조직의 층위들을 구조화하는 것이 반드시 필요하다. 공동체 층위에서 자치권을 존중하는 것과 상위의 정치 구조에서 그렇게 하는 것은 다르다. 수많은 프로젝트가 지역 공동체의 경계를 넘어서는 문화적 요소의 참여와 기여를 요구하기 때문에, 지역 공동체라는 제한된 틀에서 완수할 수 있는 프로젝트는 많지 않다. 멕시코에는 단 한 개의 공동체로 줄어들 정도로 파괴된 원주민 마을들이 있다. 그러나 오늘날에는 상대적으로 서로 고립된 지역 공동체라 하더라도 많은 수의 공동체를 포괄하는 마을들도 적지 않다. 다원적 국가 프로젝트란 식민지배로 잠시 끊긴 역사의 물줄기를 다시 터주는 것이다. 또한 21세기가 부과하고 허락하는 조건들 안에서 독자 생존이 가능한 마을들을 재구성하도록 돕는 것이다. 이것은 다시금 우리들의 민주주의라는 문제와 관련된다. 중앙 정부가 결정을 내리는 모든 영역에서 그러한 마을들의 실질적인 대표성을 반드시 보장할 필요가 있다. 원주민 마을들을 이루는 수백만 명이 입법부에 확실한 자신의 대표를 내세울 방법이 없는 것과는 대조적으로, 최근 국면의 도움을 받아 위로부터 만들어진 여러 주마다 상원의원석이 두 자리씩 배정되어 있다는 사실에는 뿌리 깊은 비합리성이 있다. 마을들의 대표성이란 역사적 정당성을 가진 차별화된 대표성이지, '보편적' 개인 선거권에 토대를 둔 이미 전제된 대표성이 아니다.

현재 상황에서 다원성을 인정하고 메소아메리카 문명과 지역 문화들의 발전을 뒷받침할 법률적 구조적 변화를 확산시킬 가능성은 매우 요원하다. 마을들의 진정한 대표성이 존재하지 않기 때문이다. 또한 그들의 사안과 이해관계는 서구에서 도입된 시선 아래에서 국가의 지배적 프로젝트라는 유일한 관점에서 감지되기 때문이다. 그러한 식민적 매개를 끊는 일이 시급하다. 깊은 멕시코가 목소리를 내게 하는 일이 시급하다. 그리고 당장 그 목소리를 들어야 한다.

피할 수 없는 딜레마

나는 이 책에서 부정당한 문명의 운반자인 깊은 멕시코가 수천 년 역사를 가진 끊긴 적 없는 과정, 즉 메소아메리카 문명 과정의 농축물임을 보여주고 싶었다. 최근 5세기 동안(메소아메리카 문명의 장구한 역사로 보자면 한 순간에 불과한 시간이다) 메소아메리카 마을들은 잔혹한 억압 시스템에 예속되어 살아왔다. 그러한 억압은 그들의 삶과 문화의 모든 측면에 영향을 주었다. 식민지배의 자원은 다양했고, 시간의 흐름 속에서 변화했다. 그러나 낙인, 폭력, 부정은 지속적이었다. 그 모든 것에도 불구하고 메소아메리카 문명은 현존하며, 살아 있다. 자신의 고유 정체성을 유지하고 그 차이를 긍정하는 마을에서만이 아니라, 자신을 원주민으로 인정하지 않지만 메소아메리카 기원의 문화적 모태에서 출발하여 집단적 삶을 조직하는, 멕시코 사회 대부분을 차지하는 광범위한 부문들에서 메소아메리카 문명은 현존한다. 그 모두가 깊은 멕시코를 형성한다. 그런 깊은 멕시코는 권력을 가지고, 유일하게 유효한 국가 프로젝트의 운반자를 자처하는 상상의 멕시코에 의해 체계적으로 무시되고 부정된다.

나는 잔혹한 장면들보다는 결정적인 순간들로 그려진 재앙의 연대기와 치욕의 비망록을 쓰려 했다. 상상의 멕시코가 보듬어 온 환영에 지금 발생한 균열은 외부 상황을 탓할 수 있는 순전한 실수가 아니라, 서구 모델을 따라 서툴게 모방한 현실로 멕시코의 현실을 교체하려는 길고 긴 고집스러운 역사가 남긴 피할 수 없는 산물이라는 점에서 재앙의 연대기이며, 다른 쪽에서 역사를 바라보고 이해하는 것이 반드시 필요하기 때문에 치욕의 비망록이다. 다른 쪽에는 일상적 폭력, 착취, 폄하, 배제를 살아온 마을들이 있다. 그들 자신의 것도 아니고, 그들을 용인하지도 않는 문명 프로젝트에 그들을 예속시키려는 시도가 계속되었다. 멕시코에 대해 온전히 균형 잡힌 비전을 가지려면 대조를 위한 항으로 여기에 겨우 그려 넣은 이러한 역사의 비망록이 반드시 필요하다. 우리가 길을 나서려면 반드시 있어야 하는 양쪽 다리 가운데 한쪽 다리와 같다.

나는 오늘날의 위기가 멕시코의 위기가 아니라, 깊은 멕시코를 간과했던 발전 모델의 균열이라는 점을 분명히 보여주려고 애썼다. 언젠가는 고갈되겠지만, 충분한 자연 자원이 우리에게 있고 매우 다양한 문화적 시스템을 갖추고 있다. 각 문화에 함축되어 있는 실현 욕구를 따라서, 문화 시스템을 통해, 우리가 가진 자원은 여러 가지 방식으로 인간 삶을 더욱 풍요롭게 만드는 데 유용한 요소로 바뀐다. 그와 동시에 나는 단일 모델을 강제 도입하려는 노력이 우리가 가진 것을 어떻게 활용하지 못하게 하고 정신분열적 상황을 유발시키는지 지적하려고 했다. 그러한 상황에서 현실은 현실대로 자기 방향으로 진행되고, 국가 프로젝트는 프로젝트대로 자기 방향으로 상상을 펼쳐간다.

환영의 균열을 목도하면서 결국 내가 보여주고 싶었던 것은 진정한 국가 프로젝트를 형식화하기 위해서 우리 자신으로 시선을 돌리고, 우리의 힘이 무엇인지, 우리의 자원과 역량이 무엇인지 찾을 필요가 있다는 점이었다. 그것이 진정하기 때문에 독자 생존이 가능한 프로젝트를 위한,

우리 모두의 집을 짓기 위한 설계도이자 자재이다.

　나의 결론은 다원적 국가를 구성하자는 제안을 우리 스스로에게 하는 것과 다름없다. 그러한 국가라면, 대단히 다양한 문화들로 구현된 메소아메리카 문명이 그에 마땅한 자리를 얻고, 우리가 멕시코로부터 서구를 볼 수 있게 해줄 것이다. 다시 말해, 메소아메리카 문명은 이 땅에서 저먼 옛날부터 한 걸음 한 걸음 단련되어온 것이므로, 그리고 그러한 문명은 죽은 것이 아니라 깊은 멕시코의 심장부에서 숨 쉬고 있는 것이므로, 우리 고유의 문명의 관점에서 서구를 이해하고 서구의 성과를 활용할 수 있게 해줄 것이다. 메소아메리카 문명 과정의 유효성을 인정하는 다원주의적 프로젝트를 채택함으로써 우리는 있는 그대로의 우리, 우리일 수 있는 우리가 되길 원할 수 있을 것이다. 깊은 역사에서 유래한 고유의 목표를 가지고, 고유의 목적을 좇는 나라일 것이다. 안팎으로 우리의 차이를 긍정할 때, 우리는 이른바 서구 헤게모니를 급진적으로 부정하게 될 것이다. 서구 헤게모니의 전제에 따르면 차이는 불평등의 다른 표현이며, 다르다는 것은 정의상 열등함을 의미한다.

　마지막으로 이 책에서 문명의 문제가 중요하지 않을 수 없다는 점, 오늘날의 상황에서 어떤 경우라도 미룰 수 있는 문제가 아니라는 점을 보여주고자 했다. 나는 그것이 문제라고 강력히 주장하고 싶었다. 왜냐하면 문명 안에서 우리가 건설하려는 사회 모델이 규정되기 때문이다. 멕시코의 방향을 재설정하기 위해 우리가 해야 할 피할 수 없는 결정들은 문명 프로젝트의 한 가지 선택지를 구성한다. 그것은 서구 프로젝트, 상상의 멕시코가 내놓은 프로젝트의 경계를 감히 넘어서지 못하고 있는 직접적인 정치적 논쟁 이상의 것이다. 만약 독자가 이 책을 읽고 어느 정도라도 이러한 문제에 대해(여기서 설정한 대로든 아니든) 성찰하는 데 자극을 받았다면, 이 책을 쓴 목적은 완수된 것이다.

부록

서문에서 밝혔듯이 일반 독자들이 이 책에서 다룬 기본적인 주제들을 상세히 살펴볼 수 있도록 참고할 만한 기본 도서를 안내하는 부록을 덧붙인다. 지나치게 방대한 참고문헌을 제시하지도 않았고, 이 책을 집필하는 동안 유용하게 참고했던 문헌을 모두 싣지도 않았다. 관심 있는 독자가 인용된 부분을 확인하고 안목을 넓혀나가길 바라며 이 책에서 직접 인용한 책에는 *표시를 하였다.

개론서

멕시코 역사를 이해하는 데 내게 가장 유용했던 책은 총 네 권의 *Historia general de México*(El Colegio de México, 1976)이다. 특히 Alejandra Moreno, Enrique Florescano, Isabel Gil, Moisés González Navarro, Luis González, Carlos Monsiváis, José Luis Martínez가 쓴 장들을 참고했다. Alfonso Caso, Silvio Zavala, José Miranda, Moisés González Navarro, Gonzalo Aguirre Beltrán, Ricardo Pozas의 글을 묶어 출간한 *Métodos y resultados de la política indigenista en México*(INI, 1954)와 Shirley Brice Heath의 *La política del lenguaje en México: de la Colonia a la nación*(INI, 1972)은 인디헤니스타 정책의 역사에 특히 관심을 기울이고 있다. 다양한 주제에서 내게 영감을 주고 방향을 제시해준

선구적인 책으로는 Eric Wolf의 *Pueblos y culturas de Mesoamérica*(Editorial ERA, 1967)가 있다. 더 최근의 책으로는 Gonzalo Aguirre Beltrán의 *Lenguas vernáculas, su uso y desuso en la enseñanza: la experiencia de México*(CIESAS, 1983)가 있다.

식민지 시대 이전 메소아메리카 문명

메소아메리카 문명의 흐름에 대한 해석 가운데 가장 완성도가 높은 저작은 앞에서 언급한 Eric Wolf의 책과 Friedrich Katz의 *The Ancient American Civilizations*(Weidenfeld and Nicolson, 1972)인데 안타깝게도 아직 에스파냐어로 번역되지 않았다. Paul Kirchhoff의 *Mesoamérica. Sus límites geográficos, composición étnica y caracteres culturales*(SAENAH, 1960)는 이 분야의 고전이다. 다른 개설서로는 Ángel Palerm의 *Agricultura y sociedad en Mesoamérica*(SEPSETENTAS, 1972), Román Piña Chan의 *Una visión del México prehispánico*(UNAM, 1967), 여러 전문가가 공저로 참여하여 INAH에서 출간한 총서 *México: panorama histórico y cultural*이 있다.

아스테카 세계는 가장 잘 기록되어 있다. 이해하기 쉬운 개론서로는 Alfonso Caso의 *El Pueblo del Sol*(FCE-SEP, 1983) ; Miguel León Portilla의 *Los antiguos mexicanos a través de sus crónicas y cantares*(FCE-SEP, 1983); Laurette Séjourné의 *Pensamiento y religión en el México antiguo*(FCE-SEP, 1983); Ignacio Bernal의 *Tenochtitlan en una isla*(INAH, 1959); Jacques Soustelle의 *La vida cotidiana de los aztecas en vísperas de la Conquista*(FCE, 1956)가 있다.

마야 문화와 관련하여 Adrián I. Chávez가 직접 옮긴 *Pop Wuj*(CISINAH, 1979)는 반드시 살펴보아야 하고, 이외에 최근 저작으로 Alberto Ruz의 *El pueblo maya*(Salvat y Fundación Cultural San Jerónimo Lídice, A.C., 1981)를 가장 추천할 만하다. 오토미인에 관해서는 Pedro Carrasco의 *Los otomíes. Cultura e historia prehispánicas de los pueblos mesoamericanos de habla otomiana*(UNAM, 1950)가 있다.

메소아메리카 문명의 독자적인 측면들을 더 자세히 살펴볼 수 있는 최근의 저작으로는 Teresa Rojas Rabiela와 William T. Sanders가 총 2권으로 엮은 *Historia de la agricultura. Época prehispánica*(INAH, 1985)와 Brigitte Boehm de Lameiras가 쓴 *Formación del Estado en el México prehispánico*(El Colegio de Michoacán, 1986)가 있다.

당연히 연대기 작가들과 정복자들이 남긴 문헌은 필독서 목록에 들어 있지만, 저자들이 식민자라는 조건에 있으면서 식민지 시대 이전 멕시코를 본질적으로 왜곡하여 이해할 수밖에 없었다는 점을 잊어서는 안 된다.

식민 체제

이 부록의 첫머리에 언급한 개론서의 성격을 가진 저서들은 식민 체제를 다루는 데 일부 페이지를 할애하고 있지만, Charles Gibson의 *Los aztecas bajo el dominio español(1519~1810)*(Siglo XXI, 1967); Jacques Lafaye의 *Quetzalcóatl y Guadalupe. La formación de la conciencia nacional en México*(FCE, 1977)도 흥미로울 것이다. Robert Ricard의 *La conquista espiritual de México*(Jus/Polis, 1947)는 프랑스어로 쓰인 원저작의 일부 단락을 번역자가 자의적으로 생략하기는 했으나 마찬가지로

흥미로운 내용을 담고 있다. Ma. Teresa Huerta와 Patricia Palacios가 함께 편집한 *Rebeliones indígenas de la época colonial*(SEP-INAH, 1976)도 참고할 만하다

19세기

이 책의 핵심 주제, 특히 메소아메리카 문명의 마을들에 대한 정부 정책이라는 주제에 관해서는 개론서 부분에서 인용했던 Moisés González Navarro의 저작들이 필수 참고문헌이다. 그의 저서 중 *Raza y tierra. La guerra de castas y el henequén*(El Colegio de México, 1970)과 그와 떼어놓고 생각할 수 없는 동료 Nelson Reed의 *La guerra de castas en Yucatán*(Era, 1976)이 있다. 19세기 중반의 전반적인 상황을 살펴볼 수 있는 책으로는 Francisco López Cámara의 *La estructura económica y social de México en la época de la reforma*(Siglo XXI, 1967)가 있다. 도시의 원주민에 대한 연구로는 Andrés Lira의 *Comunidades indígenas frente a la ciudad de México*(El Colegio de México, 1983)가 있다. 원주민 반란에 대해서는 Leticia Reyna의 *Movimientos campesinos en México durante el siglo XIX*을 참고할 수 있다

현대 원주민 문화

이 주제에 대한 참고문헌은 매우 광범위하다. 불행히도 현대 원주민 문화에 대해 만족스러울 만큼 종합적인 설명을 해주는 에스파냐어 종족

지학 개론서는 없다. 가장 좋은 개론서로는 Eric Wolf와 앞에서 인용한 적 있는 Gonzalo Aguirre Beltrán과 Ricardo Pozas의 저작이 있다. Gonzalo Aguirre Beltrán의 저작 가운데는 해당 주제에 대한 개괄적인 비전을 제시해주는 *Formas de gobierno indígena*(UNAM, 1953)와 *Medicina y magia*(INI, 1963)도 있다. 대부분의 정보는 개별 공동체 문화를 기술하는 종족지 기술로 흩어져 있다. 국립인디헤니스타연구소는 멕시코와 해외 저자들의 저작을 70권 넘게 출간하여 멕시코의 종족지적 파노라마를 넓은 스펙트럼으로 다룬다. Julio de la Fuente의 *Yalalag. Una villa zapoteca serrana*; Calixta Guiteras Holmes의 *Los peligros del alma. Visión del mundo de un tzotzil*(FCE, 1965); Ricardo Pozas의 *Chamula, un pueblo indio de los Altos de Chiapas*(INI, 1959); Alfonso Villa Rojas의 *Los elegidos de Dios. Etnografía de los mayas de Quintana Roo*(INI, 1978)는 멕시코의 고전적 기록지라는 점에서 언급해야 한다. 원주민공동체에서 옥수수의 중요성에 대해서는 두 권으로 된 증언모음집인 *Nuestro maíz(Museo Nacional de Culturas Populares, México, 1982)를 참고할 수 있다.

인디헤니스모와 원주민 문제

Manuel Gamio의 선구적 저서는 *Forjando patria*(Porrúa, 1960)이다. 가장 훌륭한 역사적 분석은 Luis Villoro가 쓴 *Los grandes momentos del indigenismo en México*이다. Gonzalo Aguirre는 *El proceso de aculturación*(UNAM, 1957)과 *Regiones de refugio*(Instituto Indigenista Interamericano, 1967) 두 권에서 인디헤니스모의 이론적 기반을 형식화했다.

초기의 비판적 문제 설정들 중에는 Rodolfo Stavenhagen의 *Las clases sociales en las sociedades agrarias*(Siglo XXI, 1969), Ricardo Pozas와 Isabel H. de Pozas가 공저로 참여한 *Los indios en las clases sociales de México*(Siglo XXI, 1971); Arturo Warman을 비롯하여 여러 저자가 쓴 *De eso que llaman antropología mexicana*(Nuestro Tiempo, 1970)가 있다. 새로운 원주민 정치운동에 관해서는 내 책 *Utopía y revolución. El pensamiento político contemporáneo de los indios en América Latina*(Nueva Imagen, 1981)와 CADAL(Centro Antropológico de Documentación para América Latina)의 *Cuadernos*를 참고할 수 있다.

　이 책을 구성하는 바탕이 된 이론적 틀은 내 글 La teoría del control cultural en el estudio de procesos étnicos(*Papeles de la Casa Chata*, 3, CIE-SAS, 1987)에서 발전시켰다.

옮긴이의 말

'México'에는 여러 의미가 교차한다. 모두가 알고 있는 의미로는 미국과 국경을 접하고 있는 북아메리카 대륙의 국가명이다. 그러나 그 나라 안에서 일상적으로 사용될 때 méxico라는 말에는 수도인 멕시코시티를 비롯한 주변 지역을 한정하여 지시하는 의미가 담긴다. 멕시코시티와 바로 인접한 주의 이름이 Estado de México이기도 하다. 멕시코 남부 지역을 여행하다가, 멕시코에서 왔냐는 질문을 받은 적이 있다. 그 질문의 정확한 의미는 멕시코시티에 머물면서 이곳으로 여행을 왔냐는 질문이었다. 멕시코 국내에서, 멕시코인에게서, 멕시코에서 왔냐는 질문을 받았을 때의 당황스러움을 잊지 못한다. 꽤 오랜 시간이 지나서야 그 당황스러움으로부터 자국을 인지하고 경험하고 수용하는 밀도가 이토록 다를 수 있다는 깨달음을 얻을 수 있었다.

México라는 국명에는 오늘날 멕시코시티와 그 주변부에 해당하는 중앙 분지 중심의 사고가 담겨 있다. 흔히 México의 어원을 나우아어에서 찾는데, '달'을 뜻하는 metzi, '중심'을 뜻하는 xictli, '장소'를 뜻하는 co가 합쳐진 것으로, 오늘날 멕시코시티에 해당하는 지역에 근거지를 둔 메시카인을 뜻하는 말이었다. 멕시코 국기의 문양인 선인장 위에 앉아 뱀을 물고 있는 독수리의 모습 역시 메시카인의 신화를 형상화한 것이다. 19세기 초 독립국가로서 멕시코가 국가의 기원을 메시카인에게서 찾았기 때문이다. 일상적 어법에서 México를 국명뿐만 아니라 지역명으로 사용한다는 사실을 생각해보면, 그 본래의 의미가 퇴색되지 않고 살아 있는 셈

이다. 그래서 일부의 멕시코인에게 México는 자국의 이름인 동시에 타지를 지칭하는 말이다.

메시카인에게서 기원을 찾고자 했으나, 그들의 말과 기록이 에스파냐어 알파벳으로 기록되는 순간, 그 기원의 왜곡과 오독은 피할 수 없게 된다. México의 또 다른 표기로 Méjico가 오랫동안 사용되었다는 사실을 떠올리게 되는데, 16세기 초 메시카인의 /sh/ 발음을 표기하기 위해 사용했던 에스파냐어 철자 x가 시간이 지나면서 /sh/의 소리값을 잃어버리면서, 19세기 에스파냐 왕립학술원Real Academia Española, RAE은 과거에 x로 표기했던 발음을 철자 j로 대체하도록 했다. 그 결과 19세기부터 최근까지 멕시코의 국명이 México와 Méjico로 혼재되었고, 과거의 제국이었던 에스파냐에서는 Méjico를 더 바람직한 표기로 권장했다. 2001년이 되어서야 에스파냐 왕립학술원은 멕시코 현지의 표기를 따라 México를 인정했다. 그러나 소리와 글자 사이에 쌓인 시간들, 언어와 언어 사이에 파인 골은 '메시카'에서 유래한 '메히코'를 '멕시코'로 실어갔다. 철자 x에 쌓인 시간을 모른 채 오늘날 많은 지역에서 México는 현대 에스파냐어의 발음에 따라 '멕시코'로 불리고, 표기된다. 한국어 표기도 마찬가지다. 멕시코의 기원이 되는 메시카인은 거의 대부분 에스파냐인의 눈과 귀를 거쳐, 그들의 손으로 기록되었다.

뿐만 아니라 국가의 기원을 에스파냐 정복 이전 원주민, 그 가운데서도 메시카인에게 두겠다는 독립국가 멕시코의 의지는 상징적 차원에서만 기능한다. 상징적 차원을 넘어 실체를 드러내는 순간, 셈할 수 없는 아주 먼 과거로 남아 있어야 하는 기원이 현재로 진입하는 순간, 멕시코의 의지는 그들을 부정하는 데로 향한다. 이 책은 멕시코 문화에서 상징적 차원에서만 그 존재를 인정받았던, 깊은 곳에 묻혀 있었던 하나의 멕시코를 발굴하는 작업이다. '깊은 멕시코'로 명명된 이 멕시코를 드러내

깊은 멕시코

는 순간, 여러 멕시코가 나타난다. 멕시코라고도 불리고, 메히코라고도 불리는, 나를 포함하는 멕시코이기도 하고, 나를 포함하지 않는 멕시코이기도 하다. 이 책은 México에 누적된 다층적인 시간대와 그곳에서 교차되는 중층적인 의미의 실타래와 같다. 실타래와 같지만, 엉켜 있는 실타래가 아니다. 실타래를 풀어가며 실을 따라가면 층층이 쌓인 시간대를 둘러보고, 겹겹이 쌓인 의미를 섭렵하게 될 것이다.

이 책은 1987년 멕시코 교육부에서 처음 출간된 이래 30여 년 동안 멕시코 여러 출판사에서 쇄를 거듭했다. 가장 최근에는 2019년 경제문화재단Fondo de Cultura Económica, FCE에서 재출간되었으며, 2020년 전자책으로도 제작되었다. 멕시코 국내는 물론이고 라틴아메리카 전역에서 30년 동안 꾸준히 읽힐 뿐만 아니라, 일찍이 1996년 영어로 번역되었다. 출간된 지 30년이 지난 책을 저자인 기예르모 본필 바타야(1935~1991)의 사망 30주기인 올해 한국 독자에게 소개하게 되었다. 옮긴이의 말을 통해 한국의 독자에게 이 책을 활용하는 두 가지 방법을 제안하고 싶다.

첫째, 원주민을 중심으로 서술된 멕시코의 역사를 이해하는 안내서로 활용하는 것이다. 국내에 출간된 멕시코 역사서가 드물고, 깊이와 통찰력을 제시해주는 대중학술서로서 멕시코 통사를 기술하는 경우를 찾아보기 어려운 상황에서 한국의 독자는 이 책을 통해 현대 멕시코 사회를 횡적으로 관통하는 '원주민 문제'가 과거부터 현대까지 종적으로 가로놓여 있음을 알 수 있을 것이다. 주어가 생략된 채 권력의 이동을 중심으로 기술되는 역사 혹은 정치경제적 제도의 변화를 연대기적으로 나열하는 역사에 '관점'이 누락되었다고 느끼는 독자라면, 이 책에서 멕시코 역사를 읽어내는 한 가지 방법을 발견하게 될 것이다.

둘째, 이 책을 역사서로 '활용'할 수는 있으나, 이 책은 역사서가 아니다. 이 책의 저자인 기예르모 본필 바타야는 역사학자가 아닌 인류학자이며, 저자가 밝힌 저술의 첫 번째 목적은 과거부터 현재까지 멕시코 사회에 현존하는 '원주민성'을 멕시코인들에게 상기시키는 것이다. 역사학자가 현재에 발디디고 과거를 향해 시선을 돌린다면, 인류학자는 과거를 경유하여 그가 발디디고 있는 현재를 들여다본다. 인류학자의 정체성을 넘어서 한 사회의 지식인으로서 발언하는 경우, 이 책의 저자가 그런 경우일 텐데, 현재를 들여다보는 것 이상으로 한 사회의 미래를 기획하게 된다. 그래서 이 책은 과거부터 현재까지 멕시코 사회에 내재되어 있는 원주민성을 인정하는 것으로부터 멕시코 사회의 미래를 기획하려는 지식인의 비전이 담긴 비평서이기도 하다. 한국 지식사회에서 인류학이 오랫동안 주목받지 못했다는 점을 고려한다면, 이 책의 독자는 가장 정치적이고 가장 현재적인 학문으로서 인류학의 모습을 발견하게 될 것이다. 덧붙이자면, 그러한 인류학의 모습이 이 책만이 가지는 독특한 특징은 아니다. 이 책에서 언급하고 있는 다수의 인류학자에게서 확인할 수 있듯이 20세기 멕시코에서 사회정책의 입안자 다수는 인류학자였으며, 멕시코에서 인류학 담론과 국가정책이 맺어온 협력과 긴장의 관계는, 그 자체로 흥미로운 주제이다. 독자가 이 책에 담긴 내용과 관점을 그대로 흡수하기보다, 1980년대 멕시코 지식사의 한 지점을 포착하길 기대한다.

위에서 제안한 두 가지 활용 방법 외에도 이 책이 독자에게 가닿을 방법은 다양하다. 이미 멕시코를 경험한 독자라면, 이 책의 안내를 따라 보고 들은 멕시코의 모습 속에서 원주민적인 것의 현존을 확인해나갈 수 있을 것이다. 그런 독자에게 이 책은 보고 들은 직관적인 멕시코의 모습에 깊이를 부여하는 안내서가 될 것이다. 만약 멕시코를 경험하기를 원하는 독자라면, 이 책을 통해 멕시코와의 만남을 예비할 수 있을 것이다. 인류학을 경유하여 멕시코의 과거와 현재를 분석하고 미래를 기획하려는 저자의 시도가 30년이 지난 지금에도 유효하기 때문이다.

저자가 언급하고 있듯이 이 책은 치밀한 분석과 풍성한 자료를 토대로 한 학술적 연구물도 아니고, 세밀한 묘사와 구체적인 사례 분석을 통해 멕시코 사회를 조망한 이론적 작업도 아니다. 언제나 멕시코 땅에 존재했던 원주민적인 모습을 짚어주고 있을 뿐이다. 언제나 그곳에 있었기에 멕시코를 아는 모두가 알고 있고, 그래서 자료를 토대로 한 치밀한 분석도, 세밀하고 구체적인 기술도 필요하지 않다. 그러나 가끔은 존재하는 것을 존재한다고 그저 말하는 일에 온힘을 쏟아부어야 하는 때가 있다. 말하기를 통해서야 비로서 존재가 구현되기 때문이다. 혹여라도 멕시코가 궁금하지 않은 독자라하더라도 한 존재를 구현시키려는 저자의 간절함은 전달되리라 믿는다.

이 책은 멕시코에서 살며 공부하며 그 사회의 깊은 의미를 미루어 짐작하고 지긋이 바라보던 시간 동안 나의 안내자였던 소중한 글 가운데 하나이다. 이 책을 한국에 소개하고 싶다는 생각을 잊지 않을 수 있었던 것은 2014년도부터 지금까지 고려대학교에서 만난 학생들과 지구지역행동네트워크(NGA)에서 함께 공부하는 각 지역 연구자들 덕분이다. 하지만 멕시코 문화부의 번역 지원 프로젝트가 아니었다면, 이 책을 한국에 소개하는 일은 쉽지 않았을 것이다. 덧붙여 번거로운 지원 과정을 함께 해주고, 더딘 번역 과정을 지켜봐준 에디투스 출판사의 대표이자 에스파냐어 공부를 함께하는 친구 연주희님에게 깊은 고마움을 전한다.

멕시코에서 나를 안내해주었던 것은 글만은 아니었다. 이 책을 번역하면서 멕시코에서 삶과 공부를 함께해준 이들을 자주 떠올렸다. 그리움을 담아 건넬 수 없는 감사 인사를 되뇐다.

Para Yeong
2021년 2월
박수경

깊은 멕시코
부정당한 문명

제1판 1쇄 2021년 02월 26일

지은이 기예르모 본필 바타야
옮긴이 박수경
편 집 이정미
펴낸이 연주희
펴낸곳 에디투스
등록번호 제2015-000055호 (2015.06.23)
주소 경기도 성남시 분당구 황새울로351번길 10, 401호
전화 070-8777-4065
팩스 0303-3445-4065
이메일 editus@editus.co.kr
홈페이지 www.editus.co.kr

제작처 ㈜상지사피앤비

ISBN 979-11-970045-9-9 (03950)